डॉ. राममनोहर लोहिया

डॉ. राममनोहर लोहिया

सूर्य मालवीय

Lenin Media

First published in India in 2020 by
Lenin Media Pvt. Ltd.

ISBN: 978-81-949928-5-1

Lenin Media Private Limited
204, 2nd Floor, Durga Complex,
CSC. Mayur Vihar-II, New Delhi 110092
Phone: 9818148113
E-mail: leninmediapublishers@gmail.com
Website: www.leninmedia.com

Printed and Bound in
Delhi

₹ 599/-

प्रस्तावना

डॉ. राममनोहर लोहिया को भारत एक अजेय यो(ा और महान विचारक के रूप में देखता है। देश की राजनीति में स्वतंत्रता आंदोलन के दौरान और स्वतंत्रता के बाद ऐसे कई नेता हुए जिन्होंने अपने दम पर शासन का रुख बदल दिया। डॉ. राममनोहर लोहिया भी उन्हीं में से एक हैं।

अपनी प्रखर देशभक्ति और बेलौस तेजस्वी समाजवादी विचारों के कारण अपने समर्थकों के साथ ही डॉ. लोहिया ने अपने विरोधियों के मध्य भी अपार सम्मान हासिल किया। डॉ. लोहिया सहज परन्तु निडर अवधूत राजनीतिज्ञ थे। उनमें सन्त की सन्तता, पफक्कड़पन, मस्ती, निर्लिप्तता और अपूर्व त्याग की भावना थी।

डॉ. लोहिया मानव की स्थापना के पक्षधर समाजवादी थे। वे समाजवादी भी इस अर्थ में थे कि, समाज ही उनका कार्यक्षेत्र था और वे अपने कार्यक्षेत्र को जनमंगल की अनुभूतियों से महकाना चाहते थे। वे चाहते थे कि व्यक्ति-व्यक्ति के बीच कोई भेद, कोई दुराव और कोई दीवार न रहे। सब जन समान हों। सब जन सबका मंगल चाहते हों। सबमें वे हों और उनमें सब हों।

डॉ. लोहिया कभी भी दार्शनिक व्यवहार के पक्ष में नहीं रहे। उनकी दृष्टि में जन को यथार्थ और सत्य से परिचित कराया जाना चाहिए। प्रत्येक व्यक्ति यह जानें कि कौन उनका मित्र है? कौन शत्रु है? जनता को वे जनतंत्र का निर्णायक मानते थे।

—लेखक

विषय सूची

1

जीवन-वृत्त

राममनोहर लोहिया को भारत एक अजेय योद्धा और महान विचारक के रूप में देखता है। देश की राजनीति में स्वतंत्रता आंदोलन के दौरान और स्वतंत्रता के बाद ऐसे कई नेता हुए जिन्होंने अपने दम पर शासन का रुख बदल दिया जिनमें एक थे राममनोहर लोहिया। अपनी प्रखर देशभक्ति और बेलौस तेजस्वी समाजवादी विचारों के कारण अपने समर्थकों के साथ ही डॉ. लोहिया ने अपने विरोधियों के मध्य भी अपार सम्मान हासिल किया। डॉ. लोहिया सहज परन्तु निडर अवधूत राजनीतिज्ञ थे। उनमें सन्त की सन्तता, फक्कड़पन, मस्ती, निर्लिप्तता और अपूर्व त्याग की भावना थी। डॉ. लोहिया मानव की स्थापना के पक्षधर समाजवादी थे। वे समाजवादी भी इस अर्थ में थे कि, समाज ही उनका कार्यक्षेत्र था और वे अपने कार्यक्षेत्र को जनमंगल की अनुभूतियों से महकाना चाहते थे। वे चाहते थे कि, व्यक्ति-व्यक्ति के बीच कोई भेद, कोई दुराव और कोई दीवार न रहे। सब जन समान हों। सब जन सबका मंगल चाहते हों। सबमें वे हों और उनमें सब हों। वे दार्शनिक व्यवहार के पक्ष में नहीं थे। उनकी दृष्टि में जन को यथार्थ और सत्य से परिचित कराया जाना चाहिए। प्रत्येक जन जाने की कौन उनका मित्र है? कौन शत्रु है? जनता को वे जनतंत्र का निर्णायक मानते थे।

आरम्भिक जीवन एवं शिक्षा

डॉ. राममनोहर लोहिया का जन्म 23 मार्च, 1910 को उत्तर प्रदेश के फैज़ाबाद जनपद में (वर्तमान-अम्बेदकर नगर जनपद) अकबरपुर नामक स्थान में हुआ था। उनके पिताजी श्री हीरालाल पेशे से अध्यापक व हृदय से सच्चे

राष्ट्रभक्त थे। ढाई वर्ष की आयु में ही उनकी माताजी (चन्दा देवी) का देहान्त हो गया। उन्हें दादी के अलावा सरयूदेई, (परिवार की नाईन) ने पाला। टंडन पाठशाला में चौथी तक पढ़ाई करने के बाद विश्वेश्वरनाथ हाईस्कूल में दाखिल हुए।

उनके पिताजी गाँधीजी के अनुयायी थे। जब वे गांधीजी से मिलने जाते तो राममनोहर को भी अपने साथ ले जाया करते थे। इसके कारण गांधीजी के विराट व्यक्तित्व का उन पर गहरा असर हुआ। पिताजी के साथ 1918 में अहमदाबाद कांग्रेस अधिवेशन में पहली बार शामिल हुए।

बंबई के मारवाड़ी स्कूल में पढ़ाई की। लोकमान्य गंगाधर तिलक की मृत्यु के दिन विद्यालय के लड़कों के साथ 1920 में पहली अगस्त को हड़ताल की। गांधी जी की पुकार पर 10 वर्ष की आयु में स्कूल त्याग दिया। पिताजी को विदेशी वस्तुओं के बहिष्कार के आंदोलन के चलते सजा हुई। 1921 में फैजाबाद किसान आंदोलन के दौरान जवाहरलाल नेहरू से मुलाकात हुई। 1924 में प्रतिनिधि के रूप में कांग्रेस के गया अधिवेशन में शामिल हुए। 1925 में मैट्रिक की परीक्षा दी। कक्षा में 61 प्रतिशत नंबर लाकर प्रथम आए। इंटर की दो वर्ष की पढ़ाई बनारस के काशी विश्वविद्यालय में हुई। कॉलेज के दिनों से ही खादी पहनना शुरू कर दिया। 1926 में पिताजी के साथ गुहाटी कांग्रेस अधिवेशन में गए। 1927 में इंटर पास किया तथा आगे की पढ़ाई के लिए कलकत्ता जाकर ताराचंद दत्त स्ट्रीट पर स्थित पोद्दार छात्र हॉस्टल में रहने लगे। विद्यासागर कॉलेज में दाखिला लिया। अखिल बंग विद्यार्थी परिषद के सम्मेलन में सुभाषचंद्र बोस के न पहुंचने पर उन्होंने सम्मेलन की अध्यक्षता की। 1928 में कलकता में कांग्रेस अधिवेशन में शामिल हुए। 1928 से अखिल भारतीय विद्यार्थी संगठन में सक्रिय हुए। साइमन कमिशन के बहिष्कार के लिए छात्रों के साथ आंदोलन किया। कलकत्ता में युवकों के सम्मेलन में जवाहरलाल नेहरू अध्यक्ष तथा सुभाषचंद्र बोस और लोहिया विषय निर्वाचन समिति के सदस्य चुने गए। 1930 में द्वितीय श्रेणी में बीए की परीक्षा पास की।

यूरोप गमन

जुलाई 1930 में लोहिया अग्रवाल समाज के कोष से पढ़ाई के लिए इंग्लैंड रवाना हुए। वहाँ से वे बर्लिन गए। विश्वविद्यालय के नियम के अनुसार उन्होंने प्रसिद्ध अर्थशास्त्री प्रो. बर्नर जेम्बार्ट को अपना प्राध्यापक चुना। 3 महीने में जर्मन

भाषा सीखी। 12 मार्च 1930 को गांधी जी ने दाण्डी यात्रा प्रारंभ की। जब नमक कानून तोड़ा गया तब पुलिस अत्याचार से पीड़ित होकर पिता हीरालाल जी ने लोहिया को विस्तृत पत्र लिखा। 23 मार्च को लाहौर में भगत सिंह को फांसी दिए जाने के विरोध में लीग ऑफ नेशन्स की बैठक में बर्लिन में पहुंचकर सीटी बजाकर दर्शक दीर्घा से विरोध प्रकट किया। सभागृह से उन्हें निकाल दिया गया। भारत का प्रतिनिधित्व कर रहे बीकानेर के महाराजा द्वारा प्रतिनिधित्व किए जाने पर लोहिया ने रूमानिया की प्रतिनिधि को खुली चिठी लिखकर उसे अखबारों में छपवाकर उसकी कॉपी बैठक में बंटवाई। गांधी इर्विन समझौते का लोहिया ने प्रवासी भारतीय विद्यार्थियों की संस्था "मध्य यूरोप हिन्दुस्तानी संघ" की बैठक में संस्था के मंत्री के तौर पर समर्थन किया। कम्युनिस्टों ने विरोध किया। बर्लिन के स्पोटर्स पैलेस में हिटलर का भाषण सुना। 1932 गें लोहिया ने नमक सत्याग्रह विषय पर अपना शोध प्रबंध पूरा कर बर्लिन विश्वविद्यालय से डॉक्टरेट की उपाधि प्राप्त की।

2

स्वतंत्रता संग्राम में भागीदारी

डॉ. राममनोहर लोहिया 1933 में मद्रास पहुंचे। रास्ते में उनका सामान जब्त कर लिया गया। तब समुद्री जहाज से उतरकर हिन्दू अखबार के दफ्तर पहुंचकर दो लेख लिखकर 25 रुपया प्राप्त कर कलकत्ता गए। कलकत्ता से बनारस जाकर मालवीय जी से मुलाकात की। उन्होंने रामेश्वर दास बिड़ला से मुलाकात कराई जिन्होंने नौकरी का प्रस्ताव दिया, लेकिन दो हफ्ते साथ रहने के बाद लोहिया ने निजी सचिव बनने से इनकार कर दिया। तब पिता जी के मित्र सेठ जमुनालाल बजाज लोहिया को गांधी जी के पास ले गए तथा उनसे कहा कि ये लड़का राजनीति करना चाहता है।

कुछ दिन तक जमुनालाल बजाज के साथ रहने के बाद शादी का प्रस्ताव मिलने पर शहर छोड़कर वापस कलकत्ता चले गए। विश्व राजनीति के आगामी 10 वर्ष विषय पर ढाका विश्वविद्यालय में व्याख्यान देकर कलकत्ता आने-जाने की राशि जुटाई। पटना में 17 मई 1934 को आचार्य नरेन्द्र देव की अध्यक्षता में देश के समाजवादी अंजुमन-ए-इस्लामिया हॉल में इकठे हुए, जहां समाजवादी पार्टी की स्थापना का निर्णय लिया गया। यहां लोहिया ने समाजवादी आंदोलन की रूपरेखा प्रस्तुत की। पार्टी के उद्देश्यों में लोहिया ने पूर्ण स्वराज्य का लक्ष्य जोड़ने का संशोधन पेश किया, जिसे अस्वीकार कर दिया गया। 21-22 अक्टूबर 1934 को बम्बई के वर्ली स्थित रेडिमनी टेरेस में 150 समाजवादियों ने इकठा होकर कांग्रेस सोशलिस्ट पार्टी की स्थापना की। लोहिया राष्ट्रीय कार्यकारणी के सदस्य चुने गए। कांग्रेस सोशलिस्ट सप्ताहिक मुखपत्र के सम्पादक बनाए गए।

गांधी जी के विरोध में जाकर उन्होंने कांउसिल प्रवेश का विरोध किया। गांधी जी ने लोहिया के लेख पर दो पत्र लिखे। 1936 के मेरठ अधिवेशन में कांग्रेस सोशलिस्ट पार्टी ने कम्युनिस्ट पार्टी के सदस्यों के लिए पार्टी का दरवाजा

खोल दिया। लोहिया बार-बार कम्युनिस्टों के प्रति सचेत रहने की चेतावनी जयप्रकाश नारायण जी एवं अन्य नेताओं को देते रहे। 1935 में जवाहरलाल नेहरू की अध्यक्षता में लखनऊ में कांग्रेस का अधिवेशन हुआ जहां लोहिया को परराष्ट्र विभाग का मंत्री नियुक्त किया गया जिसके चलते उन्हें इलाहाबाद आना पड़ा। 1938 में कांग्रेस सोशलिस्ट पार्टी में लोहिया राष्ट्रीय कार्यकारणी के सदस्य चुने गए। उन्होंने कांग्रेस के परराष्ट्र विभाग के मंत्री पद से इस्तीफा दे दिया। 1940 में रामगढ़ कांग्रेस के कम्युनिस्टों को पार्टी से निकालने का निर्णय लिया गया। 1939 में त्रिपुरी कांग्रेस में सुभाष चंद्र बोस को समाजवादियों ने समर्थन दिया। डॉ. लोहिया तटस्थ बने रहे। लोहिया ने गांधी जी द्वारा यह कहे जाने पर की बोस का चुनाव मेरी शिकस्त है पर प्रस्ताव पेश करते हुए कहा कि यह प्रस्ताव गांधी जी से सम्मानपूर्वक आ]वान करता है कि उनकी शिकस्त नहीं हुई है। गांधी जी की इच्छानुसार सुभाषचंद्र बोस कार्यसमिति बनाने को तैयार नहीं हुए तथा नेहरू सहित अन्य कांग्रेस के नेताओं ने बोस के साथ कार्यसमिति में रहने से इंकार कर दिया तब बोस ने कांग्रेस के अध्यक्ष पद से इस्तीफा दिया तथा कांग्रेस से नाता तोड़ लिया।

लोहिया ने महायुद्ध के समय युद्धभर्ती का विरोध, देशी रियासतों में आंदोलन, ब्रिटिश माल जहाजों से माल उतारने व लादने वाले मजदूरों का संगठन तथा युद्धकर्ज को मंजूर तथा अदा न करने, जैसे चार सूत्रीय मुद्दों को लेकर युद्ध विरोधी प्रचार शुरू कर दिया। मई 1939 में दक्षिण कलकता की कांग्रेस कमेटी में युद्ध विरोधी भाषण करने पर उन्हें 24 मई को गिरफ्तार किया गया। कलकत्ता

के चीफ प्रेसीडेन्सी मजिस्ट्रेट के सामने लोहिया ने स्वयं अपने मुकदमे की पैरवी और बहस की। 14 अगस्त को उन्हें रिहा कर दिया गया। 9 अक्टूबर, 1939 को कांग्रेस समिति के बैठक वर्धा में हुई जिसमें लोहिया ने समझौते का विरोध किया। उसी समय उन्होंने शस्त्रों का नाश हो नामक प्रसिद्ध लेख लिखा। 11 मई 1940 को सुल्तानपुर के जिला सम्मेलन में लोहिया ने कांग्रेस से सत्याग्रह अभी नहीं नामक लेख लिखा। गांधी जी ने मूल रूप में लोहिया द्वारा दिए गए चार सूत्रों को स्वीकार किया।

7 जून, 1940 को डॉ. लोहिया को 11 मई को दोस्तपुर (सुल्तानपुर) में दिए गए भाषण के कारण गिरफ्तार किया गया। उन्हें कोतवाली में सुल्तानपुर में इलाहाबाद के स्वराज भवन से ले जाकर हथकड़ी पहनाकर रखा गया। 1 जुलाई 1940 को भारत सुरक्षा कानून की धारा 38 के तहत दो साल की सख्त सजा हुई। सजा सुनाने के बाद उन्हें 12 अगस्त को बरेली जेल भेज दिया गया। 15 जून, 1940 को गांधी जी ने हरिजन में लिखा, कि मैं युद्ध को गैर-कानूनी मानता हूं किन्तु युद्ध के खिलाफ मेरे पास कोई योजना नहीं है। इस वास्ते मैं युद्ध से सहमत हूं। 25 अगस्त को गांधी जी ने लिखा कि लोहिया और दूसरे कांग्रेस वालों की सजाएं हिन्दुस्तान को बांधने वाली जंजीर को कमजोर बनाने वाले हथौड़े के प्रहार हैं। सरकार कांग्रेस को सिविल-नाफरमानी आरंभ करने और आखिरी प्रहार करने के लिए प्रेरित कर रही है। यद्यपि कांग्रेस उसे उस दिन तक के लिए स्थगित करना चाहती है जब तक इंग्लैंड मुसीबत में हो। गांधी जी ने बंबई में कहा, कि जब तक डॉ. राममनोहर लोहिया जेल में हैं तब तक मैं खामोश नहीं बैठ सकता, उन्होंने हिंसा का प्रचार नहीं किया जो कुछ किया है उनसे उनका सम्मान बढ़ता है। 4 दिसंबर, 1941 को अचानक लोहिया को रिहा कर दिया गया तथा देश के अन्य जेलों में बंद कांग्रेस के नेताओं को छोड़ दिया गया। 19 अप्रैल 1942 को हरिजन में लोहिया का लेख विश्वासघाती जापान या आत्मसंतुष्ट ब्रिटेन गांधी जी द्वारा प्रकाशित किया गया। गांधी जी ने टिप्पणी की कि मेरी उम्मीद है कि सभी संबंधित इसके प्रति ध्यान देंगे।

सन् 1942 में इलाहाबाद में कांग्रेस का अधिवेशन हुआ, जहां लोहिया ने खुलकर नेहरू का विरोध किया। इसके बाद अल्मोड़ा जिला सम्मेलन में लोहिया ने नेहरू को झट पलटने वाला नट कहा। गांधी जी के साथ एक सप्ताह रहकर लोहिया ने गांधी जी को वाइसराय के नाम पत्र लिखने के लिए प्रेरित किया। जिसमें गांधी जी ने लिखा कि अहिंसानिष्ट सोशलिस्ट डॉ. लोहिया ने भारतीय

शहरों को बिना पुलिस व फौज के शहर घोषित करने की कल्पना निकाली है। लोहिया जी के द्वारा दुनिया की सभी सरकारों को नई दुनिया की बुनियाद बनाने की योजना की कल्पना गांधी जी के सामने रखी गई, जिसमें एक देश की दूसरे देश में जो पूंजी लगी है उसे जब्त करना, सभी लोगों को संसार में कहीं भी आने-जाने व बसने का अधिकार देना, दुनिया के सभी राष्ट्रों को राजनैतिक आजादी तथा विश्व नागरिकता की बात कही गई थी। गांधी जी ने इसे हरिजन में छापा और अपनी ओर से समर्थन भी किया तथा अंग्रेजों के खिलाफ जल्दी लड़ाई छेड़ने को लेकर गांधी जी ने दस दिन रूकने के लिए लोहिया को कहा। दस दिन बाद 7 अगस्त, 1942 को गांधीजी ने तीन घंटे तक भाषण देकर कहा, कि हम अपनी आजादी लड़कर प्राप्त करेंगे। अगले दिन 8 अगस्त को भारत छोड़ो प्रस्ताव बंबई में बहुमत से स्वीकृत हुआ। गांधी जी ने करो या मरो का संदेश दिया।

भारत छोड़ो आन्दोलन

9 अगस्त, 1942 को जब गांधी जी व अन्य कांग्रेस के नेता गिरफ्तार कर लिए गए, तब लोहिया ने भूमिगत रहकर भारत छोड़ो आंदोलन को पूरे देश में फैलाया। लोहिया, अच्युत पटवर्धन, सादिक अली, पुरूषोत्तम टिकरम दास, मोहनलाल सक्सेना, रामनन्दन मिश्रा, सदाशिव महादेव जोशी, साने गुरूजी, कमलादेवी चटोपाध्याय, अरुणा आसिफअली, सुचेता कृपलानी और पूर्णिमा बनर्जी आदि नेताओं का केन्द्रीय संचालन मंडल बनाया गया। लोहिया पर नीति निर्धारण कर विचार देने का कार्यभार सौंपा गया। भूमिगत रहते हुए जंग जू आगे बढ़ो, क्रांति की तैयारी करो, आजाद राज्य कैसे बने जैसी पुस्तिकाएं लिखीं। 20 मई, 1944 को लोहिया जी को बंबई में गिरफ्तार कर लिया गया। गिरफ्तारी के बाद लाहौर किले की एक अंधेरी कोठरी में रखा गया जहां 14 वर्ष पहले भगत सिंह को फांसी दी गई थी। पुलिस द्वारा लगातार उन्हें यंत्रणा दी गई, 15-15 दिन तक उन्हें सोने नहीं दिया जाता था। किसी से मिलने नहीं दिया गया 4 महीने तक ब्रश या पेस्ट तक भी नहीं दिया गया। हर समय हथकड़ी बांधे रखी जाती थी। लाहौर के प्रसिद्ध वकील जीवनलाल कपूर द्वारा हैबियस कारपस की दरखास्त लगाने पर उन्हें तथा जयप्रकाश नारायण को स्टेट प्रिजनर घोषित कर दिया गया। मुकदमे के चलते सरकार को लोहिया को पढ़ने-लिखने की सुविधा देनी पड़ी। पहला पत्र लोहिया ने ब्रिटिश लेबर पार्टी के अध्यक्ष प्रो. हेराल्ड जे.

लास्की को लिखा जिसमें उन्होंने पूरी स्थिति का विस्तृत ब्यौरा दिया। 1945 में लोहिया को लाहौर से आगरा जेल भेज दिया गया। द्वितीय विश्वयुद्ध समाप्त होने पर गांधी जी तथा कांग्रेस के नेताओं को छोड़ दिया गया। केवल लोहिया व जयप्रकाश ही जेल में थे। इसी बीच अंग्रेजों की सरकार और कांग्रेस की बीच समझौते की बातचीत शुरू हो गई। इंग्लैंड में लेबर पार्टी की सरकार बन गई। सरकार का प्रतिनिधि मंडल डॉ. लोहिया से आगरा जेल में मिलने आया। इस बीच लोहिया के पिता हीरालाल जी की मृत्यु हो गई। किन्तु लोहिया जी ने सरकार की कृपा पर पेरोल पर छूटने से इंकार कर दिया।

11 अप्रैल 1946 को लोहिया को आगरा जेल से रिहा कर दिया गया। 15 जून को लोहिया ने गोवा के पंजिम में गोवा मुक्ति आंदोलन की पहली सभा की। लोहिया को 18 जून को गोवा मुक्ति आंदोलन के शुरूआत के दिन ही गिरफ्तार कर लिया गया। 14 अगस्त 1946 को हरिजन में गांधी जी ने लिखा कि, लोहिया को बधाई दी जानी चाहिए। 30 दिसंबर, 1946 को नवाखली में हिन्दू और मुसलमान के बीच के अविश्वास को दूर करने में गांधी जी के साथ विस्तृत कार्यक्रम तैयार किया। पूरे साल नवाखली, कलकत्ता, बिहार, दिल्ली सभी जगह लोहिया गांधी जी के साथ मिलकर साम्प्रदायिकता की आग को बुझाने की कोशिश करते रहे। 9 अगस्त 1947 से लगातार हिंसा रोकने का प्रयास चलता रहा। 14 अगस्त की रात को हिन्दू-मुस्लिम भाई-भाई के नारों के साथ लोहिया ने सभा की। 31 अगस्त को वातावरण फिर बिगड़ गया, गांधी जी अनशन पर बैठ गए तब लोहिया ने दंगाईयों के हथियार इकठे कराए। लोहिया के प्रयास से शांति समिति की स्थापना हुई तथा 4 सितम्बर को गांधी जी ने अनशन तोड़ा। 29 सितम्बर को बेलगांव में लोहिया को फिर गिरफ्तार कर लिया गया। 26, 27, 28 फरवरी 1947 को सोशलिस्ट पार्टी की कार्यकारिणी की बैठक में तटस्थ रहने का निर्णय लिया गया।

3

स्वतंत्रता प्राप्ति के बाद

जनवरी 1947 में लोहिया ने नेपाली राष्ट्रीय कांग्रेस को स्थापित करने तथा राणाशाही के विरुद्ध सत्याग्रह प्रारंभ करने की पहल की। 25 जनवरी, 1948 को बंबई हड़ताल को लेकर लोहिया जी ने गांधी जी से हड़ताल का समर्थन मांगा। 28 जनवरी को गांधी जी ने कहा कि कल आना कल पेट भर की बात होगी। 30 जनवरी को लोहिया जब बिड़ला भवन के लिए निकले तब उन्हें गांधी जी की हत्या की खबर सुनने को मिली। मार्च 1948 में नासिक सम्मेलन में सोशलिस्ट दल ने कांग्रेस से अलग होने का निश्चय किया। लोहिया की प्रेरणा से रियासतों की समाप्ति का आंदोलन 650 रिसासतों में समाजवादी चला रहे थे। 2 जनवरी, 1948 को रीवाँ में हमें चुनाव चाहिए विभाजन रद्द करो के नारे के साथ आंदोलन किया गया जिसमें पुलिस ने गोली चलाई और 4 आंदोलनकारी शहीद हुए। 1949 को सोशलिस्ट पार्टी द्वारा लोहिया के नेतृत्व में नेपाली कांग्रेस के पूर्व अध्यक्ष विश्वेश्वर प्रसाद कोइराला के आमरण अनशन तथा नेपाल में राणाशाही के अत्याचार के खिलाफ सभा की गई। नेपाली दूतावास की ओर जब जुलूस बढ़ा तब लाठी चार्ज किया गया तथा लोहिया को गिरफ्तार किया गया। 20 जून को देश भर में लोहिया दिवस मनाया गया। मुकदमे में दो महीने की कैद हुई। 3 जुलाई को उन्हें रिहा कर दिया गया।

सन् 1949 में पटना में सोशलिस्ट पार्टी का दूसरा राष्ट्रीय सम्मेलन हुआ। इसी सम्मेलन में लोहिया ने चौखंभा राज्य की कल्पना प्रस्तुत की। पटना में हिन्द किसान पंचायत की स्थापना भी हुई जिसका अध्यक्ष लोहिया को चुना गया। 25 नवम्बर 1949 को लखनऊ में एक लाख किसानों ने विशाल प्रदर्शन किया। 26 फरवरी 1950 को रीवाँ में हिन्द किसान पंचायत का पहला राष्ट्रीय अधिवेशन हुआ। दिल्ली में 3 जून 1951 को जनवाणी दिवस पर प्रदर्शन किया गया।

रोजी-रोटी कपड़ा दो नहीं तो गद्दी छोड़ दो, प्रदर्शनकारियों का मुख्य नारा था। 14 जून, 1951 को सागर स्टेशन में लोहिया को गिरफ्तार कर बेंगलूर के हवालात में बंद कर दिया गया। 3 जुलाई को लोहिया छूटे। 24 जुलाई को वे विश्व सरकार के समर्थकों के सम्मेलन में स्वीडन की राजधानी स्टॉकहोम गए। 17 साल बाद वे पुनः बर्लिन पहुंचे। लोहिया इंग्लैंड, पश्चिम अफ्रीका, दक्षिण पश्चिम एशिया के कई देशों में गए, इस्रायल से होकर 15 नवम्बर को स्वेदश लौटे।

1951 में लोहिया को 3 जुलाई को समाजवादियों के अंतरराष्ट्रीय सम्मेलन में बुलाया गया। सम्मेलन में जर्मनी, युगोस्लाविया, अमेरिका, हवाई, जापान, हांगकांग, थाईदेश, सिंगापुर, मलाया, इंडोनेशिया तथा लंका भी गए। लोहिया विश्व प्रसिद्ध वैज्ञानिक आइंस्टन से प्रिंसटन में मिले। आइंस्टीन ने कहा, कि किसी मनुष्य से मिलना कितना अच्छा होता है नहीं तो आदमी कितना अकेला पड़ जाता है। लोहिया ने अमरीका में सैकड़ों स्थानों पर भाषण किए। उस समय उन्होंने एशिया की समस्त सोशलिस्ट पार्टियों का संगठन निर्मित करने का विचार बनाया। 25 मार्च से 29 मार्च 1952 में एशियाई सोशलिस्ट कान्फ्रेंस हुई, लेकिन इसमें लोहिया शामिल नहीं हो सके। जयप्रकाश नरायण भारतीय प्रतिनिधिमंडल के नेता बन कर रंगून गए।

मई 1952 में पंचमढ़ी में सोशलिस्ट पार्टी का सम्मेलन हुआ। आम चुनाव में हार के बाद लोहिया ने चुनावों की पराजय की शव परीक्षा के बदले ठोस विचारों की ओर पार्टी को ले जाने का विचार दिया। गुजरात पार्टी सम्मेलन में इतिहास चक्र की नई व्याख्या लोहिया द्वारा प्रस्तुत की गई। 24-25 सितम्बर 1952 में सोशलिस्ट पार्टी की जनरल कौंसिल बैठक में किसान-मजदूर प्रजा पार्टी और सोशिलिस्ट पार्टी के विलय का निर्णय लिया गया। इस तरह प्रजा सोशलिस्ट पार्टी का जन्म हुआ। 29 से 31 दिसम्बर 1953 को प्रजा सोशलिस्ट पार्टी का पहला सम्मेलन इलाहाबाद में हुआ। वहां लोहिया ने इलाहाबाद थीसिस प्रस्तुत की। लोहिया को उनके मना करने के बावजूद पार्टी का राष्ट्रीय महामंत्री चुना गया। 13-14 मई 1954 को उत्तर प्रदेश प्रजा सोशलिस्ट पार्टी द्वारा नहर रेट की बढ़ोतरी के खिलाफ आंदोलन शुरू किया गया। 4 जुलाई, 1954 को फारूखाबाद में वाणी स्वतंत्रता के संघर्ष को लेकर भाषण दिए जाने के कारण गिरफ्तार किया गया। नागपुर में 26-28 नवम्बर, 1954 के बीच केरल गोली कांड पर विचार करने के लिए सम्मेलन हुआ। लोहिया केरल मंत्रीमंडल से

इस्तीफा मांग चुके थे। 31 दिसम्बर, 1955 तथा 1 जनवरी 1956 को सोशलिस्ट पार्टी की स्थापना हुई। लखनऊ में लोहिया के नेतृत्व में एक लाख किसानों का प्रदर्शन हुआ। 1956 में लोहिया ने "मैनकाइंड" नामक पत्रिका शुरू की। सोशलिस्ट पार्टी का प्रथम वार्षिक अधिवेशन भारत के मध्य बिंदु मध्यप्रदेश के ग्राम सिहोरा में 28, 29, 30 दिसम्बर 1956 को हुआ। 2 नवम्बर 1957 को लोहिया क्रिमनल लॉ एमेंडमेंड एक्ट की धारा 7 के तहत डाकिए से कुछ कहने पर अकारण गिरफ्तार कर लिया गया। 12 नवम्बर 1958 को लोहिया पूर्वोतर के दौरे पर निकले, जहां उन्हें दौरा करने से रोक दिया गया।

एक साल बाद फिर उसी स्थान उर्वसियम (नेफा) से लोहिया ने पूर्वोत्तर में प्रवेश किया, जहां उन्हें गिरफ्तार कर लिया गया। 17 अप्रैल 1960 को कानुपर के सर्किट हाउस में अनाधिकृत प्रवेश करने के कारण अपराध बताकर उन्हें पुनः गिरफ्तार किया गया। 1961 में अंग्रेजी हटाओ आंदोलन के दौरान लोहिया की सभा पर मद्रास में पत्थर बरसाये गए। 1961 में लोहिया एथेंस, रोम और काहिरा गए। 1962 में चुनाव हुआ लोहिया नेहरू के विरुद्ध फूलपुर में चुनाव मैदान में उतरे। 11 नवम्बर 1962 को कलकत्ता में सभा कर लोहिया ने तिब्बत के सवाल को उठाया। 1963 के फारूखाबाद के लोकसभा उपचुनाव में लोहिया 58 हजार मतों से चुनाव जीते। लोकसभा में लोहिया की तीन आना बनाम पन्द्रह आना की बहस अत्यंत चर्चित रही, जिसमें उन्होंने 18 करोड़ आबादी के चार आने पर जिंदगी काटने तथा प्रधानमंत्री पर 25 हजार रुपए प्रतिदिन खर्च करने का आरोप लगाया। 9 अगस्त 1965 को लोहिया को भारत सुरक्षा कानून के अन्तर्गत गिरफ्तार किया गया।

गैर-कांग्रेसवाद के शिल्पी

देश में गैर-कांग्रेसवाद की अलख जगाने वाले महान स्वतंत्रता सेनानी और समाजवादी नेता राममनोहर लोहिया चाहते थे कि दुनियाभर के सोशलिस्ट एकजुट होकर मजबूत मंच बनाए। लोहिया भारतीय राजनीति में गैर-कांग्रेसवाद के शिल्पी थे और उनके अथक प्रयासों का फल था कि 1967 में कई राज्यों में कांग्रेस की पराजय हुई, हालांकि केंद्र में कांग्रेस जैसे-तैसे सत्ता पर काबिज हो पायी। हालांकि लोहिया 1967 में ही चल बसे लेकिन उन्होंने गैर-कांग्रेसवाद की जो विचारधारा चलायी उसी की वजह से आगे चलकर 1977 में पहली बार केंद्र में गैर-कांग्रेसी सरकारी बनी। लोहिया मानते थे कि अधिक समय तक सत्ता में रहकर कांग्रेस अधिनायकवादी हो गयी थी और वह उसके खिलाफ संघर्ष करते रहे।

4

सांस्कृतिक क्रांति के अग्रदूत

समाजवादी विचारधारा के मूल–स्तंभ डॉ. राममनोहर लोहिया का जीवन श्रेष्ठ मानवीय मूल्यों एवं अनुपम योग्यता से पूरित था। भारतीय राजनीति में उनकी छवि एक ऐसे राजनेता की थी जो ठोस सामाजिक परिवर्तनों के प्रति समर्पित थे। वे महात्मा गाँधी की भाँति सर्वजनसुलभ थे। सप्ताक्रांति सिद्धांत के जनक डॉ. राममनोहर लोहिया को आज भी लोग 'जनतंत्र', 'न्याय' और 'समानता' का सबसे बड़ा हिमायती मानते हैं। सन् 1942 में जब महात्मा गाँधी समेत अन्य नेताओं को बन्दी बना लिया गया तब प्रतिरोध की मशाल को राममनोहर लोहिया और उनके समानधर्मा साथियों ने प्रज्ज्वलित रखा। गाँधी के इस मानस पुत्र के विषय में गणेश मन्त्री का कथन है, "लोहिया गाँधी नहीं थे। वे किसी की अनुकृति हो भी नहीं सकते थे। गाँधी संत योद्धा थे। एक ऐसा संत जिसे युग की परिस्थितियों ने योद्धा बना दिया था अथवा, फिर ऐसा योद्धा जो संघर्षों में तपते–तपते संत बन गया। किंतु लोहिया बिना कुटी के हो कर भी संत नहीं थे। वे मार्क्स भी नहीं थे। मार्क्स ऋषि या द्रष्टा थे। 19वीं सदी के यूरोपीय वर्तमान की दहलीज पर खड़े, अतीत के व्याख्याकार और भविष्य के प्रवक्ता मार्क्स थे। लोहिया को भी मार्क्स की तरह इतिहास की अंतर्धारा, सभ्यताओं की उथल-पुथल को समझने में गहरी दिलचस्पी थी। लेकिन मनुष्य–इतिहास को किसी खास लौह–नियम या विचार–साँचे में जकड़कर देखने–रखने की उनकी कोई इच्छा नहीं रही। इसी कारण लोहिया अनेक नये विचारों के प्रतिपादक और व्याख्याता तो रहे, परंतु किसी एक बंद विचार प्रणाली के निर्माता नहीं बने।"

काशी हिन्दू विश्वविद्यालय के सेन्ट्रल हिन्दू स्कूल से ज्ञान, स्वतंत्रता और प्रतिरोध का पाठ प्रारंभ करने वाले लोहिया असाधारण प्रतिभाशाली युवक थे, लेकिन उनका व्यक्तित्व आन्तरिक अनुशासन को तो स्वीकार करता था, बा]ड

दबाव को नहीं। उनके व्यक्तित्व के तीन मुख्य घटक थे–मानवीयता, विवेक–विक्षोभ और संकल्प। ये तीनों तत्व आपस में घुल–मिलकर मनुष्य की आन्तरिक शक्ति बन जाते हैं जो दूसरे मनुष्यों के सन्दर्भ में मानवीय करुणा को लोकमंगल तक विस्तार देते हैं। स्वयं के संदर्भ में इच्छा, चयन, संकल्प और क्रिया की अधिकतम संगति से डॉ. लोहिया ने अपने स्वतंत्र व्यक्तित्व के ताने–बाने बुने।

डॉ. लोहिया मातृभाषा हिन्दी की उन्नति के ही पक्षधर नहीं थे बल्कि विभिन्न प्रांतों में व्यवहृत महत्त्वपूर्ण राष्ट्रभाषा का दर्जा देने के पक्षधर थे। उनकी दृष्टि में पूर्व–पश्चिम–उत्तर बनाम दक्षिण जैसी कोई संकीर्ण अवधारणा नहीं थी। डॉ. लोहिया की संकल्पना को मूर्त्त रूप देते हुए उनके सहयोगी मित्रों ने हिन्दी की महत्त्वपूर्ण साहित्यिक पत्रिका 'कल्पना' हैदराबाद से प्रकाशित की। चर्चित विचारक–लेखक यू. आर. अनन्तमूर्ति एक संस्मरण में लिखा है कि, "राममनोहर लोहिया ने मुझे कहा कि तुम कन्नड के लेखक हो और तुम्हें कन्नड को सार्वजनिक जीवन में उपयोग के लिए प्रोत्साहन देना चाहिए। उनकी यह मान्यता थी कि शिक्षा के क्षेत्र में प्राथमिक से स्नातक तक की पढ़ाई मातृभाषा में होनी चाहिए। वे सभी भारतीय भाषाओं के प्रबल अनुरागी थे। उनकी दृष्टि में अंग्रेजी का भी महत्त्व था लेकिन जनतांत्रिक भारत के सार्वजनिक जीवन में वह भारतीय भाषाओं की जगह पर अंग्रेजी का कब्जा खत्म करना चाहते थे।" डॉ. लोहिया ने जब बर्लिन के हुम्बोल्ट विश्वविद्यालय में दाखिला लिया तो उनके शोध–प्रबन्ध का शीर्षक था–'नमक सत्याग्रह धरती का नमक'। उनके निदेशक प्रख्यात अर्थशास्त्री बर्नर जोम्बार्ट टूटी–फूटी अंग्रेजी ही जानते थे। इस तथ्य ने जहाँ राममनोहर लोहिया को तत्काल जर्मन भाषा सीखने को प्रेरित कियाय वहीं हमेशा के लिए एक सबक भी उन्होंने सीख लिया कि ज्ञान के लिए किसी खास भाषा पर अधिकार जरूरी नहीं और, अपनी मातृभाषा ही ज्ञान और अभिव्यक्ति का सबसे अच्छा माध्यम हो सकती है।

ऐसे उदात्त चिन्तक डॉ. राममनोहर लोहिया का व्यक्तित्व असीमित था। उनका व्यक्तित्व सांगठनिक के साथ–साथ वैचारिक एवं नैतिक प्रेरणा–पुरुष का व्यक्तित्व था जिसमें यथार्थ चेतना और संभाव्य चेतना के प्रत्ययमूलक तंतु विद्यमान थे। विखण्डन के दौर में लोहिया सभी को एकसूत्र में जोड़ने की बात कर रहे थे। वे संयुक्त परिवार–व्यवस्था की संरचना के दरकने और उसकी टूटन को ले कर भी चिंतित थे। मधु लिमये के शब्दों में, "लोहिया में एक 'भीतरी. आँख' थी जो सपने देखती थी। उन्होंने समस्त मिथ्यावाद, पाखण्ड, धूल–धक्कड़

और गरीबी के भीतर बहने वाली 'प्रगति की अन्तर्धारा' को खोज लिया था और उसी से 'चेतना के जगत' का विस्तार मानते थे। वे उस अन्तर्धारा को हाथ में लेना और संभालना चाहते थे। लोहिया इस चीज से परिचित थे कि देश में यथास्थितिवादी ताकतें मजबूत हैं जिन पर शीघ्रता से काबू नहीं पाया जा सकता था। युगों के जड़त्व से आच्छादित विघटन, राज्य समेत सभी संस्थाओं पर अपना प्रभाव डाल चुका था। विघटन की यही स्थिति, विधानसभाओं, अदालतों, राजनीतिक दलों, प्रेस तथा अकादमिक समुदायों में भी थी। स्वयं का संवर्धन जीवन का नियंत्रण सिद्धांत बन चुका था। इसके बावजूद उन्होंने कभी हिम्मत नहीं हारी और हार नहीं मानी। लोहिया अलग-थलग रह कर, कुर्सी पर बैठकर राजनीति करने वाले नेता नहीं थे। वह एक स्वप्नद्रष्टा तथा उसे साकार करने वाले, दोनों ही थे। उनका लक्ष्य था हमारे समाज में मौलिक परिवर्तन व उसके पुनर्संयोजन जो भारत को एक विश्व-समुदाय में बराबर का सदस्य बना देगा।'' यही वजह रही है कि लोहिया अपने जीवन में दो बार संसद का चुनाव हारे और दो बार जीते। हार के प्रसंगों को उन्होंने समाजवाद को मजबूत करने के लिए इस्तेमाल किया। जीतने के बाद मात्र तीन वर्ष की अवधि में उन्होंने इतने प्रश्न उठाये और बहसें चलाई कि समूची सामग्री को प्रकाशित करने के लिए 16 खंड छापने पड़े। हमारी संसदीय प्रणाली के अब तक के इतिहास में किसी एक सांसद की इतनी सक्रियता का दूसरा कोई उदाहरण नहीं मिलेगा। डॉ. लोहिया ने नाजीवाद और साम्यवाद के बढ़ते प्रभाव और सीमाओं का भी गहन अययन-विश्लेषण किया क्योंकि इन विचारधाराओं में संकल्प-भावना प्रभूत मात्रा में अन्तर्विष्ट है।

डॉ. राममनोहर लोहिया एक अध्येता की भाँति आजीवन भारतीय इतिहास, भारतीय सभ्यता और संस्कृति, भारत के महापुरुष एवं व्यक्तित्व का खोजबीन करते रहे। उनकी दृष्टि का फलक व्यापक और अनुसंधान का स्रोत संपूर्ण विश्व का समाज-दर्शन था। 'व्हील ऑफ हिस्टरी', 'फ्रैग्मेंट्स ऑफ ए वर्ल्ड माइड', 'विल टू पॉवर', 'मार्क्स, गाँधी एण्ड सोशलिज्म', 'भारतीय इतिहास लेखन', 'भारत में समाजवाद' जैसे अपने विनिबन्धों और पुस्तकों में डॉ. लोहिया जब प्रत्यक्ष-परोक्ष रूप से राजनीतिज्ञों में नैतिक-शक्ति का उत्कर्ष खोजते हैं तो लगता है जैसे कोई अभिभावक भावी-पीढ़ी के बुनियादी प्रश्नों को 'इतिहास-चक्र' में दर्ज कर रहा है। देश, काल एवं परिवेश से लोहिया का जुड़ाव गहरा था। डॉ. लोहिया के लिए शायद ही देश का कोई ऐसा कोना बचा हो जहाँ उन्होंने अपने पाँव न धरे हों। देश की भूमि, नदियाँ, भाषा, पोशाक, भोजन, समाज,

अर्थव्यवस्था, इतिहास, पुराकथाएँ, दर्शन, किंवदन्तियाँ, कलाएँ, इन सबसे लोहिया ने संपर्क-साहचर्य साधने की भरपूर कोशिश की। भारत के सम्पूर्ण व्यक्तित्व से जैसा साक्षात्कार लोहिया ने किया, वैसा निश्चय ही स्वातंत्र्योत्तर युग के किसी अन्य राजनेता ने नहीं। लोहिया सदैव इस दिशा में प्रयासरत रहे कि भारत में आधुनिक जन-राजनीति के साथ-साथ एक सांस्कृतिक क्रांति का 'मॉडल' कैसे बनाया जाए जिसमें पारंपरिक संस्कृति के मानवतावादी और बौद्धिक तत्त्व संग-साथ समाहित हों? देश की जड़ता से उनका आशय धार्मिकता के आवरण में पैठी साम्प्रदायिकता और जाति-व्यवस्था से थी जो एक खास तरीके से धर्म-प्रभुत्व का द्योतक थी।

डॉ. लोहिया की दृष्टि में 20वीं सदी की वास्तविक विसंगति उसकी कल्पनातीत क्रूरताओं और इन क्रूरताओं के विरुद्ध विभिन्न मोर्चों पर हो रहे संघर्षों-क्रांतियों में निहित थी। पूर्व और पश्चिम के ऐतिहासिक संघर्षों से प्रेरणा ग्रहण कर उन्होंने 'सप्तक्रांति' के सूत्र विकसित किए–

1. नर-नारी समता के लिए,
2. चमड़ी के रंग के आधार पर राजनीतिक, आर्थिक और आध्यात्मिक विषमता के विरुद्ध,
3. पुरानी परंपरा के आधार पर पिछड़े और अगड़े समूहों या जातियों में गैर-बराबरी के विरुद्ध और पिछड़ों को विशेष अवसर देने के लिए,
4. विदेशी दासता के विरुद्ध और जनतंत्र के आधार पर विश्व-सरकार की स्थापना के लिए,
5. निजी संपत्ति के अस्तित्व तथा उसमें आसक्ति के विरुद्ध और आर्थिक समता एवं नियोजित उत्पादन के लिए,
6. निजी जीवन में अन्यायपूर्ण हस्तक्षेप के विरुद्ध और लोकतांत्रिक उपायों के लिए, और
7. शस्त्रों के विरुद्ध सत्याग्रह के लिए।

उपर्युक्त की सविस्तार व्याख्या करते हुए लोहिया ने इन्हें इस सदी के स्वास्थ्य का लक्षण कहा था।

प्रो. आनंद कुमार इसका जिक्र करते हुए लिखा है कि "लोहिया की दृष्टि में समाजवाद की परिभाषा के लिए समता और सम्पन्नता दोनों की एकजुटता महत्त्वपूर्ण है। उनका समता का सपना सत्ता के विकेन्द्रीकरण और समुदाय के क्रांतिकरण के जरिए साकार होना था। अपने सपने को उन्होंने विश्व इतिहास और

भारत इतिहास का गहन अध्ययन करके इतिहास–चक्र के सिद्धांत का प्रतिपादन किया था जिसमें हर समाज की अंदरूनी और वैश्विक प्रक्रियाओं के दुहरे दबाव में अपने अस्तित्व की निरंतरता का सच जीने की वास्तविकता का विश्लेषण किया गया है। लोहिया मानवीय सभ्यता में निरंतर बढ़ती निकटता के सच को

जानते थे, लकिन बगैर समता और सम्पन्नता आधारित मानव सभ्यता को संभव बनाये, वह भारत और विश्व के भविष्य को आशाजनक नहीं देखते थे।''

धर्म को दीर्घकालीन राजनीति और राजनीति को तात्कालीन धर्म मानने वाले लोहिया भारत की सांस्कृतिक विरासत से पूर्व परिचित थे। उन्हें पता था कि भारतीय सभ्यता का मुख्य आधार दर्शन रहा है, हिन्दू दर्शन तो मूलाधार ही है। अत: धर्म को समाज-संस्कृति एवं राजनीति से अलग नहीं जा सकता है। धर्म इसलिए बीच में आ जाता है कि वह उसी सामाजिक व्यवस्था का अंग है जिसमें लोग रहते हैं। वे शून्य में सक्रिय नहीं होते बल्कि वे जीवन में ही कार्यशील होते हैं। अतएव, किसी भी समाज की चिंतन पद्धति से उसे अलग नहीं किया जा सकता है। भारत में धार्मिक मनमुटाव का साम्प्रदायिक रूप लेने के पीछे एक मुख्य वजह यह भी रही कि आधुनिक संस्कृति और नव मूल्य-व्यवस्था के प्रचार-प्रसार हेतु सांस्कृतिक क्रांति आरंभ करने की दिशा में ठोस कदम नहीं उठाए जा सके थे। इसके लिए शिक्षित भारतीयों का सांस्कृतिक एवं बौद्धिक पिछड़ापन भी जिम्मेदार था जिसकी वजह से साम्प्रदायिक घटनाओं में अप्रत्याशित वृद्धि परिलक्षित की गयी। विभाजन की त्रासदपूर्ण घटना और साम्प्रदायिक दहन से डॉ. लोहिया मर्माहत थे। असल में, विश्व-बन्धुत्व के सपने का एक और रूप भी लोहिया के मन में था और वह था-मनुष्य जाति के शारीरिक सामीप्य का। उनकी दृष्टि में वह दिन दूर नहीं जब नर-नारी सम्बन्धों में जाति, धर्म, नस्ल और रंग के भेद खत्म हो जाएंगे और सारे ही मनुष्य मिश्रित रक्तवाले होंगे। डॉ. राममनोहर लोहिया के मुताबिक इंसान को राजनीतिक, आर्थिक, सामाजिक-सांस्कृतिक अलग-अलग खाँचों में बाँटकर देखने की बजाय उसके लिए समग्र चिंतन-दृष्टि की दरकार है। उन्होंने समाजवादी मूल्यों और आदर्शों को केंद्र में रखकर एक समतामूलक समाज को निर्मित करने का सपना देखा। लोहिया ने 'जाति तोड़ो' का नारा दिया और धर्म को व्यक्ति के निजी आचरण तक सीमित रखा। धर्म और जाति से राज्य प्रभावित न हो, यह स्पष्ट धारणा उनके मन में थी।

डॉ. राममनोहर लोहिया की रणनीति और कार्यशैली में दो चीजों का हमेशा समन्वय दिखता है-कार्य करते हुए फलाफल के प्रति तटस्थ रहना और दूसरे कोई काम करते हुए पूरी शक्ति उस काम में केन्द्रित कर देना। ''डॉ. राममनोहर लोहिया मात्र सिद्धांत-प्रतिपादक बुद्धिजीवी ही नहीं थे बल्कि वे निरंतर क्रियाशील आंदोलनकारी भी थे। स्वातंर्त्य-पूर्व दौर में इन्होंने 'इकॉनॉमिक्स

ऑफ्टर मार्क्स' में विषमता के बुनियादी कारणों की छानबीन की थी। इसके अलावा उन्होंने एक तरफ मार्क्स के विचारों के साथ स्वाभाविक रूप से जुड़ी उन्नीसवीं सदी के यूरोप की विशेषताओं को पहचानने की कोशिश की है, तो दूसरी ओर भारत जैसे निर्धन और अविकसित एशियाई देश की अपनी परिस्थितियों के संदर्भ में मार्क्सवाद की जाँच-पड़ताल भी की। ये इस समाजशास्त्रीय तथ्य को मानकर चल रहे थे कि बड़े से बड़ा विचारक अपने देश-काल की परिस्थितियों से बंधा होता है। उसकी सोच और निष्कर्षों का एक बड़ा हिस्सा इन परिस्थितियों के बाहर असंगत हो जाता है। कमोबेश यही बात सामाजिक-आर्थिक स्थितियों के विश्लेषण के लिए प्रयुक्त की जाने वाली परिकल्पनाओं पर भी लागू होती है। पूंजीवाद, समाजवाद और साम्यवाद भी इसके अपवाद नहीं हैं। सार्वभौमिकता के तमाम दावों के बावजूद ये सभी देश-काल की परिस्थितियों की उपज हैं। जिस समय विषमता के सभी रूपों पर प्रहार और देश के शोषितों-दलितों में समता की चेतना जगाने तथा उसे तीव्रतर करने का दायित्व लोहिया के जिम्मे आया, वह अत्यंत विकट और विषम परिस्थिति थी।''

डॉ. लोहिया ने अपने समाजवादी मार्ग को 'वोट, फावड़ा और जेल' के नारे में सूत्रबद्ध किया। विकेन्द्रीकरण की दिशा में लोहिया ने चौखम्भा राज्य की परिकल्पना प्रस्तुत की। जनतांत्रिक, न्यायपूर्ण तथा समतामूलक समाज की प्रतिस्थापना हेतु प्रतिबद्ध डॉ. लोहिया एक ऐसे जनवादी राजनीतिज्ञ थे जो चित्', 'वाक्', 'कर्म' और 'आचरण' की एकरूपता को सामाजिक जीवन मूल्य का सांस्कृतिक गौरव कहते थे। उनकी दृष्टि में जनतंत्र आधारित समानता का अर्थ व्यापक और कैनवास बड़ा था। असल में समतामूलक समाज की परिकल्पना मानव-चेतना में सदैव अनुस्यूत रही है। सच्चिदानन्द सिन्हा की दृष्टि में, ''मनुष्य सदा एक बड़े वैचारिक परिप्रेक्ष्य में पास-पड़ोस के लोगों को समेटने वाली किसी संरचना के भीतर ही अपनी आजीविका या जीवन की संभावनाओं की तलाश करता है। परिवेश की किसी समग्र कल्पना के बिना जीवन का हर कदम अंधकार में छलांग है। चाहे मिथक हो, इतिहास हो, चाहे ब्रह्माण्ड की कोई परिकल्पना, इनके भीतर ही आदमी अपने जीवन की विशेष स्थिति को निरूपित करता है एवं इसी ज्ञान के आलोक से आश्वस्त हो जीवन को नियोजित करता है। आदिम समाजों की भी एक विश्व-दृष्टि होती है भले ही उनके पितरों, जादूगरों और पेड़-पौधों में 'माना' आदि की अवधारणाएँ हमारे विज्ञानवादी युग

में कुछ अजूबा लगें। लेकिन मिथकों में भी जीवन को समग्रता में आकार देने का प्रयास अवश्य रहा है।''

राममनोहर लोहिया अक्सर कहा करते थे कि मैं चाहता हूं कि इंसान की जिंदगी में राम की मर्यादा, कृष्ण की उन्मुक्तता, शिव का संकल्प, मुहम्मद की समता, महावीर-बुद्ध की ऋजुता और यीशु की ममता सब एक साथ ही समाहित हो जाए। भारत-पाकिस्तान युद्ध में बलि देने वाले अब्दुल हमीद के घर जाते समय एक बार उन्होंने कहा था-''बलिदान में हिन्दू-मुस्लिम एकता के प्रत्यक्ष दर्शन होते हैं। भारत सर्वधर्मियों की मातृभूमि है, इसका साक्षात्कार होता है।'' भारत माता से लोहिया की एक ही माँग थी-हे भारतमाता! हमें शिव का मस्तिष्क और उन्मुक्त हृदय के साथ-साथ जीवन की मर्यादा से रचो।

डॉ. लोहिया का स्वप्न विश्व-सरकार स्थापित करने का था। मानवता की दृष्टि से वे पूर्व-पश्चिम, काले गोरे, अमीर-गरीब, छोटे-बड़े राष्ट्र तथा नर-नारी के बीच की दूरी मिटाना चाहते थे। आण्विक हथियारों के साथ तलवार व पिस्तौल जैसे भी हथियार प्रतिबंधित हों, यही उनकी कामना थी। लोहिया जी स्पष्ट कहा करते थे कि जनतंत्र और समाजवाद एक सिक्के के दो पहलू हैं। वे अन्याय के खिलाफ एक साथ क्रान्ति का आह्वान करते थे। चाहे वह लैंगिक विभेद हो, रंगभेद हो, आर्थिक असमानता हो, निजी जीवन में अन्यायी हस्तक्षेप हो या जाति-प्रथा। स्त्रियों की आजादी के पक्षधर लोहिया का मानना था कि जब तक समाज में महिलाओं को बराबरी का अधिकार नहीं मिलता तब तक किसी भी हिस्से में समानता की बात सोचना बेमानी होगा। वे खुले मंच से घोषणा करते थे कि आजाद हिन्दुस्तान में हर आदमी राजा है, चाहे वह मर्द हो या फिर औरत। औरतें भी अपने हक से राजा होंगी, राजा की पत्नी होने के नाते रानी नहीं। भारतीय पौराणिक चरित्रों का सहारा लेते हुए एक चर्चित भाषण में उन्होंने कहा कि भारतीय नारी का आदर्श सावित्री नहीं हो सकती जिसका एकमात्र गुण उसकी पति-निष्ठा है, बल्कि द्रौपदी होना चाहिए जो क्रियाशील है, विद्वान है, बहस करने वाली है और कृष्ण के साथ बराबरी का सखा सम्बन्ध रखती है। उन्होंने यह भी कहा था कि यौन-शुचिता सिर्फ औरतों पर क्यों लादी जाती है? यह सभी के लिए बराबर होनी चाहिए। शायद! इसी कारण सांस्कृतिक क्रांति के अग्रदूत लोहिया समाजवाद का अर्थ 'संपूर्ण बराबरी, संभव बराबरी' मानते हैं। हम देख सकते हैं कि डॉ. लोहिया ने महिलाओं के अधिकार को तो सशक्त बनाया ही साथ ही उन्होंने पिछड़े वर्ग के मुसलमानों, आदिवासियों, हरिजनों जो

भारत की जनसंख्या के नब्बे प्रतिशत थे, को संगठित कर उन्होंने जातिवाद पर जबरदस्त हमला करने का भी प्रयास किया।

ध्यातव्य है कि डॉ. राममनोहर लोहिया के समाज-दर्शन में भाषा एक महत्त्वपूर्ण संघटक तत्त्व है। लोहिया इस बात से पूरी तरह भिज्ञ थे कि "भाषा का प्रकार्य विचार विनिमय को संभव बनाना है अर्थात भाषा एक आधार है जो समाज के अस्तित्व के साथ अस्तित्व में आती है और उसके नष्ट होने के साथ ही नष्ट हो सकती है। यह समाज के निर्माण और विकास के साथ ही निर्मित और विकसित होती है, समाज से अलग कोई भाषा नहीं होती। इसलिए भाषा और उसके विकास के नियमों को तभी समझा जा सकता है जबकि इनका अध्ययन इनके अविवोज्य रूप से जुड़े, समाज के इतिहास के साथ किया जाए, उस जनता के इतिहास के साथ किया जाए जिसकी वह भाषा है और जो इसकी निर्मात्री और धारक है। भाषा के माध्यम से समाज सृजनात्मक सक्रियता के लक्ष्य निश्चित कर पाता है। इसके बिना वह विघटित हो जाता है यानी भाषा समाज के विकास और संघर्ष की वाहिका है। यही नहीं, भाषा अपनी कार्यकारी भूमिका में मनुष्य मात्र के सम्पर्क-साधन के रूप में व्यवहृत होती है। इसके कारण वह प्रत्येक परिवर्तन के प्रति संवेदनशील होती है और प्रत्येक स्तर पर ग्रहणशीलता का परिचय देती है। भाषाएँ अतीत के लम्बे अन्तराल में विकसित होती हैं। इस लम्बे अन्तराल में गोत्र भाषाओं से जातीय भाषाएँ, जातीय भाषाओं में राष्ट्रीयताओं की भाषाएँ और फिर राष्ट्रभाषा का अनुवर्ती विकास का क्रम चलता है। इस क्रम में प्रत्येक स्तर पर भाषा का स्वभाव समाज के हर सदस्य के साथ एक जैसा होता है। अतः राष्ट्र के प्रत्येक सदस्य के बीच प्रथमतः सम्पर्क सूत्र का काम करती है, वह सामान्य भाषा होती है न कि वर्ग की भाषा। कुलीन भाषा या जन भाषा का व्यवहार समाज में विविध वर्गों में बोली जाने वाली भाषा के आधार पर साहित्यालोचन में भले ही चलता हो, लेकिन यह भाषा वैज्ञानिक यथार्थ नहीं है। इस सम्बन्ध में मार्क्स को भी अक्सर गलत ढंग से उद्धृत किया गया है और आज भी यह बात प्रचलन में है कि वे राष्ट्रभाषा जैसी चीज को नकारते थे और भाषा की वर्गीयता को प्रश्रय देते थे। ईमानदारी का तकाजा यह है कि मार्क्स को उद्धृत करते हुए उनके उद्धरण का उत्तर-पक्ष भी प्रस्तुत किया जाना चाहिए जहाँ उन्होंने साफ-साफ कहा है कि वर्ग भाषाओं का सान्द्रीकरण(कंसंट्रेशन) एक अकेली राष्ट्रीय भाषा के रूप में आर्थिक-राजनीतिक सान्द्रीकरण के परिणामस्वरूप होता है। इसके अतिरिक्त मार्क्स एकमात्र राष्ट्रीय भाषा की आवश्यकता को भी

स्वीकारते हैं जो एक उच्चतर स्वरूप की तरह हो और निम्नतर स्वरूप के रूप में जिसकी सहायिका वर्ग-उपभाषाएँ हों।''

अतएव, भाषा के मुद्दे पर डॉ. लोहिया यदि गहरी चिंता प्रकट करते हैं तो इसकी मुख्य वजह राष्ट्रीयता का प्रश्न है। वे 'अंग्रेजी हटाओ आंदोलन' का नेतृत्व मात्र ही नहीं करते थे अपितु इसके गहरे निहितार्थ, पुख्ता तर्क और सामाजिक-सांस्कृतिक औचित्य भी सिद्ध करते थे। सन् 1909 में गाँधी ने 'हिन्द स्वराज' में लिखा, ''हर पढ़े-लिखे हिन्दुस्तानी को अपनी भाषा का, हिन्दू को संस्कृत का, मुसलमान को अरबी का, पारसी को फारसी का और सबको हिन्दी का ज्ञान होना चाहिए। उत्तरी और पश्चिमी हिन्दुस्तान के लोगों को तमिल सीखनी चाहिए। सारे हिन्दुस्तान के लिए जो भाषा चाहिए, वह तो हिन्दी ही होनी चाहिए।'' स्वतन्त्रता-आन्दोलन के पूरे दौर में हिन्दी को 'राष्ट्रभाषा' के रूप में सम्बोधित किया गया। इस दौरान कुछ विवाद हिन्दी के स्वरूप को लेकर उठा, पर राष्ट्रभाषा की संकल्पना के साथ हिन्दी विकसित होती रही। उसकी व्याकरणिक संरचना संश्लिष्ट हुई तथा भाषिक चेतना में राष्ट्रीय-संस्कृति का स्वर अनुगुंजित हुआ। गाँधी की किताब 'हिन्द स्वराज' वस्तुतः सभ्यता-समीक्षा की किताब है। इसमें उन्होंने भाषाओं को भी विभिन्न सभ्यताओं के साथ विकसित माना है। हिन्दी को उन्होंने 'राष्ट्रभाषा' मानते हुए व्यवहार से अंग्रेजी के निकालने का उपाय बताया है।

गाँधी के इसी उपाय को डॉ. राममनोहर लोहिया 'अंग्रेजी हटाओ आंदोलन' के माध्यम से साकार करने हेतु आजीवन संघर्षरत रहे। उनका स्पष्ट विचार था कि आज अंग्रेजी भाषा के फैलते एकाधिकार को तोड़ने की जरूरत है क्योंकि पूँजी, आतंक और तकनीक की तरह यह भाषा भी नेतृत्व और वर्चस्व का अधिकार बन गई है। वैश्वीकरण के इस युग में प्रभावी राष्ट्र अपनी भाषा को जबरन थोप रहे हैं। इस खतरे को चीन, जापान और यूरोप के कुछ देशों ने समय से भाँप लिया था। इसलिए वे अपनी भाषा को किसी भी सूरत में छोड़ने को तैयार नहीं थे। 'डॉलर' को पीटने के लिए 'यूरो' को अपनाने वाले देश आज भी अंग्रेजी से परहेज कर रहे हैं। इन देशों ने अंग्रेजी को प्रगति का पर्याय न मानकर एक अनुकरणीय आदर्श प्रस्तुत किया कि मातृभाषा में वह क्षमता है जो ज्ञान, गौरव और स्वाभिमान प्रदान करती है। लोहिया का स्पष्ट विचार था कि ''वास्तव में भाषा जोड़ने का काम ही करती है। तोड़ने का काम वह तब करने लगती है जब वह स्वार्थी लोगों के हाथ का खिलौना बन जाती है।''

"मुख्य प्रश्न यह है कि स्वतंत्र भारत की आर्थिक-संरचना और तज्जन्य अधिरचना की ऐसी क्या विशेषता थी कि विद्वानों ने राष्ट्रभाषा के बदले 'सम्पर्क भाषा' के रूप में हिन्दी को प्रस्तावित किया और राजभाषा के सिंहासन पर बैठाने की सांविधानिक घोषणा की जिस पर वास्तव में अंग्रेजी विराजमान थी, और है। स्वतंत्र भारत में हिन्दी के साथ यह व्यवहार राजसत्ता की ओर से किया जा रहा था जो पूरी तरह अंग्रेजी के पक्षधर थी। अंग्रेजी सत्ता-संस्कृति के अनुकूल थी, किन्तु उसे खुलकर मान्यता देना भारतीय राजसत्ता के लिए सम्भव न था। नेहरू की मिश्रित अर्थव्यवस्था में निर्मित हुई आधुनिक संस्कृति की अधिरचना का अध्ययन करने पर पता चलता है कि भारतीय सत्ता की नीति-निर्माण में ऐसे कौन-से कारक तत्त्व सक्रिय थे जो हिन्दी को सम्पर्क भाषा की परिधि में उलझाए रखना चाहते थे। फलतः लोहिया के 'अंग्रेजी हटाओ' आन्दोलन के बावजूद हिन्दी के प्रति सत्तापक्ष का दृष्टिकोण नहीं बदला। उनकी मृत्यु के बाद तो 'हिन्द स्वराज' के उस संकल्प को लेकर लड़ने वाला कोई नहीं है। वास्तव में, लोहिया का यह संकल्प केवल 'हिन्द स्वराज' का नहीं, भारतीय जनता का था जिसमें हिन्दी के साथ-साथ भारतीय भाषाओं की समृद्धि का संकल्प था। नेहरू राज से भारतीय जनता का स्वप्न केवल भाषा के बिन्दु पर ही नहीं, राज्य की भूमिका के हर मुद्दे पर टूटा। इसके बावजूद उस काल में राजसत्ता ही प्रभावी रही यद्यपि बाजार की शक्तियाँ भी इसे अपने हित में प्रभावित करती रहीं और राजसत्ता से उनका गठजोड़ बना रहा।"

आज हमारे शिक्षा-जगत की जो दयनीय स्थिति है उसमें पश्चिम के अंधानुकरण का योगदान अधिक है। पत्रकार शंकर शरण के अनुसार "हमारे देश के प्रभावशाली प्रोफेसर और बुद्धिजीवियों को जो भी नया विषय या मुहावरा पश्चिमी पत्र-पत्रिकाओं या शिक्षा-जगत में दीख पड़ता है, उसे वे भारत पर 'लागू करने' में लग जाते हैं। जब तक सोवियत संघ था, यहाँ सोवियत प्रस्थापनाओं की बड़ी प्रतिष्ठा थी जिसे 'प्रगतिवाद' कहा जाता था। सोवियत विघटन के बाद से यूरोप के रेडिकल यानी मूल सिद्धांतवादी प्रोफेसरों, बुद्धिजीवियों की बातें दुहराना ही हमारे बौद्धिकों का कार्य रह गया है। इस प्रकार यहाँ लिबरलिज्म, प्रोग्रेसिविज्म, वीमेन्स लिब से लेकर फेमिनिज्म, गे-राइट्स, पोस्ट-मॉडर्निज्म, ग्लोबलाइजेशन और मल्टी-कल्चरलिज्म तक के चर्बी-चर्वण में एक प्रकार का औपनिवेशिक दासत्व है। दासत्व से भी झलकता है कि उसी पश्चिमी विमर्श में जो विचार, स्वतन्त्र चिंतन प्रेरित करे, उसे हमारे बुद्धिजीवी

नहीं उठाते।'' इस बारे में डॉ. लोहिया सीधे कटाक्ष करते हैं, ''हिन्दी की दुर्दशा आज ऐसे ही बुद्धिजीवियों के कारण हुई है जिन्हें इतना भी नहीं पता है कि हिन्दी 900 साल से अधिक पुरानी है। हम जब तक अपनी ही भाषा को नहीं जानेंगे तो लड़ेंगे कैसे? उसी का फायदा अंग्रेजी परस्त लोग और दूसरे बुद्धिजीवी उठा रहे हैं।''

यह अलग बात है कि राजनीतिक स्वार्थपरता, सवर्ण मानसिकता और राष्ट्रभाषा-राजभाषा के तिकड़म में सबसे ज्यादा दुर्गति हिन्दी की हुई। साठ के दशक में उत्तर भारत में 'अंग्रेजी हटाओ' और दक्षिण भारत में 'हिन्दी हटाओ' के राजनीतिक अभियान में भाषा किस कदर प्रभावित हुई इसे हिन्दी कवि धूमिल ने इन पंक्तियों में व्यक्त किया था-''हाय! जो असली कसाई है, उसकी निगाह में तुम्हारा यह तमिल-दुःख मेरी इस भोजपुरी-पीड़ा का भाई है, भाषा उस तिकड़मी दरिंदे का कौर है। जो सड़क पर और है संसद में और है इसलिए बाहर आ! संसद के अँधेरे से निकल कर सड़क पर आ! भाषा ठीक करने से पहले आदमी को ठीक कर आ! अपने चौदहों मुखों से बोलता हुआ आ!''

इसी छटपटाहट की परिणति थी कि डॉ. लोहिया पूरे हुंकार के साथ कह सके-''जिंदा कौमे पाँच साल इंतजार नहीं करती।' डॉ. लोहिया की इस उक्ति का मुख्य उद्देश्य आमजन को सचेत करना था, साथ ही लोकतंत्र में विपक्ष की जीवंत भूमिका का भी स्मरण कराना था। भारतीय राजनीतिज्ञों का चारित्रिक पतन तथा दायित्व-क्षरण जिस रफ्तार से हुआ उसका भान डॉ. लोहिया को काफी पहले हो गया था। वह एक पुस्तिका में सारी दुनिया में व्यक्ति की स्वतंत्रता सम्बन्धी स्थिति का विश्लेषण करते हुए कहते हैं कि तथाकथित लोकतांत्रिक देशों में भी व्यक्ति की स्वतन्त्रता किस तरह सीमित है और कैसे खतरों से घिरी है?

यद्यपि लोहिया के समाज-दर्शन पर कई ग्रंथ लिखे जा चुके हैं, लेकिन यह भी वास्तविकता है कि ''आज की युवा पीढ़ी अभी भी लोहिया से दूर है। वे विद्रोही युवा पीढ़ी तैयार करना चाहते थे। लेकिन आज जो पीढ़ी तैयार हुई है, उसके भीतर सामाजिक अन्याय को लेकर कहीं विद्रोह नजर नहीं आता क्योंकि उसे लोहिया का पाठ पढ़ने नहीं दिया गया। आज जिस आधुनिकता के अंधे दौर में हम शामिल हैं, वह समस्या ही ज्यादा पैदा कर रहा है, सुकून नहीं दे रहा। लोहिया ने जिस समाजदर्शन की बात की थी वह मानवता को सुकून देने वाला था। उन्होंने भौतिक समाजवाद की बात कही, राजनीतिक समाजवाद

की बात कही, आर्थिक समाजवाद की बात कही, संवादपरक राजनीति की बात कही, लेकिन हमने सब कुछ भुला दिया। अपने आपको पूंजीवाद, साम्यवाद और व्यक्तिवाद के बीच फंसा लिया हैं। इन तीनों से जब हम मुक्त होंगे तभी डॉ. लोहिया के संकल्प पूरे होंगे।'' प्रो. आनंद कुमार आज की नौजवान पीढ़ी को लक्ष्य कर कहते हैं, ''आज नई पीढ़ी बहुत सारे सपनों के साथ आगे बढ़ना चाहती है। पहले की पीढ़ी को वह पराजित पीढ़ी मानती है। आज वैश्वीकरण का जमाना है, इसमें आगे बढ़ना है और येन-केन-प्रकारेण विश्व के जो श्रेष्ठतम सुख-साधन है, उनको हासिल करना है। अब नई पीढ़ी के इस सपने के साथ सच्चाई के रास्ते को जोड़ने का उपाय सोचना चाहिए और यह बहुत कठिन नहीं।''

कहना न होगा कि 21वीं सदी का समाज पश्चिमीकृत पूँजीवाद का पोषक है। बाजारवाद ने जिस उपभोग की संस्कृति का निर्माण किया है उसमें हर नागरिक उपभोक्ता/उत्पाद में बदल चुका है। वर्तमान में चारों तरफ बाजारवाद का बोलबाला है। बाजार लोगों के लिए न होकर, लोग बाजार के लिए इस्तेमाल किए जा रहे हैं। हम देख रहे हैं कि आज भारतीय समाज समय-सापेक्ष बेतरतीब बदलावों के दौर से गुजर रहा है। बाजारवादी स्पर्श-सुख सेवन करता भारतीय समाज को सीधे-सीधे गरीब और अमीर इन दो वर्गों में बांटा जा चुका है जिसमें एक वंचित है तो दूसरा सर्वसुविधासंपन्न। मुश्किल यह है कि बाजार की संस्कृति उपभोक्तावादी संस्कृति है जिसमें अधिक से अधिक उपभोग को ही विकास का सूचकांक माना जाता है। कुदरती संसाधनों के अत्यधिक दोहन, श्रम के मूल्य और न्यायसंगत बंटवारे आदि के प्रश्न दरकिनार कर दिए जाते हैं। ऐसी पूँजीवादी व्यवस्था को एक तरह की विषम जातिवादी व्यवस्था के समकक्ष देखने वाले लोहिया इस बाबत सही आकलन-मूल्यांकन करते थे कि हर व्यवस्था जिसमें कुछ लोग बहुसंख्यक लोगों का शोषण करने की स्थिति में होते हैं जाति-व्यवस्था का ही रूप है।

डॉ. लोहिया मानते थे कि जाति एक ऐसा बीमा है जिसके लिए प्रीमियम देना नहीं पड़ता। इस तरह हम पाते हैं कि लोहिया आधुनिक भारत के उन कतिपय विचारकों और नेताओं में से थे जिन्होंने भारत में जाति-प्रथा की गहराई और विकृतियों को समझा और उस पर लगातार प्रहार करने पर जोर दिया। उनका साफ मानना था कि मात्र आर्थिक और भौतिक बेहतरी का लक्ष्य रख कर नई दुनिया की रचना नहीं हो सकती है। इसके लिए सामाजिक, सांस्कृतिक और

दार्शनिक स्तर पर भी बदलाव लाना पड़ेगा। पुराने मूल्यों के स्थान पर नए मूल्य स्थापित करने होंगे। समाज का ढाँचा बदलना पड़ेगा। वे सिर्फ पूंजीवादी उत्पादन सम्बन्धों को बदलना काफी नहीं मानते थे, बल्कि एक नई सभ्यता का निर्माण करना चाहते थे।

''वैश्वीकरण के दौर में राज्य की प्राथमिकताएँ उलट गई हैं। लोग कह रहे हैं, राष्ट्र कमजोर हो रहे हैं। लेकिन ऐसा नहीं है यदि देखा जाए तो श्रम के मामले में राज्य मजबूत हुआ है और विदेशी पूँजी के मामले में कमजोर। इसे इस तरह देख सकते हैं; पिछले दस-बारह सालों से वैश्वीकरण का दौर चल रहा है। अब गौर करें कि इस दौर में कितने श्रम विरोधी कानून बनाये गए हैं? आज कोर्ट फैसला देता है कि कर्मचारी हड़ताल नहीं कर सकते। एक दूसरे कानून के तहत करीब एक हजार श्रमिकवाले कारखाने को बगैर सरकार की मंजूरी के बंद किया जा सकता है। इस दौर में आत्महत्याओं का सिलसिला लगातार बढ़ रहा है। इसका सीधा अर्थ यह हुआ कि श्रम को नियंत्रित करने के मामले में यह राज्य स्वयं को विभिन्न कानूनों और नीतियों के जरिए मजबूत कर रहा है।''

कथित समाजवादियों तथा लोहियावादियों में भी रचना-संगठन-संवर्द्धन की क्षमता विकसित करने के बरबस प्रहार-संहार-विघटन की क्षमता और कौशल अधिक दिखाई देता है। आज लोहिया के झंडाबदार ही उनके सिद्धांत और वैचारिकी से कोसो-मील दूर हैं। ये जितने भ्रष्ट या नैतिक रूप से पतित हुए दिख रहे हैं, उसकी एक वजह जाति-धर्म जैसी संकीर्णवादी मानसिकता की आत्मस्वीकृति है। असल में लोहिया या जयप्रकाश व्यावहारिक स्तर पर विफल होने को भी तैयार रहते थे, क्योंकि वे रूटीन किस्म के नेता नहीं थे। जो रूटीन किस्म का नेता होता है, उसे किसी भी कीमत पर भी, सफलता चाहिए। सफलता के लिए दौड़ हमेशा पतित करती है। फिर समाजवादी इसके अपवाद कैसे रह सकते थे।

अतः हमें इन समस्त बिन्दुओं पर गंभीरता से विचार करते हुए 'जनतंत्र', 'न्याय' और 'समानता' के मूल प्रश्नों का हल तलाशना चाहिए जिसमें लोहिया के समाजवादी दृष्टिकोण और चिंतन-दृष्टि न केवल महत्त्वपूर्ण हैं बल्कि उनका अन्यतम स्थान है। निष्कर्षतः समाजवादी चिन्तक-विचारक सुनील के विचारों को यहाँ उद्धृत करना समीचीन प्रतीत होता है, ''मानव जाति के इतिहास में दुनिया को बदलने और बेहतर बनाने की कई कोशिशें हुई हैं। पहले ये कोशिशें ज्यादातर

धार्मिक और दार्शनिक तौर पर हुई हैं। गौतम बुद्ध, महावीर स्वामी, ईसा, पैगम्बर मोहम्मद, गुरुनानक आदि ने इसी तरह की कोशिश की। आधुनिक काल में कार्ल मार्क्स, लेनिन, माओ और गाँधी ने भौतिक आर्थिक व्यवस्था बदल कर नई दुनिया बनाने की कोशिश की। दोनों तरह की कोशिशें एकांगी थीं और इसीलिए ज्यादा सफल और टिकाऊ नहीं हो पाई। ऐसे वैचारिक धुंध की स्थिति में यदि रास्ता तलाश करनी है तो हमें लोहिया की लालटेन को साथ लिए चलना ही होगा।''

5

डॉ. लोहिया का समकालीन कांग्रेसी नेताओं से संबंध

स्वतंत्र भारत की राजनीति और चिन्तनधारा पर जिन गिने-चुने लोगों के व्यक्ति का गहरा प्रभाव हुआ उनमें महात्मा गांधी, सुभाष चन्द्र बोस, डॉ. भीमराव अम्बेडकर, जयप्रकाश नारायण प्रमुख रहे हैं। प्रस्तुत अध्याय में उक्त समकालीन काग्रेसी नेताओं से लोहिया का क्या सम्बन्ध रहा, इस सन्दर्भ में जानकारी दी गयी है।

डॉ. लोहिया और महात्मा गांधी

अगस्त क्रान्ति के दौरान डा. लोहिया के कौशल और साहस से महात्मा गांधी अत्यंत प्रभावित हुए थे। उसके पहले बापू डा. लोहिया के कई विचारोत्तेजक लेख, बेबाक टिप्पणियां आदि अपने पत्र 'हरिजन' में प्रकाशित भी कर चुके थे।

भारत में अंग्रेजी साम्राज्य का सूरज डूब रहा था। राष्ट्रीय नेताओं का यह मानना था कि अंग्रेजों के जाते ही पुर्तगाली भी गोवा से स्वयं कूच कर जायेंगे, इसलिए वहां शक्ति झोंकने की जरूरत नहीं। लेकिन डा. लोहिया ने वहां जाकर आजादी की लड़ाई का बिगुल बजा ही दिया। उनका साथ महात्मा गांधी को छोड़कर और किसी बड़े नेता ने नहीं दिया। इससे भी पता चलता है कि गांधी लोहिया का कितना सम्मान करते थे।

स्वतंत्रता के बाद नेहरू सरकार की नीतियां गांधी के विचारों से प्रतिकूल थीं। डा. लोहिया का समाजवाद गांधी की विचारधारा के अत्यन्त निकट था।

नेहरू सरकार की दशा-दिशा के कारण महात्मा गांधी का नेहरू से मोहभंग हो रहा था और लोहिया की तरफ रूझान बढ़ रहा था। आजादी के बाद देश साम्प्रदायिकता के संकट में फंस गया तो शांति और सद्भाव कायम करने में डा. लोहिया ने गांधी का सहयोग किया। इस प्रकार वे बापू के बेहद करीब आ गये थे। इतने करीब की गांधी ने जब लोहिया से कहा कि जो चीज आम आदमी के लिए उपलब्ध नहीं उसका उपभोग तुम्हें भी नहीं करना चाहिए और सिगरेट त्याग देना चाहिए तो लोहिया ने तुरन्त उनकी बात मान ली।

28 जनवरी, 1948 को गांधी ने लोहिया से कहा, "मुझे तुमसे कुछ विषयों पर विस्तार में बात करनी है। इसलिये आज तुम मेरे शयनकक्ष में सो जाओ। सुबह तड़के हम लोग बातचीत करेंगे।" लोहिया गांधी के बगल में सो गये। उन्होंने सोचा कि जब बापू जागेंगे, तब वे जगा लेंगे और बातचीत हो जाएगी। लेकिन जब लोहिया की आंख खुली तो गांधी बिस्तर पर नहीं थे। बाद में जब डा. लोहिया गांधी से मिले तब गांधी ने कहा, "तुम गहरी नींद में थे। मैंने तुम्हें जगाना ठीक नहीं समझा। खैर कोई बात नहीं। कल शाम तुम मुझसे मिलो। कल निश्चित रूप से मैं कांग्रेस और तुम्हारी पार्टी के बारे में बात करूंगा। कल आखिरी फैसला होगा।"

लोहिया 30 जनवरी, 1948 को गांधी से बातचीत करने के लिए टैक्सी से बिड़ला भवन की तरफ बढ़े ही थे कि तभी उन्हें गांधी की शहादत की खबर मिली। एक ठोस योजना की भ्रूण हत्या हो गयी।

बापू अपनी शहादत से पहले अपने आखिरी वसीयतनामे में कांग्रेस को भंग करने की अनिवार्यता सिद्ध कर चुके थे। उस समय उन्होंनें ऐसा स्पष्ट संकेत दिया था कि आजादी की लड़ाई के दौरान अनेकानेक उद्देश्यों के निमित्त गठित विविध रचनात्मक कार्य संस्थाओं को एकसूत्र में पिरोकर शीघ्र ही एक नया राष्ट्रव्यापी लोक संगठन खड़ा किया जायेगा। डा. लोहिया की उसमें विशेष भूमिका होगी। इस प्रकार बनने वाले शक्तिपुंज से बापू आजादी की अधूरी जंग के निर्णायक बिन्दु तक पहुंचाना चाहते थे। लेकिन नियति के क्रूर चक्र ने एक बार फिर देश को बुरी तरह छला।

गांधी-लोहिया का पुनर्पाठ

21 वीं सदी का पहला दशक गांधी और लोहिया के पुनर्पाठ का दशक बनकर उभरा है। गांधी की तीज पुस्तक 'हिंद स्वराज' लिखे सौ वर्ष पूरे हुए

और लोहिया जन्म के भी सौ वर्ष पूरे हुए। हिंद स्वराज और गांधी की याद भारत और भारत के बाहर दुनिया में व्यापक रूप से हुई। यहां तक कि जिन मुल्कों ने पहले कभी गांधी को स्वीकार नहीं किया था और व्यक्ति में बदलाव की तमाम संभावनाओं के बावजूद जिन मुल्कों के हालात को गांधी ने अपनी कार्यसूची की प्राथमिकता में बदलाव के लिए उपयुक्त नहीं माना था, उन मुल्कों में भी गांधी की चर्चा न केवल जनता में बल्कि व्यवस्था और तंत्र में भी गंभीर रूप से शुरू हुई है।

चालीस के दशक में जब महात्मा गांधी को अमरीका की यात्रा का निमंत्रण दिया गया था और उनके अमरीका समर्थकों ने गांधी जी से अमरीका दौरे का आग्रह किया था तब उन्होंने अमरीका प्रवास पर जाने से इनकार करते हुए कहा था कि मेरे अमरीका यात्रा से कोई लाभ नहीं होगा क्योंकि आपका समाज डॉलर भगवान को पूजता है और मैं दरिद्र नारायण भगवान को।

गांधी की यह पंक्ति अमरीकी समाज के प्रति गांधी के विश्लेषण को दर्शाती है और अमरीका ने भी कभी गांधी को मान्यता नहीं दी थी। परंतु आज वही अमरीका का प्रशासन तंत्र जिसके प्रतीक राष्ट्रपति बराक ओबामा हैं, शान से यह कहते हैं कि गांधी मेरे आदर्श हैं और मैं गांधी की फोटो अपने साथ रखता हूं।

हो सकता है कि अगर गांधी जिंदा होते तो अमरीका की पिछले समय की आर्थिक मंदी के दौर में अमरीका प्रवास का निमंत्रण स्वीकार करते और अमरीकावासियों से कहते कि देखो तुम्हारा भगवान अस्थिर हो गया है और मेरा दरिद्र नारायण ही सत्य है।

डाक्टर राममनोहर लोहिया ने भी अपने एकल अमरीकी प्रवास के अवसर पर अमरीकी विकास के प्रतीकों पर प्रश्न चिह्न लगाये थे और उन्हें विनाश की संभावनाओं के रूप में देखा था, जिसका शब्दसः वर्णन लोहिया अमरीका वीट पुस्तक में लोहिया के मित्र ने किया है। लोहिया गांधी के विचारों से और उनकी स्थापनाओं से बहुत दूर तक सहमत थे और शायद वे लोहिया की विचार स्थापनाओं के मूल आधार भी थे।

यद्यपि लोहिया समाजवादी थे और वे समाजवाद को एक परिपूर्ण वैचारिक सिद्धांत और कार्यक्रम के रूप में स्वीकार करते थे। गांधीवाद को वे न तो पूर्णतः नकारते हैं और न ही पूर्णतः स्वीकारते हैं। परंतु लोहिया समाजवाद को स्वीकारते हैं तथा विशेषतः वे समाजवाद की अपनी परिभाषा को भारतीय संदर्भ के साथ

तालमेल बिठाते हुए गांधी और मार्क्स के साथ सामंजस्य और अलगाव प्रस्तुत करते हुए एक विचार सपने के रूप में प्रस्तुत करते थे।

गांधी ने वर्ग संघर्ष को स्वीकार नहीं किया। गांधी सत्याग्रह के अनुयायी थे और उनका सत्याग्रह एक समूची जीवन शैली के रूप में है, जो हर असत्य को नकारता है तथा सतत् हर क्षण हर पल सत्य के लिए आग्रह करता है। गांधी का सत्याग्रह वर्ग संघर्ष के बजाय आत्म संघर्ष था जिसमें व्यक्ति स्वत: अपने असत्य से लड़ता है और उसे मिटाने का प्रयास करता है।

लोहिया ने आदर्श के रूप में सत्याग्रह को स्वीकार किया परंतु समाज की फौजी संरचना और विचार स्तर को देखते हुए वर्ग संघर्ष और सिविल नाफरमानी के हथियार स्वीकार किए। लोहिया के मन में चिंता थी कि भारतीय समाज, जो जाति मानस में विभाजित है, उसमें वर्ग संघर्ष अहिंसक और हिंसक किसी भी रूप में संभव नहीं है। इसलिए लोहिया पहले जाति को मिटाकर समाज को वर्गीय विभाजन में ले जाना चाहते थे और जब वे- 'पावे सौ में साठ' का नारा देते थे तब उनका उद्देश्य देश के जातीय ढांचे को तोड़कर उसे वर्ग में बदलने का था। वे जानते थे कि तब तक बदलाव की पटकथा लिखा जाना संभव नहीं है, जब तक जाति का विनाश नहीं हो जाता।

सिविल नाफरमानी से लोहिया का तात्पर्य सरकार के उन कानून और नियमों को मानने से इंकार करना था, जो उनके विचार की कसौटी पर खरे नहीं है। सत्याग्रह जीवन शैली है और सिविल नाफरमानी मानव स्वभाव होना चाहिए। दरअसल लोहिया हर इंसान को सिविल नाफरमानी का अभ्यस्त बनाना चाहते थे ताकि उनमें हर क्षण, हर जगह, हर व्यवस्था को नकारने की क्षमता और अभ्यास पैदा हो और इसलिए लोहिया ने हर संभावित अवसर पर सिविल नाफरमानी का प्रयोग किया।

वे निजी यात्रा पर गोवा गए थे परंतु जो चुनौती उन्हें प्राप्त हुई उसे स्वीकार कर पुर्तगाली सरकार के कानून को नकारने के लिए उन्होंने किसी अवसर और तैयारी का इंतजार नहीं किया बल्कि उसी क्षण सिविल नाफरमानी की थी।

डा. लोहिया जब अमरीका के प्रवास पर गए थे, संसद सदस्य थे और उन्हें जब होटल प्रवेश से रंगभेद के आधार पर रोका गया था तब उन्होंने उस चुनौती को स्वीकार करने में देर नहीं की। उन्होंने मामले को संसद में उठाने या भारतीय दूतावास को लिखने आदि का परंपरागत और व्यवस्था परक नुस्खों के बजाय अमरीकी होटल के नियम को तोड़ा और सिविल नाफरमानी की।

लोहिया के गोवा की सिविल नाफरमानी ने समूचे गोवा के मन को हिला दिया और पुर्तगाली शासन के खिलाफ राष्ट्रीय आंदोलन की मानसिक आधारशिला तैयार कर दी। अमरीका में उनके व्यक्ति सिविल नाफरमानी की घटना ने न केवल भारत में व्यवस्था को नकारने वाले विचारों को उत्प्रेरित किया बल्कि अमरीका के रंग भेद से पीड़ित समाज के उन लोगों के मन में भी आत्मविश्वास का संचार किया जो रंगभेद के क्रूर विभाजन से पीड़ित और दुखी थे।

डॉ. लोहिया और सुभाष चन्द्र बोस

1942 में गांधी ने जब भारत छोड़ो आंदोलन की शुरूआत की तब कांग्रेस के सभी दिग्गज नेताओं ने उन्हें कहा कि इस समय दूसरे महायुद्ध के दौरान हमने अंग्रेजो को शक्ति बंटाने की कोशिश की तो इतिहास हमें फासीवाद का पक्षधार मानेगा लेकिन गांधी नहीं माने। डा. लोहिया को गांधी का यह फैसला पसंद आया और वे भारत छोड़ो आंदोलन में कूद पड़े। 'अगस्त क्रान्ति' का चक्रप्रवर्तन हो चला। डा. लोहिया अंग्रेजों को चकमा देकर गिरफ्तारी से बच निकले। अपनी समाजवादी मित्र मण्डली के साथ वे भूमिगत हो गये। भूमिगत रहते हुए भी उन्होंने बुलेटिनों, पुस्तिकाओं, विविधा प्रचार सामग्रियों के अलावा समान्तर रेडियो 'कांग्रेस रेडियो' का संचालन करते हुए देशवासियों को अंग्रेजों से लोहा लेने के लिए प्रेरित किया।

लेकिन जब अगस्त क्रान्ति का जन उबाल ठण्डा पड़ने लगा तब डा. लोहिया का ध्यान नेताजी सुभाष चन्द्र बोस की अगुआई में आजाद हिन्द फौज द्वारा छेड़े गये सशस्त्र मुक्ति संग्राम की ओर गया। उस समय भारत के पूर्वोत्तर भाग में नेताजी का विजय अभियान जारी था। डा. लोहिया नेताजी से मिलने की योजना बना ही रहे थे कि अचानक 20 मई, 1944 को उन्हें मुम्बई में गिरफ्तार कर लिया गया। देश के दुर्भाग्य से अगस्त क्रान्ति के वीर सेनानी डा. लोहिया और आजाद हिन्द फौज के सेनानायक नेताजी सुभाषचन्द्र बोस का मिलन न हो सका।

डॉ. लोहिया और डॉ. अम्बेडकर

1956 में डा. लोहिया और डा. भीमराव अम्बेडकर के बीच निकटता बढ़ने लगी थी। कांग्रेस को सत्ताच्युत करने के लिये वे दोनों एक मंच पर आने के लिये राजी हो रहे थे। देश के सर्वांगीण विकास के लिये यह नितान्त

आवश्यक समझा गया कि सोशलिस्ट पार्टी और आल इण्डिया बैकवर्ड क्लास एसोसिएशन का आपस में विलय हो जाए। इस प्रकार जो नवगठित पार्टी बने, डा. अम्बेडकर उसका अधयक्ष पद स्वीकार करें। दोनों पार्टियों के बीच सिद्धान्तों, नीतियों, कार्यक्रमों और लक्ष्यों की दृष्टि से काफी हद तक समानता होने के कारण विलय के आसार नजर आने लगे थे कि तभी 6 दिसम्बर, 1956 को डा. अम्बेडकर का निधन हो गया। दुर्भाग्य ने यहां भी अपना रंग दिखा दिया।

डॉ. लोहिया और जयप्रकाश नारायण

स्वतन्त्र भारत की राजनीति और चिन्तन धारा पर जिन गिने -चुने लोगों के व्यक्तित्व का गहरा असर हुआ है,उनमें डॉ. राममनोहर लोहिया और जयप्रकाश नारायण प्रमुख रहे हैं। भारत के स्वतंत्रता युद्ध के आखिरी दौर में दोनों की भूमिका बड़ी महत्वपूर्ण रही है। हजारीबाग जेल से जयप्रकाश के भाग जाने की घटना ने चिंगारी का काम किया और इस एक घटना के कारण जयप्रकाश की लोकप्रियता बहुत बढ़ गयी। भूमिगत आंदोलनों को प्रज्ज्वलित करने में लोहिया की भूमिका कार्यक्रम और विचार की दृष्टि से असाधारण था। भूमिगत रेडियो की कल्पना को उषा मेहता और उनके साथियों की मदद से डॉ. लोहिया ने ही साकार किया था। सुचेता कृपलानी जैसी गाँधी वादी और अच्युत पटवर्धन जैसे समाजवादी, इनके बीच की कड़ी लोहिया ही थे। समाजवादी नेता समझते थे कि महात्मा गाँधी और जवाहरलाल नेहरू में जवाहरलाल अपेक्षतया ज्यादा प्रगतिशील और वामपंथी हैं। उनकी यह भी धारणा थी कि नेहरू गाँधी और सुभाष चन्द्र बोष से ज्यादा आधुनिक हैं। लोहिया का यह सम्मोहन 1942 से ही टूटने लगा था और गाँधी जी की हत्या के दिन तक पूरी तरह टूट चुका था। लेकिन जयप्रकाश का मोह आखिर तक नहीं टूटा। जयप्रकाश के मन में नेहरू के प्रति गहरा प्रेम था, वे नेहरू के परिक्रमा पथ से कभी नहीं निकल पाए। लोहिया का आत्म परीक्षण समाजवादी दल के मुल्यांकन की दृष्टि से महत्व पूर्ण है।

जहाँ तक अशोक मेहता, जयप्रकाश आदि का सवाल है, उनमें निश्चित ही धीरज की कमी रही। जयप्रकाश सदभाव से ओत-प्रोत थे। लोहिया की तरह उनमें भी सत्ता-पिपासा लेश मात्र नहीं थी, मगर उनमें विचारों की स्पष्टता नहीं रहती थी। वे अगल-बगल के लोगों से जल्दी प्रभावित हो जाते थे। साथ ही, किसी भी विवादस्पद प्रश्न पर स्पष्ट राय देने तथा उस पर अड़े रहने में

जयप्रकाश को हिचक होती थी। चाहे सुभाष चन्द्र बोस के दुबारा अध्यक्ष पद का चुनाव लड़ने की बात हो, या त्रिपुरी कांग्रेस के बाद हुये मतभेदों का प्रश्न, चाहे कम्युनिस्ट पार्टी के बारे में अपनाये गये रुख का सवाल, किसान मजदूर प्रजा पार्टी के साथ विलीनीकरण की समस्या हो या कांग्रेस के साथ सहयोग का विवाद, जयप्रकाश अक्सर ढुलमुल नीति अपनाते थे, अपना मत नहीं बना पाते थे। लोहिया इन तरीकों से बहुत नाराज रहते थे। जयप्रकाश दल के महामंत्री थे। किसी बड़े संगठन को चलाने के लिए लचीलेपन की, समझौते की जरुरत होती है। जयप्रकाश ने लोहिया से कहा था कि आखिर तुमने मुझको दल का महामंत्री बना रखा है तो महामंत्री को यह सुविधा होनी चाहिए कि वह आखिर में बोले, सबकी राय सुनकर, आखिर सबको साथ लेकर चलना है। लोहिया कुछ हद तक जयप्रकाश की बात सही मानते थे। लोहिया चिंतन-मनन वाले आदमी थे। लेकिन वे क्रांति शून्य नेता नहीं थे, सृजन शील चिंतन के साथ तमाम जन आन्दोलन कि अगुवाई की। लेकिन संगठन बनाने का एक अलग कौशल होता है। लोहिया खुद मानते थे कि उनमें ना इस तरह का कौशल है और ना ही इस तरह के काम के प्रति आस्था। 1955 के बाद दो तीन साल तक संगठन बनाने का प्रयोग लोहिया ने किया लेकिन सफलता नहीं मिली। लोहिया को चाह थी सिर्फ दिमागी नेतृत्व की। जयप्रकाश कुशल संगठन कर्ता थे। कांग्रेस समाजवादी दल की स्थापना काल से संगठन की जिम्मेदारी जयप्रकाश ने संभाली। जयप्रकाश के व्यक्तित्व में करिश्मा था। 1952 के चुनावों में समाजवादी दल की हार के बाद जयप्रकाश का मन दल से दूर हटने लगा। चुनावी हार को व्यक्तिगत पराजय मानकर वे भूदान की तरफ, विनोबा भावे की विचार धारा की ओर मुड़े। अनशन आदि के आध्यात्मिक प्रयोगों में वे उलझ गये। इसी बीच नेहरू ने जयप्रकाश को एक पत्र लिख कर दिल्ली आकर सहयोग-वादी बात-चीत का न्यौता दिया, बात-चीत का सिलसिला शुरु हुआ। जयप्रकाश में हुये इन परिवर्तनों को लोहिया पसंद नहीं करते थे। पंच मढ़ी सम्मेलन 1952 में जयप्रकाश की कार्यकर्ताओ ने जन संघर्ष के मोर्चे पर पहल ना करने पर आलोचना की। जयप्रकाश के मन में जवाहरलाल की सरकार के बारे में गुस्सा नहीं था जो बाद में इंदिरा सरकार के बारे में उनके मन में पैदा हुआ था। अत: नेहरू के समय में सरकार से जूझने के लिए, टक्कर लेने के लिए जो चिंगारी, जो प्रखरता होनी चाहिए, वह उत्पन्न नहीं हो पाई। लोहिया इस बात को लेकर दुखी हो जाते थे कि उनके द्वारा इतने आन्दोलन चलाये गये, इतने विचार दिये गये, लेकिन इसका श्रेय उन्हें कभी नहीं

मिला। 1957 से लोहिया निरंतर कोशिश करते रहे कि जयप्रकाश राजनीति में वापस आये। लोहिया की बातों और कोशिशों का उस समय कोई असर जयप्रकाश पर नहीं पड़ा। जयप्रकाश ने यहाँ तक कहा कि देश को इस तरह

हिलाने कि प्रक्रिया पर ना उनका विश्वास है, ना इस तरह के काम में उनको कोई रुचि है। समाजवादी आन्दोलन का यह दुर्भाग्य रहा कि जयप्रकाश लोहिया के बीच मतभेदों के कारण दोनों का व्यक्तित्व व गुण परस्पर पूरक होते हुये भी आपसी सहयोग का सिलसिला टूट गया। अफसोस इस बात का था कि समाजवादी आन्दोलन में परिवर्तन की गाड़ी को जयप्रकाश लोहिया रूपी बैलों को जोड़ने वाला कोई गाँधी नहीं था। जो काम लोहिया चाहते थे कि जयप्रकाश करे और जिसे करने में राममनोहर लोहिया के जीवन काल में जयप्रकाश ने इंकार किया, वही काम उन्होंने 1974 के बाद किया। लोहिया का बस चलता तो वे कांग्रेस का तख्ता 1967 में ही उलट देते। जयप्रकाश ने जब यह काम संभाला तब तक समाजवादी आन्दोलन विघटित होते-होते अत्यंत कमजोर हो गया था। देश की राजनीति को नयी दिशा देने या देश के आर्थिक-सामजिक ढांचे में बुनियादी तबदीली लाने की उसकी क्षमता खत्म हो चुकी थी। लोहिया में निर्भीक बल आत्म परीक्षन करने का बड़ा गुण था। लोहिया समदृष्टि वाले थे। जयप्रकाश में समदृष्टि का अभाव था। धनी-मानी और बड़े लोगों से वे प्रभावित हो जाते थे। उनके व्यवहार में फर्क आ जाता था। लोहिया और जे. पी. दोनों पर गाँधी का प्रभाव था। लोहिया का व्यक्तित्व लुभावना होते हुये भी प्रखरता थी, शब्द तीखे होते थे। भावना का वे ख्याल नहीं रखते थे। जयप्रकाश का स्वाभाव सौम्य था, व्यक्तित्व में मिठास थी। वे म्रदुभाषी थे, वे किसी को जल्दी नाराज नहीं करते थे। लोहिया का लोकतंत्र में पूर्ण विश्वास था। वे लोकतंत्र को हर प्रकार से समृद्ध बनाना चाहते थे और जयप्रकाश राष्ट्रीय सहमति, दल हीन लोकतंत्र, दल विहीन राजनीति आदि अवास्तविक कल्पनाओं के शिकार थे। लोहिया की सप्त क्रांति और जयप्रकाश की संपूर्ण क्रांति में अंतिम उद्देश्यों को लेकर कोई फर्क नहीं। जेपी सप्त क्रांति को ही सम्पर्ण क्रांति मानते थे। प्रखर राष्ट्रीयता के प्रवक्ता लोहिया सिकुड़ने वाले राष्ट्रवाद के समर्थक नहीं थे। लोहिया और जयप्रकाश के आदर्श उतुंग थे। नागालैंड, कश्मीर, बांग्ला देश आदि के प्रश्नों के बारे में जयप्रकाश द्वारा की गयी पहल उनकी आदर्शवादिता का उत्तम सबूत है। लोहिया की अपनी एक सम्यक- दार्शनिक दृष्टि थी और जयप्रकाश के व्यक्तित्व में गजब का जन -आकर्षण। डॉ. लोहिया ने 1954 में ही जयप्रकाश को पत्र लिखा था- देश की जनता का तुमसे लगाव है, तुम चाहो तो देश को हिला सकते हो, बशर्ते देश को हिलाने वाला खुद ना हिले।

6

लोहिया और समाजवाद

समाजवाद एक आर्थिक-सामाजिक दर्शन है। समाजवादी व्यवस्था में धन-सम्पत्ति का स्वामित्व और वितरण समाज के नियन्त्रण के अधीन रहते हैं।

समाजवाद अंग्रेजी और फ्रांसीसी शब्द "सोशलिज्म" का हिंदी रूपांतर है। 19वीं शताब्दी के पूर्वार्ध में इस शब्द का प्रयोग व्यक्तिवाद के विरोध में और उन विचारों के समर्थन में किया जाता था जिनका लक्ष्य समाज के आर्थिक और नैतिक आधार को बदलना था और जो जीवन में व्यक्तिगत नियंत्रण की जगह सामाजिक नियंत्रण स्थापित करना चाहते थे।

समाजवाद शब्द का प्रयोग अनेक और कभी-कभी परस्पर विरोधी प्रसंगों में किया जाता है, जैसे समूहवाद, अराजकतावाद, आदिकालीन कबायली साम्यवाद, सैन्य साम्यवाद, ईसाई समाजवाद, सहकारितावाद, आदि यहाँ तक कि नात्सी दल का भी पूरा नाम राष्ट्रीय समाजवादी दल था।

समाजवाद की परिभाषा करना कठिन है। यह सिद्धांत तथा आंदोलन, दोनों ही है और यह विभिन्न ऐतिहासिक और स्थानीय परिस्थितियों में विभिन्न रूप धारण करता है। मूलतः यह वह आंदोलन है जो उत्पादन के मुख्य साधनों के समाजीकरण पर आधारित वर्गविहीन समाज स्थापित करने के लिए प्रयत्नशील है और जो मजदूर वर्ग को इसका मुख्य आधार बनाता है, क्योंकि वह इस वर्ग को शोषित वर्ग मानता है जिसका ऐतिहासिक कार्य वर्ग व्यवस्था का अंत करना है।

भारतवर्ष में आधुनिक काल के प्रथम प्रमुख समाजवादी महात्मा गांधी को माना जा सकता है, परंतु उनका समाजवाद एक विशेष प्रकार का है। गांधी जी के विचारों पर हिंदू, जैन, ईसाई आदि धर्म और रस्किन, टालस्टाय और थोरो जैसे दार्शनिकों का प्रभाव स्पष्ट है। वे औद्योगीकरण के विरोधी थे

क्योंकि वे उसको आर्थिक समानता, शोषण, बेकारी, राजनीतिक तानाशाही आदि का कारण समझते थे। मोक्ष प्राप्ति के इच्छुक महात्मा गांधी इंद्रियों और इच्छाओं पर विजय प्राप्त कर त्याग द्वारा एक प्रकार की सामाजिक, आर्थिक और राजनीतिक स्वतंत्रता और समानता स्थापित करना चाहते थे। प्राचीन भारत के स्वतंत्र और स्वपर्याप्त ग्रामीण गणराज्य गांधी जी के आदर्श थे। निःस्वार्थ सेवा, त्याग और आध्यात्मिक प्रवृत्ति – इनमें शोषक और शोषित के लिए कोई स्थान नहीं। यदि किसी के पास कोई संपत्ति है तो वह समाज की धरोहर मात्र है। ध्येय की प्राप्ति के लिए गांधी जी नैतिक साधनों (सत्य, अंहिसा, सत्याग्रह) पर जोर देते हैं हिंसात्मक क्रांति पर नहीं। गाँधी जी प्रेम द्वारा शत्रु का हृदय परिवर्तन करना चाहते थे, हिंसा और द्वेष द्वारा उसका विनाश नहीं। गांधीवाद धार्मिक अराजकतावाद है। तत्कालीन अवधि में विनोबा भावे और जयप्रकाश नारायण गांधीवाद की व्याख्या और उसका प्रचार कर रहे थे। उन्होंने श्रम, भू, ग्राम, संपत्ति आदि के दान द्वारा अहिंसात्मक ढंग से समाजवादी व्यवस्था की स्थापना का प्रयत्न किया था।

भारतवर्ष में दूसरी प्रमुख समाजवादी विचारधारा मार्क्सवादी है। निरंकुश शासन बहुधा राज्यविरोधी, अराजकतावादी और क्रांतिकारी विचारों के पोषक होते हैं। भारतवर्ष में मार्क्सवाद के प्रमुख प्रचारक मानवेंद्रनाथ राय थे। बोल्शेविक क्रांति के बाद तुरंत ही ये साम्यवादी अंतरराष्ट्रीय के संपर्क में आए और उसकी ओर से विदेश से ही भारत में साम्यवादी आंदोलन का निर्देशन करने लगे। साम्यवादी आंदोलन पूँजीवाद और उसकी उच्चतम अवस्था साम्राज्यवाद को अपना प्रमुख शत्रु समझता है और उपनिवेशों के स्वाधीनता संग्रामों को प्रोत्साहित करके उसको कमजोर करना चाहता है।

औपनिवेशिक स्वाधीनता आंदोलन के संबंध में मानवेंद्रनाथ राय के अपने विचार थे। उनका मत था कि भावी समाजवादी क्रांति में औपनिवेशिक क्रांतियों का प्रमुख स्थान होगा। चीनी साम्यवादियों का भी आज यही मत है, परंतु सोवियत विचारकों ने इसको कभी स्वीकार नहीं किया। राय की यह भी धारणा थी कि औपनिवेशिक पूँजीवाद ने साम्राज्यशाही से गठबंधन कर लिया है, अतः वह प्रतिक्रियावादी है और क्रांतिकारी दल उसके साथ संयुक्त मोर्चा नहीं बना सकते। यद्यपि साम्यवादी अंतरराष्ट्रीय ने इस विचार को भी स्वीकार नहीं किया, तथापि भारतीय साम्यवादियों ने अधिकांशतः इस नीति का अनुसरण किया और बहुधा राष्ट्रीय कांग्रेस से अलग रहे।

बोल्शेविक क्रांति के बाद शीघ्र ही भारत के बड़े नगरों में साम्यवादियों के स्वतंत्र संगठन बने, एक किसान मजदूर पार्टी की स्थापना हुई और सन् 1924 तक एक अखिल भारतीय साम्यवादी दल का संगठन भी हुआ, परंतु यह दल शीघ्र ही अवैध घोषित कर दिया गया। इसके बाद सन् 1936 से इसकी शक्ति बढ़ी और इस समय यह भारत के प्रमुख राजनीतिक दलों में से एक है।

दूसरा समाजवादी दल कांग्रेस समाजवादी पार्टी थी। इसकी स्थापना सन् 1934 में हुई। भारतीय समाजवादी, पंडित जवाहरलाल नेहरू, सुभाषचंद्र बोस, आदि नेता प्रथम महायुद्ध के बाद से ही समाजवाद का प्रचार कर रहे थे। परंतु अवज्ञा आंदोलन (1930–33) की असफलता और सन् 1929 के आर्थिक संकट के समय पूँजीवादी देशों की दुर्गति तथा इन देशों में फासिज्म की विजय और दूसरी ओर सोवियत देश की आर्थिक संकट से मुक्ति तथा उसकी सफलता, इन सब कारणों से अनेक राष्ट्रभक्त समाजवाद की ओर आकर्षित हुए। इनमें जयप्रकाश नारायण, आचार्य नरेंद्रदेव, मीनू मसानी, डॉ. राममनोहर लोहिया, कमलादेवी चटोपाध्याय, यूसुफ मेहर अली, अच्युत पटवर्धन और अशोक मेहता उल्लेखनीय हैं। इनका उद्देश्य कांग्रेसी मंच द्वारा समाजवादी ढंग से स्वराज्य प्राप्ति और उसके बाद समाजवाद की स्थापना था।

स्वतंत्रता मिलने के बाद कांग्रेस राष्ट्रीय शक्तियों का संयुक्त मोर्चा न रहकर एक राजनीतिक दल बन गई, अतः अन्य स्वायत्त और संगठित दलों को कांग्रेस से निकलना पड़ा। इनमें कांग्रेस समाजवादी दल भी था। उसने कांग्रेस शब्द को अपने नाम से हटा दिया। बाद में आचार्य कृपालानी द्वारा संगठित कृषक मजदूर प्रजा पार्टी इसमें मिल गई और इसका नाम प्रजा सोशलिस्ट पार्टी हो गया, परंतु डाक्टर राममनोहर लोहिया के नेतृत्व में समाजवादी दल का एक अंग इससे अलग हो गया और उसने एक समाजवादी पार्टी बना ली। इस समय प्रजा सोशलिस्ट और सोशलिस्ट पार्टी ने मिलकर संयुक्त सोशलिस्ट पार्टी बनाई। किंतु संयुक्त सोशलिस्ट पार्टी के वाराणसी अधिवेशन (1965) में प्रजा सोशलिस्ट पार्टी ने अलग होकर पुनः अपना स्वतंत्र अस्तित्व कायम कर लिया। उसी समय अशोक मेहता के नेतृत्व में कुछ प्रजा सोशलिस्ट कार्यकर्ता कांग्रेस में शमिल हो गए थे। द्वितीय महायुद्ध के बाद वह समाजवादी विचारधारा सोवियत तानाशाही का विरोध करती थी तथा अपने को पाश्चात्य देशों के लोकतंत्रात्मक और विकासवादी समाजवाद के निकट पाती थी।

समय-समय पर समाजवादी विचारों को स्वीकार करनेवाले कई और दल भी भारत में थे। साम्यवादी अंतरराष्ट्रीय से संबंध विच्छेद के बाद एम. एन. राय के समर्थक भारतीय साम्यवादी दल से अलग हो गए। भारतीय बोल्शेविक पार्टी, सुभाषचंद्र बोस का फार्वर्ड ब्लाक और क्रांतिकारी समाजवादी दल भी समाजवादी थे। कुछ ऐसे समाजवादी दल भी थे जिनका प्रभाव केवल कुछ क्षेत्रों तक सीमित रहा जैसे महाराष्ट्र क्षेत्रों की किसान मजदूर पार्टी।

स्वराज्य प्राप्ति के बाद भारतीय कांग्रेस ने स्पष्ट रूप से समाजवाद को स्वीकार किया। उसके पूर्व वह समाजवादी और उसकी विरोधी सभी राष्ट्रीय विचारधाराओं का एक संयुक्त मोर्चा थी, परंतु उस समय भी वह समाजवादी विचारों से प्रभावित थी। एक प्रकार से उसने करांची प्रस्ताव (1931) में कल्याणकारी राज्य का आदर्श स्वीकार किया था, कांग्रेस मंत्रिमंडलों (1937) के बनने के बाद (सुभाषचंद्रबोस की अध्यक्षता में) एक योजना समिति की नियुक्ति की गई थी और स्वराज्य प्राप्ति के बाद तुरंत ही वर्गविहीन समाज का विचार सामने आ गया। स्वराज्य के बाद यद्यपि संगठित समाजवादी दल कांग्रेस से अलग हो गए, तथापि उसके अंदर समाजवादी तत्व, विशेषकर उसके सर्वप्रमुख नेता जवाहरलाल नेहरू, प्रभावशील रहे, अत: कांग्रेस के अवधी अधिवेशन (1957) में "समाजवादी ढंग का समाज" और भुवनेश्वर अधिवेशन (1964) में लोकतंत्रात्मक समाजवाद का लक्ष्य स्वीकार किया गया। उसका नियोजित अर्थव्यवस्था, समाज सुधार, कल्याण राज्य और लोकतंत्र में विश्वास है और उसकी परराष्ट्र की नीति पाश्चात्य तथा पूर्वी गुटों के शक्ति संघर्ष से अलग रहकर शांति की शक्तियों को मजबूत करने की है।

राजनीतिक अधिकारों के पक्षधर रहे डॉ. लोहिया ऐसी समाजवादी व्यवस्था चाहते थे जिसमें सभी की बराबर की हिस्सेदारी रहे। वह कहते थे कि सार्वजनिक धन समेत किसी भी प्रकार की संपत्ति प्रत्येक नागरिक के लिए होनी चाहिए। उन्होंने एक ऐसी टीम खड़ी की जिससे समाजवादी आंदोलन का असर लंबे समय तक महसूस किया जाए। डॉ. लोहिया रिक्शे की सवारी नहीं करते थे। कहते थे एक आदमी एक आदमी को खींचे यह अमानवीय है।

राजनीति के कुंवारे

डॉ. राममनोहर लोहिया का पूरा जीवन सादगी भरा रहा। गरीबी अमीरी की बढ़ती खाई को पाटने में उनका योगदान अहम है। आज के दौर में उनके विचार और ज्यादा प्रासंगिक होते जा रहे हैं।

राममनोहर लोहिया और राइट टू रिकॉल

पिछले साल अन्ना के आंदोलन के समय एक शब्द काफी चर्चा में था और वह था "राइट टू रिकॉल" . लेकिन इस सिद्धांत को कभी राममनोहर लोहिया ने भी देश को अपनाने पर जोर दिया था। डॉ. लोहिया ने एक बार कहा था कि 'जिंदा कौमें पांच साल तक इंतजार नहीं करतीं.' यह सिद्धांत आज भी प्रासंगिक है और जब तक लोकतांत्रिक व्यवस्था कायम रहेगी, प्रासंगिक बना रहेगा। उन्होंने जोर दिया था कि यह व्यवस्था (राइट टू रिकाल) संविधान संशोधन कर लागू की जाए।

राममनोहर लोहिया और जयप्रकाश नारायण : रेल की पटरी

राममनोहर लोहिया और जयप्रकाश नारायण शायद इन दोनों शख्सियतों से बड़ा समाजवादी नेता भारत के राजनीतिक इतिहास में कभी नहीं हुआ। दोनों ही नेता गांधी जी के कदमों पर चलने वाले शीर्ष नेता थे जो कभी आजादी से पहले अंग्रेजों से लोहा लेते हुए हजारों बार जेल गए तो वहीं आजादी के बाद भ्रष्ट सरकार को आंख दिखाने के जुर्म में भी जेल गए।

राममनोहर लोहिया और जयप्रकाश नारायण को अगर एक ही गाड़ी की सवारी कहा जाए तो गलत ना होगा लेकिन सिर्फ कुछेक कारणों की वजह से दोनों ने नाजुक समय में एक-दूसरे का साथ छोड़ा और उसका परिणाम यह हुआ कि जो समाजवादी आंदोलन कभी देश में अपने चरम पर था आज बिलकुल खत्म हो चुका है।

भारत की आजादी से पहले राममनोहर लोहिया और जयप्रकाश नारायण गांधी जी के साथ ही कार्य करते थे लेकिन आजादी के बाद जब कश्मीर के बंटवारे की बात आई तो दोनों के विचारों में टकराव हुए और अल्प समय के लिए दोनों अलग हो गए।

दरअसल इसके पीछे जयप्रकाश नारायण का नेहरू प्रेम था। जेपी नेहरूजी की विचारधारा से बेहद प्रभावित थे और अकसर उनका समर्थन करते थे। इसके विपरीत राममनोहर लोहिया को नेहरू जी और कांग्रेस की कई नीतियों से बेहद निराशा थी।

राममनोहर लोहिया और जयप्रकाश नारायण का व्यक्तित्व भी बेहद विचारणीय है। इतिहासकारों का मानना है कि जयप्रकाश अति सद्भाव से

ओत-प्रोत थे और बोलचाल में बेहद नरम थे। यूं तो लोहिया की तरह उनमें भी सत्ता-पिपासा लेश मात्र नहीं थी, मगर उनके विचारों में स्पष्टता की कमी थे। वह अपने आस-पास के लोगों से बड़ी जल्दी प्रभावित हो जाते थे। विवादस्पद प्रश्न पर स्पष्ट राय देने तथा उस पर अड़े रहने में जयप्रकाश को हिचक होती थी। इतिहास भी साक्षी है कि किसान मजदूर प्रजा पार्टी के साथ विलीनीकरण की समस्या हो या कांग्रेस के साथ सहयोग का विवाद जयप्रकाश अकसर ढुलमुल नीति अपनाते थे और यही वजह रही कि लोहिया को उनसे नाराजगी थी।

राममनोहर लोहिया को लगता था कि जयप्रकाश नारायण एक बेहतरीन संचालक और उनके समाजवादी आंदोलन को शिखर तक ले जाने में सहायक होंगे लेकिन जेपी के स्वभाव से वह दुखी थे। अपने रोष को उन्होंने एक बार निम्न कथनों के द्वारा जगजाहिर भी किया–"देश की जनता का तुमसे लगाव है, तुम चाहो तो देश को हिला सकते हो, बशर्ते देश को हिलाने वाला खुद ना हिले।"

जयप्रकाश नारायण और राममनोहर लोहिया के मतभेद का नतीजा

समाजवादी आन्दोलन का यह दुर्भाग्य रहा कि जयप्रकाश नारायण और लोहिया के बीच मतभेदों के कारण दोनों का व्यक्तित्व व गुण परस्पर पूरक होते हुये भी आपसी सहयोग का सिलसिला टूट गया। कई लोग मानते थे कि लोहिया और जयप्रकाश नारायण की विचारधारा तो एक थी लेकिन उनके बीच जोड़ने वाली कड़ी गुम थी। आजादी से पहले इस कड़ी का रोल गांधीजी ने अच्छी तरह निभाया लेकिन उनकी मौत के बाद दूसरा कोई ना था।

पर हुआ क्या, जिस काम को राममनोहर लोहिया जेपी के कंधों पर डालना चाहते थे उसी काम को बाद में खुद जेपी ने ही शुरू किया। अगर राममनोहर लोहिया के साथ जयप्रकाश नारायण ने सही दिशा में कार्य किया होता तो कांग्रेस की सत्ता 1967 में ही उलट जाती, पर जब जयप्रकाश ने यह काम संभाला तब तक समाजवादी आंदोलन बेहद कमजोर हो चुका था।

30 सितम्बर, 1967 को लोहिया को नई दिल्ली के विलिंग्डन अस्पताल, अब जिसे लोहिया अस्पताल कहा जाता है, में पौरुष ग्रंथि के आपरेशन के लिए भर्ती किया गया जहां 12 अक्टूबर, 1967 को उनका देहांत 57 वर्ष की आयु में हो गया।

कश्मीर समस्या हो, गरीबी, असमानता अथवा आर्थिक मंदी, इन तमाम मुद्दों पर राममनोहर लोहिया का चिंतन और सोच स्पष्ट थी। कई लोग राममनोहर लोहिया को राजनीतिज्ञ, धर्मगुरु, दार्शनिक और राजनीतिक कार्यकर्ता मानते हैं। डॉ. लोहिया की विरासत और विचारधारा अत्यंत प्रखर और प्रभावशाली होने के बावजूद आज के राजनीतिक दौर में देश के जनजीवन पर अपना अपेक्षित प्रभाव

कायम रखने में नाकाम साबित हुई। उनके अनुयायी उनकी तरह विचार और आचरण के अद्वैत को कदापि कायम नहीं रख सके।

सच्चे समाजवादी

लोहिया जी हमेशा सादा जीवन जीने में विश्वास करते थे। कोई भी निर्णय लेने से पहले वह यही सोचते थे कि क्या इससे दबे-पिछड़े लोगों के जीवन में कोई बदलाव आयेगा या नहीं।

आज हम देखते हैं की खुद को समाजवादी कहने वाले नेता जिनके पास राजनीति में आने से पहले कुछ भी नहीं था आज वह लाखों करोड़ों में खेल रहे हैं, अपने बच्चों के विवाह में लाखों-करोड़ों खर्च कर रहे हैं और भ्रष्टाचार में डूबे हैं। उन्हें गरीब इंसानों की भुखमरी, गरीबी, आंसू और तकलीफ नहीं दिखाई देती। वहीँ एक समाजवादी लोहिया जी भी थे जिनका जीवन प्रत्येक समाजवादी के लिए अनुकरणीय है। एक बार यात्रा के दौरान जब उन्होंने सूटकेस खोला तो देखा की उनकी सभी कमीजें फटी हुई है, तब उन्हें बाजार से नयी कमीज खरीदनी पड़ी।

जब वह शिमोगा जेल में थे तब बंदियों को पेटभर खाना भी न मिलने से वह अत्यधिक द्रवित हुए, तब उनके पास जो मात्र 32 रु. थे, वही उन्होंने उनके लिए भोजन लेने हेतु दे दिए।

इसी तरह एक बार वह अपने पार्टी के कुछ लोगों के साथ रेल के तीसरे दर्जे में सफर कर रहे थे। उनके कुछ साथी पांव फैला कर बैठे थे जिससे अगली पंक्ति में बैठे किसानों को असुविधा हो रही थी। इस पर लोहिया जी ने उन्हें समझाया "यह आचरण एक समाजवादी को शोभा नहीं देता।"

7

लोहिया जी के विचार

लोहिया एक फिजा थे, साथ ही एक अनोखी व गर्म फिजा के निर्माता भी। वह फिजा कैसी थी? सम्पूर्ण आजादी, समता, सम्पन्नता, अन्याय के विरुद्ध जेहाद और समाजवाद की फिजा। आज वह फिजा भी नहीं है, लोहिया भी नहीं हैं। लेकिन दूसरों के लिए जीने वाला कभी मरता नहीं। लोहिया आज भी अपने विचारों में जीवित हैं। लगन, ओजस्विता और उग्रताख्रप्रखरता को जब तक गुण माना जायेगा, तब तक लोहिया के विचार अमर रहेंगे। मूलतः लोहिया राजनीतिक विचारक, चिंतक और स्वप्नद्रष्टा थे, लेकिन उनका चिन्तन राजनीति तक ही कभी सीमित नहीं रहा। व्यापक दृष्टिकोण, दूरदर्शिता उनकी चिन्तन-धारा की विशेषता थी। राजनीति के साथ-साथ संस्कृति, दर्शन साहित्य, इतिहास, भाषा आदि के बारे में भी उनके मौलिक विचार थे। लोहिया की चिन्तन-धारा कभी देश-काल की सीमा की बन्दी नहीं रही। विश्व की रचना और विकास के बारे में उनकी अनोखी व अद्वितीय दृष्टि थी। इसलिए उन्होंने सदा ही विश्व-नागरिकता का सपना देखा था। वे मानव-मात्र को किसी देश का नहीं बल्कि विश्व नागरिकता का सपना देखा था। वे मानव-मात्र को किसी देश का नहीं बल्कि विश्व का नागरिक मानते थे। उनकी चाह थी कि एक देश से दूसरे देश में आने जाने के लिए किसी तरह की भी कानूनी रुकावट न हो और सम्पूर्ण पृथ्वी के किसी भी अंश को अपना मानकर कोई भी कहीं आ-जा सकने के लिए पूरी तरह आजाद हो। लोहिया एक नयी सभ्यता और संस्कृति के द्रष्टा और निर्माता थे। लेकिन आधुनिक युग जहाँ उनके दर्शन की उपेक्षा नहीं कर सका, वहीं उन्हें पूरी तरह आत्मसात भी नहीं कर सका। अपनी प्रखरता, ओजस्विता, मौलिकता, विस्तार और व्यापक गुणों के कारण वे अधिकांश में लोगों की पकड़ से बाहर रहे। इसका एक कारण है-जो लोग लोहिया के विचारों को ऊपरी सतही ढंग से

ग्रहण करना चाहते हैं, उनके लिए लोहिया बहुत भारी पड़ते हैं। गहरी दृष्टि से ही लोहिया के विचारों, कथनों और कर्मों के भीतर के उस सूत्र को पकड़ा जा सकता है, जो सूत्र लोहिया-विचार की विशेषता है, वही सूत्र ही तो उनकी विचार-पद्धति है। लोहिया गांधी के सत्याग्रह और अहिंसा के अखण्ड समर्थक थे, लेकिन गाँधीवाद को वे अधूरा दर्शन मानते थे, वे समाजवादी थे, लेकिन मार्क्स को एकांगी मानते थे, वे राष्ट्रवादी थे, लेकिन विश्व-सरकार का सपना देखते थे, वे आधुनिकतम विद्रोही तथा क्रान्तिकारी थे, लेकिन शांति व अहिंसा के अनूठे उपासक थे। लोहिया मानते थे कि पूँजीवाद और साम्यवाद दोनों एक-दूसरे के विरोधी होकर भी दोनों एकांगी और हेय हैं। इन दोनों से समाजवाद ही छुटकारा दे सकता है। फिर वे समाजवाद को भी प्रजातन्त्र के बिना अधूरा मानते थे। उनकी दृष्टि में प्रजातन्त्र और समाजवाद एक ही सिक्के के दो पहलू हैं। एक-दूसरे के बिना दोनों अधूरे व बेमतलब हैं। लोहिया ने मार्क्सवाद और गांधीवाद को मूल रूप में समझा और दोनों को अधूरा पाया, क्योंकि इतिहास की गति ने दोनों को छोड़ दिया है। दोनों का महत्त्व मात्र-युगीन है। लोहिया की दृष्टि में मार्क्स पश्चिम के तथा गांधी पूर्व के प्रतीक हैं और लोहिया पश्चिम-पूर्व की खाई पाटना चाहते थे। मानवता के दृष्टिकोण से वे पूर्व-पश्चिम, काले-गोरे, अमीर-गरीब, छोटे-बड़े राष्ट्र नर-नारी के बीच की दूरी मिटाना चाहते थे। लोहिया की विचार-पद्धति रचनात्मक है। वे पूर्णता व समग्रता के लिए प्रयास करते थे। लोहिया ने लिखा है- ''जैसे ही मनुष्य अपने प्रति सचेत होता है, चाहे जिस स्तर पर यह चेतना आए और पूर्ण से अपने अलगाव के प्रति संताप व दुख की भावना जागे, साथ ही अपने अस्तित्व के प्रति संतोष का अनुभव हो, तब यह विचार-प्रक्रिया होती है कि वह पूर्ण के साथ अपने को कैसे मिलाए, उसी समय उद्देश्य की खोज शुरू होती है।''लोहिया अनेक सिद्धान्तों, कार्यक्रमों और क्रांतियों के जनक हैं। वे सभी अन्यायों के विरुद्ध एक साथ जेहाद बोलने के पक्षपाती थे। उन्होंने एक साथ सात क्रांतियों का आ]वान किया। जिसे सांस्कृतिक क्रान्ति के अग्रदूत नामक अध्याय में दर्शाया जा चुका हक्।

इन सात क्रांतियों के सम्बन्ध में लोहिया ने कहा-'मोटे तौर से ये हैं सातों क्रान्तियाँ। संसार में एक साथ चल रही हैं। अपने देश में भी उनको एक साथ चलाने की कोशिश करना चाहिए। जितने लोगों को भी क्रांति पकड़ में आयी हो उसके पीछे पड़ जाना चाहिए और बढ़ाना चाहिए। बढ़ाते-बढ़ाते शायद ऐसा संयोग हो जाये कि आज का इन्सान सब नाइन्साफियों के खिलाफ लड़ता-जूझता

ऐसे समाज और ऐसी दुनिया को बना पाये कि जिसमें आन्तरिक शांति और बाहरी या भौतिक भरा-पूरा समाज बन पाये।'कर्म के क्षेत्र में अखण्ड प्रयोग और वैचारिक क्षेत्र में निरन्तर संशोधन द्वारा नव-निर्माण के लिए सतत प्रयत्नशील भी लोहिया का एक रूप है। जीवन का कोई भी पहलू शायद ही बचा हो, जिसे लोहिया ने अपनी मौलिक प्रतिभा से स्पर्श न किया हो। मानव-विकास के प्रत्येक क्षेत्र में उनकी विचारधारा सबसे भिन्न और मौलिक रही है। लोहिया के विचारों में अनेकता के दर्शन होते हैं। त्याग, बुद्धि और प्रतिमा के साथ सूर्य की प्रखरता है तो वहीं चन्द्रमा की शीतलता भी है, वज्र की कठोरता है तो फूल की कोमलता भी है। लोहिया में सन्तुलन और सम्मिलन का समावेश है। उनका एक आदर्श विश्व-संस्कृति की स्थापना का संकल्प था। वे हृदय से भौतिक, भौगोलिक, राष्ट्रीय विश्व-संस्कृति की स्थापना का संकल्प था। वे हृदय से भौतिक, भौगोलिक, राष्ट्रीय व राजकीय सीमाओं का बन्धन स्वीकार न करते थे, इसलिए उन्होंने बिना पासपोर्ट ही संसार में घूमने की योजना बनाई थी और बिना पासपोर्ट वर्मा घूम आये थे। लोहिया को भारतीय संस्कृति से न केवल अगाध प्रेम था बल्कि देश की आत्मा को उन जैसा हृदयंगम करने का दूसरा नमूना भी न मिलेगा। समाजवाद की यूरोपीय सीमाओं और आध्यात्मिकता की राष्ट्रीय सीमाओं को तोड़कर उन्होंने एक विश्व-दृष्टि विकसित की। उनका विश्वास था कि पश्चिमी विज्ञान और भारतीय अध्यात्म का असली व सच्चा मेल तभी हो सकता है जब दोनों को इस प्रकार संशोधित किया जाय कि वे एक-दूसरे के पूरक बनने में समर्थ हो सकें। भारत माता से लोहिया की माँग थी-"हे भारतमाता। हमें शिव का मस्तिष्क और उन्मुक्त हृदय के साथ-साथ जीवन की मर्यादा से रचो।"वास्तव में यह एक साथ एक विश्व-व्यक्तित्व की माँग है। इससे ही उनके मस्तिष्क और हृदय को टटोला जा सकता है। लोहिया का विश्वास था कि 'सत्यम, शिवम् सुन्दरम के प्राचीन आदर्श और आधुनिक विश्व के 'समाजवाद, स्वातंत्र और अहिंसा के तीन-सूत्री आदर्श जीवन का सुन्दर सत्य होगा और उस सत्य को जीवन में प्रतिष्ठित करने के लिए मर्यादा-अमर्यादा का, सीमा-असीमा का बहुत ध्यान रखना होगा। दुनिया के सभी क्षेत्रों की परम्पराओं द्वारा प्राप्त स्थल-कालबद्ध अर्द्धसत्यों को सम्पूर्ण बनाने की दृष्टि से संशोधन की चेष्टा लोहिया के जीवन भरी साधना रही है। आज की दुनिया की दो-तिहाई आबादी का दर्द और गरीबी व विपन्नता को जड़ से मिटाने और समस्त विश्व को युद्ध और विनाश की बीमारी से मुक्त करने का निदान लोहिया ने बताया।

साथ ही वे यह भी जानते थे कि निदान सही होने पर भी संसार में फैला स्वार्थ और लोभ उसे मंजूर न करेगा। क्योंकि सौ फीसदी लाभ करने वाली दवा के पथ्य और कायदे-कानून बड़े निर्मम व कठोर होते हैं। लेकिन लोहिया ने इसकी भी कभी चिन्ता न की और उन्हें जो कुछ सत्य प्रतीत हुआ उसी का प्रचार करते रहे। उनका विश्वास था कि सही बात यदि बार-बार और बराबर कही जाय, तो धीरे-धीरे लोगों को उसे सुनने की आदत पड़ती जाएगी। इसीलिए दूसरों को अजीबोगरीब लगने वाली अपनी बातें वे निरन्तर, जीवनपर्यन्त कहते रहे।

लोहिया में विचार, प्रतिभा और कर्मठता का अनोखा मेल था। राजनीतिक कर्मयोगी के रूप में उनकी देन का मूल्याकन अभी सम्भव नहीं है। शायद उसका अभी समय भी नहीं आया है, परन्तु जहाँ तक उनके विचारों व सिद्धान्तों की बात है, उनके साथ भी वही हुआ, जो विश्व की लगभग सभी महान प्रतिभाओं के साथ होता चला आया है। ऐसे लोग, जो भी विचार और कल्पनाएँ पेश करते हैं, साधारण लोगों में उनके महत्त्व का प्रचार व ज्ञान होने में समय लगता ही है, परन्तु आश्चर्य होता है, जब समकालीन राजनीतिक व विचारक भी बहुधा उनके विचारों का सही मूल्यांकन सही समय पर नहीं कर पाते और बाद में पछतावे की बारी आती है। उदाहरण के रूप में यदि सन् 1954 में लोहिया के कहने पर केरल के समाजवादी मन्त्रिमण्डल ने इस्तीफा दे दिया होता तो आज इस देश में समाजवादी आन्दोलन तो आदर्श बनता ही, साथ ही, दुनिया में भी एक नए आदर्श का निर्माण हुआ होता। इस तरह के अनेक अवसर आए, जब लोहिया के बहुतेरे निकटतम साथी भी लोहिया द्वारा उठाए गए महत्त्वपूर्ण सवालों का मर्म नहीं समझ सके और चूके और पछताए। लोहिया की आत्मा विद्रोही थी। अन्याय का तीव्रतम प्रतिकार उनके कर्मों व सिद्धान्तों की बुनियाद रही है। प्रबल इच्छाशक्ति के साथ-साथ उनके पास असीम धैर्य और संयम भी रहा है। बार-बार जेल जाने-अपमान सहने के अप्रिय अनुभवों के बावजूद भी अन्याय के लिए अपनी दृढ़ता के कारण वे बार-बार ऐसे कटु अनुभवों को आमंत्रित करके अंगीकार करते रहे। लोहिया ने खुद लिखा है-"मुझे कभी-कभी ताज्जुब होता है कि एक तरह के निराधार अभियोग एक ही आदमी के विरुद्ध लगातार क्यों लगाए जाते हैं ? मेरे ऊपर दोष लगाने वालों की ताकत यही है कि वे भारतीय शासक वर्ग के खयालों के साथ हैं और मैं उसके बिल्कुल विरुद्ध। इसके अलावा मैंने भारतीय समाज की पुरानी बुनियादों के खिलाफ आवाज उठाई है और उन पर हमला किया है जिसका नतीजा है कि मुझे देश की सभी स्थिर स्वार्थवाली

और प्रभावशाली शक्तियों के क्रोध का शिकार बनना पड़ता है।''शायद लीक पर चलना लोहिया के स्वभाव में न था। साथ ही वे प्रवाह के साथ भी कभी बने नहीं, बल्कि प्रचलित प्रवाह के उलटे तैरने के प्रयोग में उनके विचारों को प्रचार के लिए देश के अखबारों का भी सहयोग कभी नहीं मिला। उपेक्षा, भ्रामक प्रचार और मिथ्या लेखन द्वारा लोहिया के विचारों को दबाने की सदा कोशिश की गई, पर क्या यह संभव था कि इस प्रकार उनके विचारों को नष्ट किया जा सकता ? उनकी महान कृतियों को जब भुलाना असंभव हो जाता था तभी आंशिक रूप में उन्हें प्रकाशन मिलता था- सो भी कभी-कभी सही रूप में नहीं, बल्कि तोड़-मरोड़ कर, अर्थ को अनर्थ करके। दूसरी ओर हर झूठ का बराबर खण्डन करते रहना तथा सफाई देना स्वाभिमानी लोहिया के स्वभाव के खिलाफ तो था ही,

हिंदी के प्रति विचार

वह हिंदी को राष्ट्रभाषा बनाने के पक्ष में थे क्योंकि देश की अधिसंख्य जनता हिंदी समझती थी जबकि अंग्रेजी गुलामी का प्रतीक थी। उन्हीं के शब्दों में,

"अंग्रेजी का प्रयोग मौलिक चिंतन को बाधित करता है, आत्महीनता कि भावना को पैदा करता है और शिक्षित व अशिक्षित के बीच खाई बनता है। अतः आइये हम सब मिलकर हिंदी को उसका पुराना गौरव लोटायें।"

"अंग्रेजों ने बन्दूक की गोली और अंग्रेजी की बोली से हम पर राज किया।"

सामुदायिक सेवा के प्रति विचार

वह मानते थे कि मिलकर काम करने से समाज में एकता और जागरूकता आती है, इसीलिए देश के पुनर्निर्माण में उन्होंने जनता के सहयोग को प्रोत्साहित किया। लोगों को अपने क्षेत्रों में मिल-जुलकर कुएं, नहरें और सड़कें बनाने को प्रेरित किया। उनके चरित्र की यह विशेषता थी कि जो बात वह दूसरों से कहते थे, उसे पहले स्वयं करके दिखाते थे, इसीलिए पनियारी नदी पर बाँध बनाने में उन्होंने खुद सहयोग किया और आज वह बाँध "लोहिया सागर बाँध" कहलाता है।

जाति के प्रति विचार

लोहिया जाति व्यवस्था के कट्टर विरोधी थे। उनके अनुसार भारत के विकास के मार्ग में जाति बाधक है न की वर्ग। इतिहास में भारत की पराजयों का मुख्य कारण यही था की लोग स्वयं को एक राष्ट्र का नागरिक होने के बजाय एक जाति का सदस्य मानते रहे। उनके शब्दों में "जाति अवसरों को रोकती है। अवसर न मिलने से योग्यता कुंठित हो जाती है, यह कुंठित योग्यता फिर अवसरों को बाधित करती है।" उन्होंने अपनी पार्टी "संयुक्त समाजवादी पार्टी" में निम्न जाति के लोगों को प्रोत्साहन दिया। उनके अनुसार जाति की दीवारों को तोड़ने का प्रमुख उपाय है उच्च और निम्न जातियों में भोजन और विवाह का सम्बन्ध बनना। साथ ही निजी स्कूलों को बंद कर देना चाहिए और सरकारी स्कूलों को ही सुधारना चाहिए ताकि सभी जाति और वर्ग के बच्चे सामान शिक्षा प्राप्त कर सकें।

सरकार के प्रति विचार

डॉ. राममनोहर लोहिया यह मानते थे कि जिस सरकार से जनता संतुष्ट न हो उस अयोग्य सरकार को सत्ता में रहने का कोई हक नहीं होता और जनता को ही उसे हटा देना चाहिए। इसीलिए उन्होंने कहा था कि "जिन्दा कौमें पांच वर्ष इंतजार नहीं करतीं।" वह स्वयं लगातार 16 वर्ष से शासन कर रही नेहरू सरकार के खिलाफ सर्वप्रथम अविश्वास प्रस्ताव लाये थे।

उन्हें अक्सर विद्रोही समाजवादी कहा जाता है क्योंकि न तो वह अपने विचारों को प्रकट करने से पीछे हटते थे और न ही सत्य कहने से हिचकते थे।

1962 में चीन हमले के बाद उन्होंने घोषणा की कि अपनी सुरक्षा के लिए भारत को भी बम बनाने चाहिए।

राजनीति के प्रति विचार

लोहिया के अनुसार भारत में कौन शासन करेगा, इसका निर्धारण तीन बातों से होता है – उच्च जाति, धन और ज्ञान। जिसके पास इनमें से कोई भी दो चीजें होती हैं वह शासन कर सकता है। यह सूत्र आज भी उतना ही सत्य है।

उन्होंने किसानों कि दिन प्रतिदिन की समस्याओं को खत्म करने के लिए हिंद किसान पंचायत की स्थापना की।

वह चाहते थे की पूरी दुनिया के समाजवादी एक हो जाएँ। उन्होंने विश्व में शांति की स्थापना के लिए विश्व सरकार की स्थापना की।

जीवन के अंतिम वर्षों में उन्होंने राजनीती के अलावा हजारों युवाओं से भारतीय साहित्य, राजनीती, कला जैसे विविध विषयों पर संवाद करना शुरू कर दिया।

12-अक्टूबर-1967 को दिल्ली में लोहिया जी का देहवासन हो गया। इसे समाजवाद कि पराकाष्ठा ही कहा जायेगा कि वह अपने पीछे न कोई संपत्ति छोड़ गए न बैंक बैलेंस।

भारत-विभाजन पर लोहिया के विचार

उस समय की तमाम ऐसी घटनाओं और स्थितियों का जिनके प्रति एक आम भारतीय नागरिक के मन में बहुत स्पष्ट और तार्किक व्याख्या नहीं है, लोहिया ने अपनी पुस्तक 'गिल्टी मैन एंड इंडियाज पार्टीशन' (भारत विभाजन के गुनहगार) में परत दर परत रहस्यों को खोला है। लेकिन हमारा दुर्भाग्य है कि उस समय के पूरे आंखों देखे इतिहास को ही नहीं, बल्कि उसके एक सक्रिय, जीवंत पात्र रहे लोहिया की बातों को आजाद भारत में सत्तारूढ़ दल द्वारा एक विपक्षी नेता की 'खीझ' से ज्यादा नहीं समझने दिया गया, जबकि सच्चाई यह है कि सत्ता हस्तांतरण के खेल की असलियत संग्रहालयों में दफन दस्तावेजों से ज्यादा लोहिया जैसे नेताओं को भी मालूम थी जिसे होते हुए उन्होंने अपनी आंखों से देखा था।

लोहिया के राजनीतिक और सामाजिक मत का दर्शन

लोहिया ने मार्क्स की द्वन्द्वात्मक भौतिकवाद की धारणा को स्वीकार किया परन्तु परम्परावादी मार्क्सवादियों की तुलना में उन्होंने चेतना पर ज्यादा बल दिया। लोहिया एक ऐसे सिद्धान्त की रचना के पक्ष में थे जिनके अन्तर्गत आत्मा अथवा सामान्य लक्ष्यों तथा द्रव्य अथवा आर्थिक उद्देश्यों का परस्पर ऐसा सम्बन्ध हो कि दोनों का स्वतन्त्र अस्तित्व कायम रह सके।"

लोहिया ने अपनी पुस्तक 'इतिहास चक्र' में लिखा है कि इतिहास में जाति और वर्गों का संघर्ष दिखाई देता है। वर्ग और जाति के मध्य की यह अन्दर हलचल ही इतिहास को गतिशीलता प्रदान करती है। जातियों का रूप सुनिश्चित

होता है जबकि वर्गों की अन्दर की रचना शिथिल होती है और इन दोनों के मध्य घड़ी के दोलक जैसी अन्दर की क्रिया होती रहती है और यही दोलक क्रिया अथवा वर्ग और जाति के मध्य की अन्दर की हलचल इतिहास को गति देती है। जातियों में हमेशा गतिहीनता और निष्क्रियता पाई जाती है। जातियाँ रूढ़िवादी ताकतों का प्रतिनिधित्व करती हैं। इसके विपरीत वर्ग सामाजिक गतिशीलता की शक्तियों के साथ जातियाँ शिथिल होकर वर्गों में परिणत हो जाती हैं और वर्ग संगठित होकर जातियों में परिवर्तित जाते हैं।

लोहिया पाश्चात्य तरीके के समाजवाद का अनुकरण नहीं करना चाहते थे। वे भारत समाजवाद का निर्माण गांधी और मार्क्स के सिद्धान्तों को मिलाकर करना चाहते थे। उन्होंने किन्हीं परम्परागत कार्यक्रमों और योजनाओं के जगह पर मौलिक चिन्तन तथा एशियायी समाजवादियों की पहल पर ही विशेष बल दिया। पुराने समाजवाद को लोहिया ने एक मृत सिद्धान्त और 'कल की बात' कहा तथा उसके जगह पर एक नये समाजवाद की वकालत की। लोहिया के अनुसार इस समाजवाद के तीन मुख्य तत्व थे–सभी उद्योगों व बैंकों तथा बीमा कम्पनियों का राष्ट्रीयकरण, समूचे संसार में जीवन-स्तर का सुधार तथा एक विश्व संसद की स्थापना। उनका यह नया समाजवाद आर्थिक और राजनीतिक ताकतों में विकेन्द्रीकरण के पक्ष में था। लोहिया का विश्वास था कि यह समाजवाद सहकारी श्रम और ग्राम सरकार के द्वारा से व्यावहारिक रूप ग्रहण कर सकता था। 1952 में काँग्रेस समाजवादी दल के अध्यक्ष के रूप में लोहिया ने गाँधीजी के मतों को समाजवादी चिन्तन में ज्यादा मात्रा में जगह देने की बात की। उन्होंने विकेन्द्रित अर्थव्यवस्था के सिद्धान्त का प्रतिपादन किया। उन्होंने कहा कि साम्यवादियों की तरह बड़े-बड़े कारखाने न लगा कर लघु मशीनों का महत्त्व दिया जाये ताकि छोटी पूँजी लगाकर भी अधिक से अधिक आदमियों मानवों को कार्य मिल सके। अपने समाजवादी सहयोगियों–जयप्रकाश नारायण, अशोक मेहता आदि से उनके नीति-विषयक मतभेद बने रहे। उन्होंने काँग्रेस और समाजवादियों के मध्य मैत्री की समझौतावादी नीति को श्रेयस्कर नहीं माना। जून, 1953 में अशोक मेहता ने अपनी यह मतशृंखला प्रस्तुत की कि 'पिछड़ी हुई अर्थव्यवस्था' की क्या 'अनिवार्य परेशानियाँ' है। इसमें उन्होंने यह स्थापित करने का प्रयास किया कि काँग्रेस की मतधारा समाजवादी मतधारा के नजदीक आती जा रही है। उन्होंने यह भी प्रस्ताव किया कि ऐसी अवस्था में काँग्रेस और प्रजा समाजवादी दल में सैद्धान्तिक मैत्री हो जानी चाहिए। परन्तु इसके जबाव में डॉ.

लोहिया ने अपना 'समानान्तर सिद्धान्त' सामने रखा और यह युक्ति प्रस्तुत की कि समाजवादी लोग आज भी काँग्रेस से उतने ही दूर हैं जितने साम्यवादियों से और ये समानान्तर रेखाएँ अपने मतों एवं दृष्टिकोणों के कारण कभी आपस में शामिल नहीं हो सकती। लोहिया ने यह पसन्द नहीं किया कि प्रजा समाजवादी दल काँग्रेस से मित्रता करें और वह भी नीति-विषयक मुद्दों पर।

अप्रैल, 1966 में कोटा में संयुक्त समाजवादी दल ने अपने अधिवेशन में कुछ सिद्धान्तों को मान लिया और डॉ. लोहिया के निर्देश के अधीन राजनीतिक कार्यक्रम तय किया। डॉ. लोहिया ने दल को निम्नलिखित 7 प्रस्तावों को पारित करने की राय दी। उनका विचार था कि इन प्रस्तावों को कार्यान्वित करने पर समाजवाद के सार्वभौम सिद्धान्त को व्यावहारिक रूप दिया जा सकता था-

1. महिला-पुरुष समानता की स्वीकृति,
2. जाति भेद अथवा अस्पृश्यता पर निर्भर सभी अन्तरों को समाप्त करना चाहिए।
3. जन्म और जाति-सम्बन्धी असमानताओं की समाप्ति,
4. विदेशियों के माध्यम से दमन की समाप्ति और विश्व सरकार का निर्माण,
5. व्यक्तिगत सम्पत्ति पर आधारित असमानता का खिलाफ एवं उत्पादन की योजनाबद्ध बृद्धि,
6. व्यक्तिगत अधिकारों के अतिक्रमण का विरोध, एवं
7. युद्ध शस्त्रों का विरोध तथा सविनय अवज्ञा के सिद्धान्त की स्वीकृति।

राजनीतिक शुचिता के पक्षधर

लोहिया ही थे जो राजनीति की गंदी गली में भी शुद्ध आचरण की बात करते थे। वे एकमात्र ऐसे राजनेता थे जिन्होंने अपनी पार्टी की सरकार से खुलेआम त्यागपत्र की मांग की, क्योंकि उस सरकार के शासन में आंदोलनकारियों पर गोली चलाई गई थी। ध्यान रहे स्वाधीन भारत में किसी भी राज्य में यह पहली गैर-कांग्रेसी सरकार थी ''हिंदुस्तान की राजनीति में तब सफाई और भलाई आएगी जब किसी पार्टी के खराब काम की निंदा उसी पार्टी के लोग करें।....और मैं यह याद दिला दूं कि मुझे यह कहने का हक है कि हम ही हिंदुस्तान में एक राजनीतिक पार्टी हैं जिन्होंने अपनी सरकार की भी निंदा की थी और सिर्फ निंदा ही नहीं की बल्कि एक मायने में उसको इतना तंग किया कि उसे हट जाना पड़ा।

डॉ. लोहिया का इतिहास चिंतन

इतिहास की अवधारणा एवं उसकी प्रकृति पर अनेक मौलिक चिंतन हुए हैं। विभिन्न धर्मों और संप्रदायों में इतिहास की पौराणिक परिकल्पनाओं का प्रस्थान बिंदू मानव समाज में नैतिकता और सदाचार का अनुपालन ही रहा है। परंपराओं में यह माना जाता रहा है कि इतिहास वास्तव में उच्चावस्था लगातार उसके नैतिक पतन की कहानी है तथा अवतारों एवं धर्मोपदेशकों ने समय-समय

पर मानव जाति को मानवीय विचारों से ओतप्रोत करने का प्रयास किया है। भारतीय परंपरा में इतिहास सतयुग से त्रेता और द्वापर युगों से गुजरते हुए कलियुग के दौर में है और यह घूमते हुए सतयुग (श्रेष्ठ युग, सत्ययुग) की ओर जायेगा। इस प्रकार धार्मिक परंपराओं में मानव-समाज के अपने देशज आदर्शों के अनुसार उत्थान-पतन की एक चक्रीय अवधारणा रही है। धर्म सम्राट स्वामी करपात्री जी महाराज ने पुस्तक 'मार्क्सवाद और रामराज्य' में 60 लाख पूर्व के ताला का वर्णन किया है। इससे लगता है कि भारत का इतिहास चिंतन तथा पुरातत्व अति प्राचीन है। खैर इसमें अभी जाने की जरूरत नहीं है। आधुनिक युग में जर्मन दार्शनिक हिगेल ने मानव-चेतना की प्रगति के साथ इतिहास को जोड़ते हुए मानव संस्कृति के निर्माण में आरोहों एवं अवरोहों से युक्त 'द्वंदात्मक विकास' की संकल्पना प्रस्तुत की। तो दूसरी ओर कार्ल मार्क्स ने इतिहास की पदार्थवादी व्याख्या करते हुए भौतिक प्रगति यथा-उत्पादन के साधन, स्वरूप एवं संबंधों के अनुसार मानव-सभ्यता की रैखिक प्रगति की अवधारणा प्रतिपादित की। 20वीं सदी के विख्यात अंग्रेज इतिहासकार और दार्शनिक ऑरनाल्ड टॉयनबी ने विभिन्न युगों और क्षेत्रों की मानव संस्कृतियों में निहित चुनौतियों से संघर्ष की क्षमता के आधार पर उनकी जीवनविधि की प्रगति का अध्ययन प्रस्तुत किया। इस प्रकार विभिन्न इतिहासविदों द्वारा इतिहास की प्रगति के कुछ सूत्रों को निर्धारित करने के प्रयास किए जाते हैं। फिर भी मानव-चेतना और पदार्थ की गति और उनकी व्याख्याएं दी गयीं, व कहीं न कहीं एकांगी ही प्रतीत हुई है।

20वीं सदी में महात्मा गांधी, जवाहरलाल नेहरू, भगवान दास, आचार्य नरेंद्रदेव, संत विनोबा भावे, पं. दीनदयाल उपाध्याय के बाद राष्ट्र चिंतक डॉ. राममनोहर लोहिया ही एक ऐसे विचारक थे जिन्होंने भारतीय संस्कृति में स्थापित राम, कृष्ण, शिव और बुद्ध की परंपराओं में निहित मर्यादाओं, कौशल, सौंदर्य, शांति, क्रांति और आर्थिक समता (गैर-बराबरी) में निहित मर्यादाओं पर ध्यान केंद्रित करते हुए पश्चिमी समाजवादी सिद्धांतों और आंदोलनों को समझने की एक दृष्टि विकसित की। भारतीय संस्कृति के विरासत से ओत-प्रोत स्वामी विवेकानंद, वर्द्धमान महावीर, महात्मा बुद्ध, गुरुनानक देव, अरविंद घोष तथा भक्तिकालीन संतों और पश्चिम की नयी औद्योगिक सामाजिक विसंगतियों की पृष्ठभूमि में निर्मित कार्ल मार्क्स के दर्शन के सापेक्ष डॉ. लोहिया ने इतिहास के बारे में अपनी एक स्वतंत्र और मौलिक दृष्टि प्रस्तुत की जो 'इतिहास-चक्र' नामक पुस्तक के रूप में है।

डॉ. लोहिया के इतिहास दर्शन में हिगेल की मानव-चेतना, मार्क्स का पद्धार्थवादी चिंतन और मानव संस्कृतियों में चुनौतियों से संघर्ष की क्षमता। सामर्थ्य से संबंधित टॉयनबी के विचारों के साथ ही अन्य आधुनिक जर्मन इतिहासकार एवं दार्शनिक स्पेंगलर के अनुसार सामर्थ्ययुक्त समाजों/नगरों द्वारा दुर्बल ग्रामीण समाजों के दोहन की बात भी सन्निहित रही। इस प्रकार डॉ. लोहिया ने मानव-चेतना और पदार्थ के गुणों और किसी देश-काल में उनके परस्पर संबंधों के स्वरूप को समझाते हुए इतिहास की संकल्पना का सुझाव दिया। उनके अनुसार उन संबंधों के सकारात्मक एवं नकारात्मक स्वरूप पर ही किसी सभ्यता का उत्थान और पतन निर्भर होता है। यदि किसी भी दिशा में उसके अधिकतम कौशल की स्थिति उत्पन्न होती है जिसके बाद अब पतन अवश्यंभावी है। इन संबंधों के परस्पर सकारात्मक होने पर ही समाज को पूर्ण कौशल की ओर ले जाया जा सकता है। इस दृष्टि से विश्व मानवता और भारतीय राष्ट्र दोनों हीं संदर्भों में इतिहास चिंतन पर पुनर्विचार करना आवश्यक प्रतीत होता है।

डॉ. लोहिया ने इतिहास के चक्रीय व्याख्या को पूर्णरूपेण स्वीकार नहीं किया तो अस्वीकार भी नहीं किया। आपका मानना था कि सतयुग, द्वापर, त्रेता तथा कलियुग के बाद सतयुग का आना तो ठीक है पर उसमें अच्छायी क्रमशः घटते चली जाती है। अंतिम जो हमारा कलियुग का काल है व अच्छायी के हिसाब से सबसे निम्न स्तर का है पर इसमें यह तो जरूर आता है कि पुनः सतयुग आयेगा। लेकिन लोहिया को यह विचार उतना ठीक नहीं लगता था। क्योंकि उसमें अनेक ऐसी बुराइयों की मौन स्वीकृति है जिसे वे स्वीकार नहीं करते।

राष्ट्रचिंतक, विरक्त और फक्कड़ डॉ. राममनोहर लोहिया स्वतंत्रता सेनानी के साथ साहित्यकार, पत्रकार और संपादक भी थे। आज जब संपूर्ण भारत डॉ. लोहिया की जन्म शताब्दी वर्ष मना रहा है तो उनकी और प्रासांगिकता बढ़ जाती है। कभी डॉ. साहब ने राष्ट्रीय स्वयंसेवक संघ के प्रचारकों के संबंध में कहा था कि वो गृहस्थों को संन्यासी बना रहे हैं तो उनके कहने का एकमात्र भाव यही था कि संघ के प्रचारक सामान्य जीवन में रहकर जनता की सेवा में सहयोग एवं समर्पण भाव से लगे हुए हैं। जो एक संन्यासी हीं कर सकता है। आज डॉ. साहब के समग्र विचारों पर रचनात्मक, आंदोलनात्मक एवं बौद्धिक विमर्श की परम आवश्यकता है तथा 'जिंदा कौमें पांच साल इंतजार नहीं करती' पर विचार-विमर्श की आवश्यकता है।

8

व्यक्तित्व

एक परिवर्तनकारी नेता

देश की राजनीति में स्वतंत्रता आंदोलन के दौरान और स्वतंत्रता के बाद ऐसे कई नेता हुए जिन्होंने अपने दम पर शासन का रुख बदल दिया। अगर जयप्रकाश नारायण ने देश की राजनीति को स्वतंत्रता के बाद बदला तो वहीं राममनोहर लोहिया ने देश की राजनीति में भावी बदलाव की बयार आजादी से पहले ही ला दी थी। राममनोहर लोहिया को भारत एक अजेय योद्धा और महान विचारक के तौर पर देखता है। अपनी प्रखर देशभक्ति और बेलौस तेजस्वी समाजवादी विचारों के कारण अपने समर्थकों के साथ ही डॉ. लोहिया ने अपने विरोधियों के मध्य भी अपार सम्मान हासिल किया।

मनोहर लोहिया का जन्म 23 मार्च 1910 को फैजाबाद में हुआ था। उनके पिताजी श्री हीरालाल पेशे से अध्यापक व हृदय से सच्चे राष्ट्रभक्त थे। उनके पिताजी गाँधीजी के अनुयायी थे। जब वे गांधीजी से मिलने जाते तो राममनोहर को भी अपने साथ ले जाया करते थे। इसके कारण गांधीजी के विराट व्यक्तित्व का उन पर गहरा असर हुआ। पिताजी के साथ 1918 में अहमदाबाद कांग्रेस अधिवेशन में पहली बार शामिल हुए। बनारस से इंटरमीडिएट और कोलकता से बी. ए. (ऑनर्स) प्रथम श्रेणी में उत्तीर्ण करने के पश्चात उच्च शिक्षा के लिए लंदन के स्थान पर बर्लिन का चुनाव किया. उन्होंने मात्र तीन माह में जर्मन भाषा में धारा प्रवाह पारंगत होकर अपने प्रोफेसर जोम्बार्ट को चकित कर दिया। अर्थशास्त्र में डाक्टरेट की उपाधि केवल दो वर्षों में प्राप्त कर ली। जर्मनी में चार साल व्यतीत करके, डॉ. लोहिया स्वदेश वापस लौटे। किसी सुविधापूर्ण जीवन के स्थान पर जंग ए आजादी के लिए अपनी जिंदगी समर्पित कर दी। डॉ. लोहिया

प्राय: कहा करते थे कि उन पर केवल ढाई आदमियों का प्रभाव रहा, एक मार्क्स का, दूसरे गांधी का और आधा जवाहरलाल नेहरू का।

1933 में मद्रास पहुंचने पर राममनोहर लोहिया गांधीजी के साथ मिलकर देश को आजाद कराने की लड़ाई में शामिल हो गए। डॉ. लोहिया ने इसमें विधिवत रूप से समाजवादी आंदोलन की भावी रूपरेखा पेश की। सन् 1935 में पं. नेहरू ने ही अपने काँग्रेस अध्यक्ष कार्यकाल में लोहिया जी को काँग्रेस का महासचिव नियुक्त किया।

अगस्त 1942 को महात्मा गांधी ने 'भारत छोड़ो' आंदोलन का ऐलान किया। 1942 के आंदोलन में डॉ. लोहिया ने संघर्ष के नए शिखरों को छूआ। जयप्रकाश नारायण और डॉ. लोहिया हजारीबाग जेल से फरार हुए और भूमिगत रहकर आंदोलन का शानदार नेतृत्व किया। लेकिन अंत में उन्हें गिरफ्तार कर लिया गया और फिर 1946 में उनकी रिहाई हुई।

1946-47 के वर्ष लोहिया जी की जिंदगी के अत्यंत निर्णायक वर्ष रहे। आजादी के समय उनके और पं. जवाहरलाल नेहरू में कई मतभेद पैदा हो गए थे जिसकी वजह से दोनों के रास्ते अलग हो गए।

एक अन्य घटना के अनुसार 5 जनवरी, 1948 को बंबई हड़ताल को लेकर लोहिया जी ने गांधी जी से हड़ताल का समर्थन मांगा। 28 जनवरी को गांधी जी ने कहा कि कल आना कल पेट भर बात होगी। 30 जनवरी को लोहिया जब बिड़ला भवन के लिए निकले तब उन्हें गांधी जी की हत्या की खबर सुनने को मिली।

30 सितम्बर, 1967 को लोहिया को नई दिल्ली के विलिंग्डन अस्पताल, अब जिसे लोहिया अस्पताल कहा जाता है, में पौरुष ग्रंथि के ऑपरेशन के लिए भर्ती किया गया जहां 12 अक्टूबर 1967 को उनका देहांत 57 वर्ष की आयु में हो गया।

कश्मीर समस्या हो, गरीबी, असमानता अथवा आर्थिक मंदी, इन तमाम मुद्दों पर राममनोहर लोहिया का चिंतन और सोच स्पष्ट थी। कई लोग राममनोहर लोहिया को राजनीतिज्ञ, धर्मगुरु, दार्शनिक और राजनीतिक कार्यकर्ता मानते हैं। डॉ. लोहिया की विरासत और विचारधारा अत्यंत प्रखर और प्रभावशाली होने के बावजूद आज के राजनीतिक दौर में देश के जनजीवन पर अपना अपेक्षित प्रभाव कायम रखने में नाकाम साबित हुई। उनके अनुयायी उनकी तरह विचार और आचरण के अद्वैत को कदापि कायम नहीं रख सके।

महान् युगद्रष्टा

प्रकांड विचारक, अथक अजेय योद्धा, अत्यंत लुभावनी मनमोहक शख्सियत के धनी डॉ. राममनोहर लोहिया सरीखे राजनीतिक नेता आधुनिक भारत में कम ही हुए हैं। अत्यंत विस्मयकारी रूप से डॉ. लोहिया ने आम लोगों और बोद्धिकों को एक साथ प्रभावित किया। अपनी प्रखर देशभक्ति और बेलौस तेजस्वी समाजवादी विचारों के कारण अपने सर्मथकों के साथ ही डॉ. लोहिया ने अपने विरोधियों के मध्य भी अपार सम्मान हासिल किया। जंग ए आजादी के अग्रिम पातों के योद्धाओं में शुमार होने के बावजूद कदाचित अपनी कुर्बानियों का राजनीतिक फायदा उठाने का प्रयास नहीं किया। आजादी के दौर में भी संघर्ष और बलिदान की अविरल परम्परा को कायम रखते हुए, अत्यंत कठिन जीवन की राह को बहुत उल्लासपूर्ण भाव से जिया। शोषित वंचित किसान मजदूरों के लिए गहन संवेदना और पराक्रम लेकर राजनीति करने वाला ऐसा नेता आज के दौर में प्राय: अप्राप्य है।

डॉ. राममनोहर लोहिया ने कहा कि इंसानी जिंदगी को राजनीतिक, आर्थिक, सामाजिक, अथवा सांस्कृतिक दायरों में कैद करके कदाचित निरूपित नहीं की जा सकती, वरन् उसके लिए समग्र चिंतन दृष्टि की दरकार है। उन्होंने समाजवादी मूल्यों और आदर्शों को केंद्र बिंदु में रखकर एक समतामूलक समाज को निर्मित करने का सपना देखा। राममनोहर लोहिया अक्सर कहा करते थे कि मैं चाहता हूं कि इंसान की जिंदगी में राम की मर्यादा, कृष्ण की उन्मुक्तता, शिव का संकल्प, मुहम्मद की समता, महावीर-बुद्ध की रिजुता और यीशु की ममता सब एक साथ ही समाहित हो जाए।

दरअसल डा लोहिया ने अपने जिंदगी में भी ऐसी मन की इस स्थिति को बनाने और साधने की भरपूर कोशिश अंजाम दी। वह प्राय: यह भी कहा करते थे कि मेरा तो जन्म ही राम की धरा पर हुआ है। उल्लेखनीय है कि वह 23 मार्च 1910 को फैजाबाद में पैदा हुए। राम, कृष्ण, शिव, महावीर, बुद्ध, मुहम्मद, ईसा, मार्क्स और गांधी पर उन्होंने बहुत सोचा, बोला और लिखा। राम की मर्यादा के वह बहुत कायल रहे और रामायण मेला आयोजित करने के वह सूत्रधार बने। यह एक अत्यंत विडंबनापूर्ण तथ्य है कि अक्सर लोग लोहिया जी को एक मर्यादा तोड़क के तौर पर निरूपित करते रहे। यह संभवतया इसलिए भी हुआ कि अपनी अभूतपूर्व मौलिकता के कारण उन्होंने इस तरह से क्रांतिकारी आचरण

किया कि उनकी मर्यादाएं घिसीपिटी रूढिग्रस्त मर्यादाओं से विलग प्रतीत होती है। उदाहरण के लिए विवाह के प्रश्न पर उनकी अवधारणा नारी पुरुष के मध्य पराम्परागत रिवाजों पर निर्मित नहीं हुई।

अपने बाह्य व्यक्तित्व में डॉ. लोहिया एक मामूली कद काठी के सांवले रंग के शख्स में ऐसी क्या बात रही कि उनके इर्द-गिर्द अक्सर अत्यंत सुदंर महिलाएं घमूती नजर आई। इस विषय में बहुत सी बातें कही सुनी गई। कुछ ने कहा कि डॉ. लोहिया के तेवर अत्यंत आक्रामक रहे, अतः महिलाओं को आक्रमक तेवर वाला यह शख्स पंसद आया। उनके निकटस्थ साथियों का कहना था कि जिस बेबाक तरीके से डॉ. लोहिया ने नारी-पुरुष समानता की पैरवी की, वह अद्‌भुत रही। शायद यही सबसे अहम कारण रहा कि महिलाएं सहज तौर पर उनके प्रति आकर्षित रही।

बनारस से इंटरमीडिएट और कोलकता से बी. ए. (ऑर्नस) प्रथम श्रेणी में उत्तीर्ण करने के पश्चात उच्च शिक्षा के लिए लंदन के स्थान पर बर्लिन का चुनाव किया। मात्र तीन माह में जर्मन भाषा में धारा प्रवाह पारंगत होकर अपने प्रोफेसर जोम्बार्ट को चकित कर दिया। अर्थशास्त्र में डॉक्टरेट की उपाधि केवल दो वर्षों में प्राप्त कर ली। जर्मनी में चार साल व्यतीत करके, डॉ. लोहिया स्वदेश वापस लौटे। किसी सुविधापूर्ण जीवन के स्थान जंग ए आजादी के लिए अपनी जिंगदी समर्पित कर दी। डॉ. लोहिया प्रायः कहा करते थे कि उन पर केवल ढाई आदमियों का प्रभाव रहा, एक मार्क्स का, दूसरे गांधी का और आधा जवाहरलाल नेहरू का।

1934 में आचार्य नरेंद्र देव की कयादत में समाजवादियों का प्रथम सम्मेलन 'अंजुमन ए इस्लामिया' पटना में आयोजित हुआ। डॉ. लोहिया ने इसमें विधिवत रूप से समाजवादी आंदोलन की भावी रूपरेखा पेश की। सन् 1935 में पं. नेहरू ने ही अपने काँग्रेस अध्यक्ष कार्यकाल में लोहिया जी को काँग्रेस का महासचिव नियुक्त किया। अपने महासचिव कार्यकाल में डॉ. लोहिया ने ही नेशनल काँग्रेस में विदेश विभाग शुरू किया। 9 अगस्त 1942 को महात्मा गांधी ने 'भारत छोड़ो' आंदोलन का ऐलान किया। 1942 के आंदोलन में डॉ. लोहिया ने संघर्ष के नए शिखरों को छूआ। जयप्रकाश नारायण और डॉ. लोहिया हजारीबाग जेल से फरार हुए और भूमिगत रहकर आंदोलन का शानदार नेतृत्व किया। 20 मई 1944 को गिरफ्तार करके लाहौर किले में रखा गया, जहां कि उनका और जयप्रकाश नारायण का ब्रिटिश पुलिस ने अमानुषिक टार्चर किया।

1946 में तकरीबन दो वर्ष के बाद डॉ. लोहिया को रिहाई किया गया। 1946–47 के वर्ष लोहिया जी की जिंदगी के अत्यंत निर्णायक वर्ष रहे, जबकि उनका पं. नेहरू से मोहभंग हुआ, क्योंकि डॉ. लोहिया की राय में पं. नेहरू ने अपने सिद्धांतों से समझौता करके, सत्ता के लालच में भारत विभाजन स्वीकार किया। जून 1947 की काँग्रेस कार्य समिति की बैठक में खान अब्दुल गफ्फार खान, जयप्रकाश नारायण और डॉ. लोहिया ने भारत विभाजन प्रस्ताव का जबरदस्त तौर पर मुखर विरोध किया। यहीं से डॉ. लोहिया और पं. नेहरू के मध्य संबंध का नया अध्याय प्रारम्भ हुआ। लोहिया ने क्षुब्ध होकर कहा कि जवाहरलाल का व्यक्तित्व हिमालय के समान है, मैं उसे तोड़ तो नहीं सकता, किंतु उसमें दरारे अवश्य पैदा कर दूंगा। सन् 1948 में सोशलिस्ट पार्टी ने विधिवत तौर से काँग्रेस से अलग होने का फैसला ले लिया। डॉ. लोहिया की शख्सियत बहुआयामी रही। वह एक ओर तेजस्वी सत्याग्रही रहे, वही दूसरी ओर गहन मौलिक चिंतक। डॉ. लोहिया का कहना था कि भारतीय जातिव्यस्था को मार्क्सवाद के नजरिए से समझा नहीं जा सकता। उनका यह भी मौलिक विचार रहा कि समाजवाद का जो दर्शन भारत में कारगर सिद्ध हो सकता है, उसकी बुनियाद राजनीतिक सत्ता और आर्थिक ताकतों के शानदार विकेंद्रियकरण पर आधारित रहेगी। आचार्य नरेंद्रदेव के व्यक्तित्व और विद्वतापूर्ण विचारों के कायल होने के बावजूद, डॉ. लोहिया के उनसे बहुत से प्रश्नों पर प्रखर मतभेद रहे। विचार के नजरिए से वह एक तर्क सम्पन्न विचारक रहे, किंतु उनकी तर्क प्रणाली कदापि एकांगी नहीं रही। डॉ. लोहिया ने आजादी के दौर में समाजवादी आंदोलन को नए आयाम प्रदान किए। आर्थिक समानता के साथ जातिय समानता और नारी पुरुष समानता की बात प्रखरता के साथ पेश की। नौजवान नेताओं की एक पूरी पीढ़ी को शिक्षित दीक्षित किया और राजनारायण, मधुलिमये, जनेश्वर मिश्र, जॉर्ज फर्नाडीज, रामसेवक यादव, किशन पटनायक, लाडलीमोहन निगम, जी मुराहरि, रबिराय, कर्पूरी ठाकुर, धनिक लाल मंडल, वीपीजी राजू, सुरेंद्र मोहन जैसे कितने ही जबरदस्त नेता देश को दिए। डॉ. लोहिया की विरासत और विचारधारा अत्यंत प्रखर और प्रभावशाली होने के बावजूद आज के राजनीतिक दौर में देश के जनजीवन पर अपना अपेक्षित प्रभाव कायम रखने में नाकाम साबित हुई। उनके अनुयायी उनकी तरह विचार और आचरण के अद्वैत को कदापि कायम नहीं रख सके। सांप्रदवाद की भयावह दलदल ने समाजवादी आंदोलन को निगल लिया। व्यावहारिक राजनीति की विवशता के नाम पर

समाजवादी जीवन मूल्यों और आदर्शों की बलि चढ़ा दी गई। सांप्रदायिकता और जातिवाद को पूर्णतः ध्वस्त करने का संकल्प लेने वाला महान् समाजवादी आंदोलन स्वयं ही सांप्रदायिकता एवं जातिवाद की भयानक भंवर में डूब गया। लोहिया जी के चिंतन, चरित्र, वाणी और आचरण की परिपूर्ण एकता का अनुगमन न कर सकने के कारण जातिवाद और सांप्रदायिकता के विषधरों ने समाजवादी आंदोलन को लकवाग्रस्त कर दिखाया।

जैसी कथनी वैसी करनी

लोहिया के समाजवादी आंदोलन की संकल्पना के भूल में अनिवार्यतः विचार और कर्म की उभय उपस्थिति थी- जिसके मूर्तिमंत स्वरूप स्वयं डॉ. लोहिया थे और आजन्म उन्होंने 'कर्म और विचार' की इस संयुक्ति को अपने आचरण से जीवन्त उदाहरण भी प्रस्तुत किया।

अंग्रेजों के खिलाफ भारत के स्वाधीनता आंदोलन में भाग लेने वाले तमाम व्यक्तित्वों की भांति लोहिया प्रभावित भी थे। वे जेल भी गए और ऐसी यातनाएं भी सहीं। आजादी से पूर्व ही कांग्रेस के भीतर उनका सोशलिस्ट ग्रुप था, लेकिन पंद्रह अगस्त सैंतालिस को अंग्रेजों से मुक्ति पाने पर वे उल्लासित तो थे लेकिन विभाजन की कीमत पर पाई गई इस स्वतंत्रता के कारण नेहरू और नेहरू की कांग्रेस से उनका रास्ता हमेशा के लिए अलग हो गया। स्वतंत्रता के नाम पर सत्ता की लिप्सा का यह खुला खेल लोहिया ने अपनी नंगी आंखों से देखा था और इसीलिए स्वतंत्रता के बाद की कांग्रेस पार्टी और कांग्रेसियों के प्रति उनमें इतना रोष और क्षोभ था कि उन्हें धुर दक्षिणपंथी और वामपंथियों दोनों को साथ लेना भी उन्हें बेहतर विकल्प ही प्रतीत हुआ।

मौलिक एवं ठेठ देशी चिन्तक

स्वतंत्रता प्राप्ति के बाद के राजनेताओं में लोहिया मौलिक विचारक थे। लोहिया के मन में भारतीय गणतंत्र को लेकर ठेठ देशी सोच थी। अपने इतिहास, अपनी भाषा के संदर्भ में वे कतई पश्चिम से कोई सिद्धांत उधार लेकर व्याख्या करने को राजी नहीं थे। सन् 1932 में जर्मनी से पीएचडी की उपाधि प्राप्त करने वाले राममनोहर लोहिया ने साठ के दशक में देश से अंग्रेजी हटाने का जो आ]वान किया। अंग्रेजी हटाओ आन्दोलन की गणना अब तक के कुछ इने गिने आंदोलनों में की जा सकती है। उनके लिए स्वभाषा राजनीति का मुद्दा नहीं

बल्कि अपने स्वाभिमान का प्रश्न और लाखोंख्रकरोड़ों को हीन ग्रंथि से उबरकर आत्मविश्वास से भर देने का स्वप्न था "मैं चाहूंगा कि हिंदुस्तान के साधारण लोग अपने अंग्रेजी के अज्ञान पर लजाएं नहीं, बल्कि गर्व करें। इस सामंती भाषा को उन्हीं के लिए छोड़ दें जिनके मां बाप अगर शरीर से नहीं तो आत्मा से अंग्रेज रहे हैं।"

हलांकि लोहिया भी जर्मनी यानी विदेश से पढ़ाई कर के आए थे, लेकिन उन्हें उन प्रतीकों का अहसास था जिनसे इस देश की पहचान है। शिवरात्रि पर चित्रकूट में रामायण मेला उन्हीं की संकल्पना थी, जो सौभाग्य से अभी तक अनवरत चला आ रहा है। आज भी जब चित्रकूट के उस मेले में हजारों भूखे नंगे निर्धन भारतवासियों की भीड़ स्वयमेव जुटती है तो लगता है कि ये ही हैं जिनकी चिंता लोहिया को थी, लेकिन आज इनकी चिंता करने के लिए लोहिया के लोग कहां हैं?

कर्मवीर

लोहिया जी केवल चिन्तक ही नहीं, एक कर्मवीर भी थे। उन्होंने अनेक सामाजिक, सांस्कृतिक एवं राजनैतिक आन्दोलनों का नेतृत्व किया। सन् 1942 में भारत छोड़ो आन्दोलन के समय उषा मेहता के साथ मिलकर उन्होंने गुप्त रेडियो स्टेशन चलाया। 18 जून 1946 को गोआ को पुर्तगालियों के आधिपत्य से मुक्ति दिलाने के लिये उन्होंने आन्दोलन आरम्भ किया। अंग्रेजी को भारत से हटाने के लिये उन्होंने अंग्रेजी हटाओ आन्दोलन चलाया।

समाजवादी राजनीति के प्रणेता

समाजवादी राजनीति के प्रणेता डॉ. राममनोहर लोहिया इंसानियत के हर पहलू पर व्यापक सोच के धनी थे। श्री लोहिया जो अपने जीवनकाल में जो कहा करते थे, वह सब धीरे-धीरे सामने आ रहा है। आत्मविश्वास से लबरेज डॉ. लोहिया कहा करते थे, "लोग मेरी बातें सुनेंगे जरूर, शायद मेरे मरने के बाद, मगर सुनेंगे जरूर। देश के शीर्ष राजनेताओं में शुमार रहे प्रख्यात समाजवादी नेता डॉ. राममनोहर लोहिया की खास पहचान सियासत को नई दिशा देने के कारण भी है।

देश में गैर-कांग्रेसवाद की अलख जगाने वाले महान स्वतंत्रता सेनानी और समाजवादी नेता राममनोहर लोहिया चाहते थे कि दुनियाभर के सोशलिस्ट

एकजुट होकर मजबूत मंच बनाए। लोहिया भारतीय राजनीति में गैर-कांग्रेसवाद के शिल्पी थे और उनके अथक प्रयासों का फल था कि 1967 में कई राज्यों में कांग्रेस की पराजय हुई, हालांकि केंद्र में कांग्रेस जैसे-तैसे सत्ता पर काबिज हो पायी। हालांकि लोहिया 1967 में ही चल बसे लेकिन उन्होंने गैर-कांग्रेसवाद की जो विचारधारा चलायी उसी की वजह से आगे चलकर 1977 में पहली बार केंद्र में गैर-कांग्रेसी सरकारी बनी। लोहिया मानते थे कि अधिक समय तक सत्ता में रहकर कांग्रेस अधिनायकवादी हो गयी थी और वह उसके खिलाफ संघर्ष करते रहे।

उस समय की तमाम ऐसी घटनाओं और स्थितियों का जिनके प्रति एक आम भारतीय नागरिक के मन में बहुत स्पष्ट और तार्किक व्याख्या नहीं है, लोहिया ने अपनी पुस्तक 'गिल्टी मैन एंड इंडियाज पार्टीशन' (भारत विभाजन के गुनहगार) में परत दर परत रहस्यों को खोला है। लेकिन हमारा दुर्भाग्य है कि उस समय के पूरे आंखों देखे इतिहास को ही नहीं, बल्कि उसके एक सक्रिय, जीवंत पात्र रहे लोहिया की बातों को आजाद भारत में सत्तारूढ़ दल द्वारा एक विपक्षी नेता की 'खीझ' से ज्यादा नहीं समझने दिया गया, जबकि सच्चाई यह है कि सत्ता हस्तांतरण के खेल की असलियत संग्रहालयों में दफन दस्तावेजों से ज्यादा लोहिया जैसे नेताओं को भी मालूम थी जिसे होते हुए उन्होंने अपनी आंखों से देखा था।

स्वतंत्रता प्राप्ति के बाद के राजनेताओं में लोहिया मौलिक विचारक थे। लोहिया के मन में भारतीय गणतंत्र को लेकर ठेठ देशी सोच थी। अपने इतिहास, अपनी भाषा के संदर्भ में वे कतई पश्चिम से कोई सिद्धांत उधार लेकर व्याख्या करने को राजी नहीं थे। सन् 1932 में जर्मनी से पीएचडी की उपाधि प्राप्त करने वाले राममनोहर लोहिया ने साठ के दशक में देश से अंग्रेजी हटाने का जो आ]वान किया। अंग्रेजी हटाओ आन्दोलन की गणना अब तक के कुछ इने गिने आंदोलनों में की जा सकती है। उनके लिए स्वभाषा राजनीति का मुद्दा नहीं बल्कि अपने स्वाभिमान का प्रश्न और लाखोंख्रकरोड़ों को हीन ग्रंथि से उबरकर आत्मविश्वास से भर देने का स्वप्न था "मैं चाहूंगा कि हिंदुस्तान के साधारण लोग अपने अंग्रेजी के अज्ञान पर लजाएं नहीं, बल्कि गर्व करें। इस सामंती भाषा को उन्हीं के लिए छोड़ दें जिनके मां बाप अगर शरीर से नहीं तो आत्मा से अंग्रेज रहे हैं।"

हलांकि लोहिया भी जर्मनी यानी विदेश से पढ़ाई कर के आए थे, लेकिन उन्हें उन प्रतीकों का अहसास था जिनसे इस देश की पहचान है। शिवरात्रि पर

चित्रकूट में रामायण मेला उन्हीं की संकल्पना थी, जो सौभाग्य से अभी तक अनवरत चला आ रहा है। आज भी जब चित्रकूट के उस मेले में हजारों भूखे नंगे निर्धन भारतवासियों की भीड़ स्वयमेव जुटती है तो लगता है कि ये ही हैं जिनकी चिंता लोहिया को थी, लेकिन आज इनकी चिंता करने के लिए लोहिया के लोग कहां हैं?

जमीन से जुड़े नेता

आजादी के दो दशक बाद तक कांग्रेस के दबदबे वाली भारतीय राजनीति में विपक्ष की भूमिका के नए मानक तय करने में राममनोहर लोहिया का विशिष्ट स्थान माना जाता है, जिन्होंने अपनी क्रांतिकारी विचारधारा के जरिए हमेशा समाज के पिछड़े एवं वंचित वर्गों के ज्वलंत मुद्दों को सशक्त आवाज दी। समाजवादी नेता एवं पूर्व सांसद वशिष्ठ नारायण सिंह ने कहा कि लोहिया ने उस दौर में विपक्ष की मजबूत भूमिका निभाई जब देश में एक तरह से कांग्रेस का ही एकछत्र राज्य था और वह आजादी की लड़ाई में अपनी भूमिका का लाभ उठाने में लगी हुई थी। ऐसे समय में लोहिया ने जड़ता को तोड़ने की कोशिश की। उन्होंने कहा कि लोहिया ने देश के प्रथम प्रधानमंत्री जवाहरलाल नेहरू के नेतृत्व वाली कांग्रेस सरकार को विचारधारा के आधार पर चुनौती दी। वह एक ऐसे नेता थे जिन्होंने समाज की समस्याओं को जमीनी स्तर पर समझा और उन्हें शीर्ष स्तर तक प्रभावी ढंग से उठाया। सिंह ने कहा कि परवर्ती काल में जयप्रकाश नारायण के नेतृत्व में देश भर में जो आंदोलन चला उसकी वैचारिक आधारभूमि तैयार करने में लोहिया की बड़ी भूमिका थी। लोहिया के व्यक्तित्व के कारण देश का युवा वर्ग विशेष तौर पर उनसे प्रभावित हुआ क्योंकि वह जड़ता तोड़ने की बात कहते थे।

आधुनिक दौर में लोहिया के अनुयायियों के बारे में पूछने पर वशिष्ठ नारायण सिंह ने कहा कि आज लोहिया के विचार मानने वाले लोगों के कई वर्ग हैं। लेकिन इनके साथ यह दिक्कत है कि वे लोहिया के विचारों को आंशिक रूप से मानते हैं पूर्ण रूप से नहीं। वरिष्ठ लेखक एवं राजनीतिक टिप्पणीकार मस्तराम कपूर ने कहा कि लोहिया का नेहरू और कांग्रेस से मुख्य विरोध व्यवस्था परिवर्तन को लेकर था। लोहिया का मानना था कि कांग्रेस ने आंख मूंदकर अंग्रेजों के नौकरशाही, पुलिस, सेना आदि के ढांचे को अपना लिया। उनके अनुसार यदि यही व्यवस्था अपनानी थी तो देश ने आजादी की लड़ाई क्यों

लड़ी और इतने लोगों की कुर्बानी क्यों दी गई। उन्होंने कहा कि लोहिया पुरानी व्यवस्था को तोड़कर नए सिरे से व्यवस्था तैयार करने के पक्षधर थे। 9 खंडों में लोहिया रचनावली का संपादन कर चुके कपूर ने कहा कि कांग्रेस में आजादी के पहले से ही समाजवादी धारा थी। लेकिन 1948 के बाद लोहिया सहित समाजवादी नेताओं ने कांग्रेस से अलग होकर सोशलिस्ट पार्टी बनाई। पहले लोकसभा चुनाव में इसने अकेले चुनाव लड़ा। इसे महज 10.6 प्रतिशत वोट मिले जो कम्युनिस्टों से भी कम थे। उन्होंने कहा कि इससे निराश होकर जयप्रकाश सर्वोदय की ओर मुड़ गये। बाद में लोहिया ने 1952 में पंचमढी में ऐतिहासिक भाषण दिया। इस भाषण में उन्होंने कहा कि भारत को न तो पूंजीवाद की जरूरत है न साम्यवाद की। इसके जरिए उन्होंने नेहरू सरकार को संकेत दिया कि वह न तो रूस की तरफ अधिक झुकाव रखें और न अमेरिका की तरफ।

कपूर ने कहा कि लोहिया जिस विचारधारा के जरिए भारत का विकास चाहते थे उसमें गांधीवाद और समाजवाद दोनों के तत्व शामिल थे। उन्होंने कहा कि लोहिया की विचारधारा का ही यह प्रभाव था कि 1963 में कई राज्यों में गैर कांग्रेस सरकारें बनीं और 1967 में लोकसभा में कांग्रेस का बहुमत बहुत कम रह गया। लोहिया के विचारों की आज के दौर में प्रासंगिकता पूछे जाने पर उन्होंने कहा कि आज समाज के 80 प्रतिशत लोगों को जिस सामाजिक न्याय के कारण फायदा मिल रहा है उसकी आधारभूमि में कहीं न कहीं लोहिया के विचार ही हैं।

छात्र जीवन के दौरान उन्होंने देश की आजादी के आंदोलन में भाग लिया। बाद में वह पढ़ाई के लिए जर्मनी गए जहां से उन्होंने डॉक्टरेट की डिग्री ली। विदेश से पढ़ाई पूरी कर लौटे लोहिया ने आजादी के आंदोलन में सक्रिय भूमिका निभाई और उन्हें ब्रिटिश सरकार ने कई बार गिरफ्तार किया। उन्होंने गोवा मुक्ति आंदोलन में भी भाग लिया। राजनीति में वह कांग्रेस, सोशलिस्ट पार्टी तथा प्रजा सोशलिस्ट पार्टी से जुड़े रहे। लोहिया ने 1962 में पंडित जवाहरलाल नेहरू के खिलाफ चुनाव लड़ा लेकिन हार गये। देश में हिन्दी भाषा सहित कई आंदोलन चलाने वाले लोहिया का निधन 12 अक्टूबर 1967 को हुआ।

दिनकर की दृष्टि में डॉ. लोहिया का व्यक्तित्व

डॉक्टर राममनोहर लोहिया से मेरी पहली मुलाकात सन् 1934 या 35 में पटना के सुप्रसिद्ध समाजवादी नेता स्वर्गीय फूलन प्रसाद जी वर्मा के घर पर हुई

थी और हम लोगों का परिचय मित्रवर श्री रामवृक्ष बेनीपुरी ने करवाया था। उस समय लोहिया साहब मुझे उद्वेगहीन, सीधे सादे नौजवान के समान लगे थे, क्योंकि जितनी देर हम साथ रहे, उहोंने बातें कम और काफी विनम्रता से की थीं। उन दिनों पहली पंक्ति के नेता गांधी जी और जवाहरलाल, राजेन्द्र बाबू और सरदार पटेल, सुभाष चंद्र बोस और राजा जी तथा मौलाना आजाद और डॉक्टर अंसारी थे, मगर दूसरी पंक्ति के नेताओं का भी देश में बड़ा नाम था। आचार्य नरेन्द्र देव और जयप्रकाश जी, यूसुफ मेहर अली और अच्युत पटवर्धन, डॉक्टर लोहिया और पं. रामनंदन मिश्र तथा श्री गंगाशरण सिंह और श्री अशोक मेहता, इनमें से प्रत्येक की महिमा तेजस्वी और मेधावी देशसेवक की महिमा थी।

आचार्य जी तो उम्र के लिहाज से दोनों पीढ़ियों के बीच की कड़ी के समान थे, मगर नवयुवकों के विचारदाता वे ही थे और हर समय साथ वे नवयुवक समाजवादियों का ही देते थे। लगभग यही भूमिका डॉक्टर सम्पूर्णानंद जी की भी थी। वे भारतीय संस्कृति के पूर्णता होने पर भी समर्थन समाजवाद का करते थे, इससे समाजवादी विचारधारा को बड़ा बल मिलता था। उन दिनों हम लोग विश्वासपूर्वक यह मानते थे कि नेतृत्व का जो बोझ जवाहरलाल जी की पीढ़ी के कंधों से उतरेगा, वह इसी समाजवादी दल के कंधों पर आयेगा। मगर विधि का विधान कुछ और था। यूसुफ मेहर अली तो असमय ही स्वर्गीय हो गये। बाकी जो लोग कायम रहे, उनके भीतर व्यक्तिवाद बहुत अधिक बढ़ गया और वे किसी एक दल के जुए के नीचे अपनी गर्दनें नहीं लगा सके। श्री रामनन्दन मिश्र और श्री अच्युत पटवर्धन को तो आश्रम ने खींच लिया, जयप्रकाश जी सर्वोदय की ओर चले गये और नरेन्द्रदेव जी मुख्यत: शिक्षाशास्त्री बन गये। नवयुवकों के इस दल का कोई एक सदस्य अगर आजीवन विस्फोटक बना रहा, तो वे डॉक्टर राममनोहर लोहिया थे।

जिस लोहिया से मेरी मुलाकात सन् 1934 ई. में पटना में हुई थी और जो लोहिया संसद में आये, उन दोनों के बीच भेद था। सन् चौंतीस वाला लोहिया युवक होता हुआ भी विनयी और सुशील था, किन्तु संसद में आने वाले प्रौढ़ लोहिया के भीतर मुझे क्रान्ति के स्फुलिंग दिखाई देते थे। राजनैतिक जीवन के अनुभवों ने उन्हें कठोर बना दिया था और बुढ़ापे के समीप पहुँचकर वे उग्रवादी बन गये थे। उनका विचार बन गया था कि जवाहरलाल जी से बढ़कर इस देश का अहित और किसी ने नहीं किया है तथा जब तक देश में कांग्रेस का राज है, तब तक देश की हालत बिगड़ती ही जायेगी। अतएव उन्होंने अपनी राह बड़ी निर्दयता से तैयार कर ली थी और वह सीधी राह यह थी कि जवाहरलाल जी का जितना ही विरोध किया जाए, वह कम है और कांग्रेस को उखाड़ने के लिए जो भी रास्ते दिखाई पड़ें, उन्हे जरूर आजमाना चाहिए।

स्वराज्य होने पर भी लोहिया जी को कई बार जेल जाना पड़ा। एक बार वे उस जेल में कैद किये गये थे, जिसमें कभी जवाहरलाल जी को काफी दिनों तक कैद रहना पड़ा था। उस जेल में, स्वराज्य के बाद, जवाहरलाल जी की एक मूर्ति स्थापित की गयी थी। जेल से छूटने पर लोहिया जी के मित्रों ने उनसे पूछा, "कहिए, इस बार का कारावास कैसा रहा?" लोहिया जी ने कहा, "कुछ मत पूछो! मैं जिस कोठरी में कैद था, उसी के सामने जवाहरलाल जी की मूर्ति खड़ी

थी और हर वक्त मेरी नजर उसी मूर्ति पर पड़ जाती थी। जल्दी रिहाई हो गयी, नहीं तो उस मूर्ति को देखते-देखते मैं पागल हो जाता।"

वाणी, व्यवहार और कार्यक्रमों में इतनी कठोरता बरतने के बावजूद लोहिया साहब मानते थे कि वे गांधी जी की ही राह पर चल रहे हैं, बल्कि वे मानते थे कि वे गांधी जी के सबसे बड़े अनुयायी हैं। राजनीति की अन्य बातों में उनका यह विश्वास कहाँ तक सही माना जा सकता था, यह विषय चिंत्य है, मगर यह ठीक है कि देश में छाई हुई गरीबी को देखकर उनके हृदय में क्रोध भभकता रहता था और अंग्रेजी को वे एक क्षण भी बर्दाश्त करने को तैयार नहीं थे। जब से लोहिया साहब संसद के सदस्य हुए, संसद में हिन्दी के सबसे बड़े प्रवक्ता भी वे ही हो गये थे। उन्होंने संसद में अपने सारे भाषण हिन्दी में दिये और राजनीति की पेचीदा से पेचीदा बातों का उल्लेख उन्होंने हिन्दी में ही किया। उनकी विशेषता यह थी कि भारी से भारी विषयों पर भी वे बहुत सरल हिन्दी में बोलते थे। जहाँ तक मुझे याद है, वे सेना और फौज के बदले पलटन कहना ज्यादा पसन्द करते थे। दिल्ली में हिन्दी के विरोधी तरह-तरह के लोग हैं, मगर लोहिया साहब के भाषणों से उन सभी विरोधियों का यह भ्रम दूर हो गया था कि हिन्दी केवल कठिन ही हो सकती है और अंग्रेजी का सहारा लिये बिना हिन्दी में पेचीदा बातों का बखान नहीं किया जा सकता। मेरा ख्याल है, हम सभी हिन्दी प्रेमियों ने संसद में हिन्दी की जितनी सेवा बारह वर्षों में की थी, उतनी सेवा लोहिया साहब ने अपनी सदस्यता के कुछ ही वर्षों में कर दी। टंडन जी के बाद संसद में वे हिन्दी के सबसे बड़े योद्धा थे।

संसद में आते ही विरोधी नेता के रूप में लोहिया साहब ने जो अप्रतिम निर्भीकता दिखायी थी, उसकी बड़ाई खानगी तौर पर कांग्रेसी सदस्य भी करते थे और उस निर्भीकता के कारण लोहिया साहब पर मेरी भी बड़ी गहरी भक्ति थी। सन् 1962 ई. के अक्टूबर में, चीनी आक्रमण से पूर्व, मैंने एनार्की' नामक जो व्यंग्य काव्य लिखा था, उसमें ये पंक्तियाँ आती हैं- तब कहो लोहिया महान है, एक ही तो वीर यहाँ सीना रहा तान है।' ये दो पंक्तियाँ लोहिया साहब को बहुत पसन्द थीं, गरचे कभी-कभी वे पूछते थे कि ये पंक्तियाँ कहीं तुमने व्यंग्य में तो नहीं लिखी हैं। मैं कहता, "वैसे तो पूरी कविता ही व्यंग्य की कविता है, मगर व्यंग्य होने पर भी आपके सीना तानने' की तो बड़ाई ही होती है।" एक दिन मजाक मजाक में उन्होंने यह भी कहा था कि "महाकवि, ये छिटपुट पंक्तियाँ काफी नहीं हैं। तुम्हें मुझ पर कोई वैसी कविता लिखनी चाहिए, जैसी

तुमने मेरे दोस्त (जयप्रकाश जी) पर लिखी थी।" मैंने भी हँसी हँसी में ही जवाब दिया था, "जिस दिन आप मुझे उस तरह प्रेरित कर देंगे जिस तरह मैं जयप्रकाश जी से प्रेरित हुआ था, उस दिन कविता आपसे आप निकल पड़ेगी।"

लोहिया साहब जितने अच्छे वक्ता थे, उससे अधिक बड़े चिंतक थे, मगर उनकी चिंतन पद्धति का साथ देना अक्सर कठिन होता था, क्योंकि उनके तर्क निर्मोही और कराल होते थे। कभी-कभी ऐसा भी लगता था कि जिस शत्रु पर वे बाण चला रहे हैं, वह वास्तविक कम, काल्पनिक अधिक है। लोहिया साहब जब आखिरी बार अमरीका गये थे, उन्हें लेखकों ने कुछ किताबें भेंट की थीं। जब वे देश लौटे और मैं उनसे मिलने गया, उन्होंने उनमें से दो किताबें मुझे उपहार के तौर पर दीं। उनमें से एक किताब कविता की है और उसकी कवयित्री हैं रूथ स्टीफेन। रूथ स्टीफेन ने यह पुस्तक लोहिया साहब को इस अभिलेख के साथ भेंट की थी-फॉर राम, हूं रिप्स शेडोज इनटु रैंग्स'। अनुमान होता है कि कवयित्री के साथ लोहिया साहब की जो बातें हुई, उनसे कवयित्री पर यह प्रभाव पड़ा कि यह आदमी बाल की खाल उधेड़ता है और काल्पनिक छायाओं के चिथड़े उड़ा देता है। अमरीका में लोहिया साहब ने एक ऐसा भी बयान दिया था, जिसका मकसद अमरीकी सभ्यता के खोखलेपन पर प्रहार था।

जब से नवीन जी गुजर गये, संसद का केन्द्रीय हॉल मेरे लिए सूना हो गया। मगर जब डॉक्टर राममनोहर लोहिया सदस्य बन संसद में आये, मैं सेन्ट्रल हाल की ओर फिर से जाने लगा, क्योंकि लोहिया साहब के साथ बातें करने में मुझे ताजगी महसूस होती थी और मजा आता था। वे अक्सर मुझसे पूछते थे, "यह कैसी बात है कि कविता में तो तुम क्रांतिकारी हो, मगर संसद में कांग्रेस सदस्य?" इसका जो जवाब मैं दिया करता था उसका निचोड़ मेरी दिनचर्या' नामक कविता में दर्ज है-

तब भी मां की कृपा, मित्र अब भी अनेक छाये हैं,
बड़ी बात तो यह कि लोहिया' संसद में आये हैं।
मुझे पूछते हैं, दिनकर! कविता में जो लिखते हो,
वह है सत्य या कि वह जो तुम संसद में दिखते हो?"
मैं कहता हूँ, मित्र, सत्य का मैं भी अन्वेषी हूँ,
सोशलिस्ट ही हूँ, लेकिन कुछ अधिक जरा देशी हूँ।
बिल्कुल गलत कम्यून, सही स्वाधीन व्यक्ति का घर है,
उपयोगी विज्ञान, मगर मालिक सब का ईश्वर है।"

इस कविता में एक जगह गरीबी की थोड़ी प्रशंसा सी है–

बेलगाम यदि रहा भोग, निश्चय संहार मचेगा,
मात्र गरीबी छाप सभ्यता से संसार बचेगा।

यह बात लोहिया जी को बिल्कुल पसन्द नहीं थी। वे निश्छल आदर्शवादी थे और गरीबी के साथ किसी भी प्रकार का समझौता करने को तैयार नहीं थे। ईश्वर का खंडन तो उन्होंने मेरे समक्ष कभी नहीं किया, मगर भाग्यवाद या नियतिवाद के वे प्रबल विरोधी थे। बातचीत के प्रसंग में एक दिन मैंने उनसे कहा था कि काम और युवा की जिस समस्या से नयी सभ्यता उलझ रही है, उसका ज्ञान प्राचीनों को भी था। जिस मनुष्य के अस्तित्व से समाज का गौरव बढ़ता है, लोगों को ऊँचा उठने की प्रेरणा मिलती है, उसके साधनों के प्रति प्राचीन सभ्यता भी उदार थी। और नहीं तो पंच कन्याएँ पूजनीय कैसे मान ली गयीं?" और अगर क्षुधा की बात लीजिए तो गांधारी ने भगवान् श्री कृष्ण से कहा था– वासुदेव, जरा कष्टं, कष्टं निर्धन जीवनम् पुत्रशोकं महाकष्टं कष्टातिकष्टं क्षुधा।

लोहिया साहब ने उसी समय इस श्लोक को कंठस्थ कर लिया और कई दिन बाद भेंट होने पर उन्होंने यह श्लोक मुझे सुनाया, शायद यह बताने को कि श्लोक उन्हें भली भाँति याद है। उनके स्वर्ग गमन से कोई एक मास पूर्व मैंने एक दिन उनसे निवेदन किया था–"आप क्रोध को कम कीजिए, वही अच्छा है। देश आपसे बहुत प्रसन्न है। अब आपको छोटी–छोटी बातों को लेकर कटुता नहीं पैदा करनी चाहिए। यह देश बड़ा ही कठिन देश है। कहीं ऐसा न हो कि भार जब आपके कन्धों पर आये, तब आपका अतीत आपकी राह का काँटा बन जाए।" उन्होंने उदासी में भर कर कहा, "तुम क्या समझते हो, उतने दिनों तक मैं जीने वाला हूँ? मेरी आयु बहुत कम है, इसलिए जो बोलता हूँ, उसे बोल लेने दो।" कितने आश्चर्य की बात है कि वे अपने अंत को समीप देख रहे थे।

9

डॉ. लोहिया की विचारधारा

कहते हैं वक्त बड़ा बेरहम होता है और उसके साथ जुड़ा इतिहास निरंतर कुचक्र रचता है। महात्मा गांधी जैसे महापुरुष भाग्यशाली होते हैं जिनके नाम के साथ उनकी विचारधारा को वक्त स्वीकार करता है और इतिहास भी याद रखता हैं लेकिन उनके बारे मे क्या जिनके नाम को याद रखने को इतिहास मजबूर तो होता है, लेकिन विचारधारा को वक्त लगभग धो डालता है। बीसवीं सदी के इतिहास में डॉ. राममनोहर लोहिया ऐसे ही महापुरुष हुए हैं और उस बीसवीं सदी के बारे में डॉ. साहब ने कहा था " यह दुनिया का सबसे बेरहम युग है और न्याय के लिए उठ खड़ा होने वाला युग भी" लेकिन डॉ. लोहिया जी के साथ बीसवीं सदी ने न्याय नहीं किया। यह उनकी शख्सियत थी जिसके कारण वे आज भी इतिहास के पन्ने पर नजर आते हैं। लेकिन उनकी नीतियों को इस देश ने याद नहीं रखा।

महात्मा गांधी के बाद डॉ. लोहिया ही एक ऐसे व्यक्ति थे जो स्वयं सर्वार यानी सबकुछ त्याग करने वाले थे। वैचारिक दृष्टिकोण से बापू और डॉ. लोहिया एकाकार थे। डॉ. लोहिया बापू के बेहद करीब थे कई मामलों में नेहरू जी से ज्यादा। 1946 में जब गोवा में पुर्तगाल की लिस्बन सरकार ने डॉ. लोहिया को गिरफ्तार किया तो बापू तिलमिला उठे और साफ शब्दों में कह दिया कि "जब तक लोहिया पणजी मे गिरफ्तार है, मैं चुप नहीं बैठ सकता।"

डॉ. लोहिया मानते थे कि जनसाधारण की उदासीनता के कारण ही हिन्दुस्तान विदेशी हमले का शिकार रहा। उन्होंने पिछड़े वर्ग मुसलमानों, महिलायें, आदिवासी, हरिजन जो नब्बे प्रतिशत थे, को संगठित कर जातिवाद पर जबरदस्त हमला किया। वे मानते थे कि जाति प्रथा के ऊपर सांस्कृतिक, राजनीतिक व आर्थिक हमला होना चाहिए जिससे एक दृढ़ समाज बने।

दृढ़ और मजबूत समा बनाने के लिए जनता की उदासीनता देश के प्रति खत्म होनी चाहिए। अंग्रेजी भाषा के वर्चस्व का खात्मा होना चाहिए।

1949 में लंदन में एक पत्रकार वार्ता में डॉ. लोहिया ने कहा था कि तिब्बत चीन का हिस्सा नहीं अपितु भारत और चीन के बीच का बफर स्टेट है। उस समय एक आवाज उठी थी जो डॉ. लोहिया की थी उस समय की तत्कालीन कांग्रेस की सरकार ने डॉ. साहब की बात अनसुनी कर दिया जिसका परिणाम हुआ कि तिब्बत पर चीन का कब्जा हो गया।

आज जो पंचायती राज्य की संस्थापना हुयी है जिसका श्रेय कांग्रेसी लेते हैं वास्तव में ये सोच डॉ. लोहिया की थी। लोहिया जी की विचारधारा थी कि साधारण जनों का प्रशासन में आम हिस्सा लेने का एक मात्र उपाय देश की सार्वभौम सत्ता का विभाजन है। वे मानते थे कि सत्ता का विभाजन केवल केन्द्र और राज्य में न होकर जिले तथा गांव स्तर पर भी होना चाहिए। उनका मानना था राष्ट्र (देश) को चार खम्भों पर आधारित होना चाहिए। डॉ. लोहिया की इसी आवधारणा को विकेन्द्रीय प्रजातंत्र और चौखम्भा राज कहा जाता है।

डॉ. लोहिया जब केवल दस वर्ष के थे तब उन्होंने अपने पिताजी के साथ गांधी के सत्याग्रह आन्दोलन में भाग लिया था और वह आयोजन लोकमान्य बालगंगाधर तिलक के निधन पर हड़ताल का था। सत्य के प्रति गांधी जी के आग्रह ने उन्हें काफी प्रभावित किया और वे जीवन पर्यंत इसके हिमायती बने रहे। मित्रों ये कमाल की बात है लोहिया जी जिस समाजवाद के पैरोकार थे वही भावना अमर शहीद सरकार भगत सिंह की भी थी। क्रान्ति की भावना लोहिया जी में कूट-कूट कर थी, लेकिन वे मानते थे क्रान्ति रक्तहीन होनी चाहिए।

डॉ. लोहिया कटर राष्ट्रवादी थे लेकिन विश्व सरकार का सपना देखते थे। वे दुनिया के तमाम मनुष्यों को एक हो जाने की बात किया करते थे। मानवता की दृष्टि से वे पूर्व-पश्चिम, काले गोरे, अमीर-गरीब, छोटे-बडे राष्ट्र तथा नर-नारी के बीच दूरी मिटाना चाहते थे। वे कहते थे आणुविक हथियारों के साथ तलवार व पिस्तौल जैसे भी हथियार प्रतिबंधित हो, यही उनकी सप्तक्रान्ति का स्वरूप था। लोहिया जी स्पष्ट कहा करते थे कि प्रजातन्त्र और समाजवाद एक सिक्के के दो पहलू है। यदि हम यह कहे कि डॉ. लोहिया कई सिद्वान्तों और क्रान्तियों के जनक थें तो कोई अतिश्योक्ति नहीं होगी। वे सभी अन्याय के खिलाफ एक साथ क्रान्ति की बात करते थे। चाहे वह लैंगिक विभेद हो, रंगभेद हो, आर्थिक असमानता हो, निजी जीवन में अन्यायी हस्तक्षेप हो या जाति-प्रथा।

डॉ. लोहिया के व्यक्तित्व को समझने के लिए भारत माता से उनके आग्रह पूर्ण वाक्य पर नजर डालिए उन्होंने कहा "हे भारत माता, हमें शिव का मस्तिक दो, कृष्ण का हृदय दो और राम का कर्म व वचन दो, हमें जीव की मर्यादा से रचो।" यह वाक्य बताता है कि वे किस दर्जे के महापुरुष थे। उनकी स्पष्ट सोच थी कि भारतीय प्राचीन दर्शन के सत्यम, शिवम, सुन्दरम और आधुनिक विश्व के समाजवाद स्वतंत्रता और अहिंसा को दुनिया के समक्ष इस तरह रखना होगा कि दोनों ही दर्शन एक दूसरे का स्थान ले सके।

लोहिया दर्शन ऐसा है जिस पर कई ग्रंथ लिखे जा चुके हैं, लेकिन यह भी वास्तविकता है कि आज की युवा पीढ़ी अभी भी लोहिया से दूर है। वे विद्रोही युवा पीढ़ी तैयार करना चाहते थे। लेकिन आज जो पीढ़ी तैयार हुयी है। उसके भीतर सामाजिक अन्याय को लेकर कहीं विद्रोह नजर नहीं आता क्योंकि उसे लोहिया का पाठ पढ़ने नहीं दिया गया। आज जिस आधुनिकता के अंधे दौर में हम शामिल है वह समस्या ही ज्यादा पैदा कर रहा है, सकून नहीं दे रहा। लोहिया ने जिस समाजदर्शन की बात की थी वह मानवता को सुकून देने वाला था। उन्होंने भौतिक समाजवाद की बात कही, उन्होंने राजनीतिक समाजवाद की बात कही, उन्होंने आर्थिक समाजवाद की बात कही लेकिन हमने सब कुछ भुला दिया अपने आपको पूंजीवाद, साम्यवाद और व्यक्तिवाद के बीच फंसा लिया हैं। इन तीनों से जब हम मुक्त होंगे तभी डॉ. लोहिया के संकल्प पूरे होंगे।

डॉ. लोहिया की धार्मिक दृष्टि

डॉ. राममनोहर लोहिया भारतीय संस्कृति के प्रबल पक्षधर थे। उनके साहित्य का अध्ययन करते हुए ऐसा प्रतीत होता है कि वे तथा उनकी धार्मिक दृष्टि थी। यद्यपि वे स्वयं को नास्तिक कहा करते थे। पर उनकी नास्तिकता यदि देश, समाज, राष्ट्र व मानवजाति के विकास में सहयोगी दिखाई पड़ता है।

डॉ. साहब धर्म के संबंध में कहते हैं कि यह हरेक व्यक्ति का एक कोना होता है। फारस व अन्यों देशों में यह गुलाबी रूप में दिखाई देता है। अपने यहां सत्य को देखने की अलग-अलग दृष्टियां है। कोई अद्वैत, कोई शुद्धाद्वैत तो कोई विशिष्टाद्वैत। यह धर्म का अलग-अलग कोना है। तुलनात्मक धर्म-दर्शनों का अध्ययन करने पर ऐसा दिखाई पड़ता है कि धर्म के दो पक्ष है एक, कर्मकांड तथा दूसरा पक्ष ज्ञानकांड का। प्राय: प्रत्येक धर्मों में कर्मकांडीय पक्षों का बाहुल्य है। चंदन, टीका, रोली, अक्षत, षोडस संस्कार

इत्यादि ये सभी कर्मकांडीय पक्ष हैं। दूसरा पक्ष, ज्ञानकांड डॉ. लोहिया ज्ञानकांड के इस पक्ष पर जोर देते हैं। उनका कहना है कि सबमें एकात्मभाव दृष्टि का विकास तथा दरिद्रनारायण को देखना ही ज्ञान कांड या स्थितिप्रज्ञ दर्शन है। मैं इस भाव से भारत को मजबूत रूप में देखना चाहता हूँ। मेरे राज्य में स्त्री, दलित, पिछड़ी जाति, मुसलमान, हरिजन एक समान होंगे वे गांधी-दर्शन की तरह अपने अंदर स्वाभिमान का प्रदर्शन करेंगे।

डॉ. साहब बार-बार कहते हैं कि मै तो धार्मिक नहीं हूं पर धर्मस्थलों की सफाई जरूरी है। यहां हिंदू-धर्मस्थलों के सफाई पर ही उनका बल नहीं है बल्कि अन्य धर्मस्थलों यथा-अजमेर शरीफ के सफाई पर ध्यान केंद्रित करने की जरूरत है। ये यह कहते हैं कि इस पर तथाकथित धार्मिक कहे जाने वाले जनों ने आवाज नहीं उठायी।

कैलाश मानसरोवर के संबंध में डॉ. साहब का कहना है कि मेरी धार्मिक दृष्टि में कैलाश मानसरोवर का विशिष्ट स्थान है। यह भारत, भारतीय आस्था के साथ जुड़ा हुआ मुद्दा है। मानसरोवर तथा मानेसर गांव का संबंध भारत से जुड़ा है। जब चीन ने इस पर कब्जा किया तो सर्वप्रथम मैंने ही आवाज उठायी। लेकिन किसी भी धार्मिक व्यक्ति ने आवाज नहीं उठायी।

डॉ. साहब गंगा, सिंधु, सरस्वती व कावेरी जैसी नदियों के सफाई पर जोर देते हैं। यह इसलिए कि हमारे सांस्कृतिक विचारधारा के मुख्य स्त्रोत नदी घाटी सभ्यता है। इन्हीं नदियों के आसपास सभ्यताओं का विकास हुआ है। वहां मल, मूत्र, पखाना बहाना उन तीर्थ स्थलों की पवित्रता पर प्रश्न चिह्न खड़ा करते हैं। नदियों की सफाई तथा गंगा एक्शन प्लान में घोटाले पर आज से 10 वर्षों पूर्व बी. सी. सी. ने धारावाहिक प्रसारित किया था। आज यदि डॉ. साहब होते तो इस पर भी आंदोलन खड़ा करते। क्योंकि यह भारत, भारतीयता से जुड़ा हुआ मुद्दा है।

डॉ. साहब स्वयं को नास्तिक मानते हैं। भारत में जैन तथा बौद्ध धर्म भी पूर्णतः व अंशतः नास्तिक दर्शन है। जब बुद्ध से उनके शिष्य आनंद ने आत्मा व परमात्मा के संबंध में पूछा तो वे चुप हो गए। रामचंद्र राव गोरा भी नास्तिक थे। पर सनातन-मूल्यों के प्रति दृढ़ आस्था के कारण वे नास्तिक होकर भी आस्तिक बन गए। डॉ. लोहिया यदि नास्तिक है तो उनकी नास्तिकता को मैं भी स्वीकार करूगा। पाखंडी आस्तिक के तुलना में 'नास्तिकों बेद निंदकः' होना ठीक होगा।

'भारत में जातिवाद' और 'जातिवाद का जहर' नामक पुस्तक में जातीय संकीर्णता को देखा जा सकता है। भारत में जातीयता एक असामान्य बात है। डॉ. साहब ने जाति तोड़ने का प्रयास किया। आज के लोहियावादी/समाजवादी 'जाति तोड़ो नहीं जाति जोड़ो' का काम कर रहे हैं। उनके समाजवाद में परिवारवाद तथा जातिय वर्चस्व है। आज यदि लोहिया होते तो एक बार फिर आंदोलन करते या अपने लोहिया के लोगों को देखकर आत्महत्या कर लेते। हर जगह तथा कथित समाजवादी वाले 'लोहिया के लोग' लिखकर लोहिया के विचारों की बार-बार हत्या कर रहे हैं। यह लोहिया ही नहीं संपूर्ण भारतीयों के लिए छलावा है।

लोहिया जनमशताब्दी वर्ष में कुजात गांधीवादी तथा कुजात लोहियावादी कहां पर है। यह प्रश्न सामाजवादी विचारधारा, लोहियावादी विचारधारा तथा संपूर्ण बुद्धिजीवियों के सामने है। कृपया बताए? आज यदि लोहिया होते तो विशेष अवसर के सिद्धांत पर पुनर्विचार करते। वे कहते (1) दलित (2)हरिजन (3) नारी (4)पिछड़ा (5) अल्पसंख्यकों को आरक्षण देना भारत के एकात्म, समरस स्वरूप पर आघात है।

डॉ. लोहिया का गंगा नदी के प्रति विचार

डॉ. राममनोहर लोहिया सिर्फ एक व्यक्ति का नाम नहीं एक सम्पूर्ण आन्दोलन है। समाज-देश के हर पहलू पर सजग नजर व सटीक प्रखर सार्थक विचार रखने वाले युगदृष्टा डॉ. लोहिया भारत की राजनीति में कमजोर तबके के अमिट हस्ताक्षर है। डॉ. लोहिया का साफ कहना था कि मैं आस्तिक नहीं हूँ लेकिन नदिया हमारे जीवन से जुड़ी है, इसलिए इनके बदहाली पर चिंतित हूँ। 24 फरवरी ,1958 को बनारस में दिये गये अपने भाषण में डॉ. लोहिया ने नदियों के महत्व व हमारे कर्तव्य को विस्तारपूर्वक समझाया था। यह बात डॉ. लोहिया जगह-जगह बताते थे। डॉ. लोहिया ने अपने सारगर्भित भाषण में कहा था-विशेष संस्कृति व जलवायु के कारण भारत में राम की अयोध्या सरयू के किनारे, कुरु-पंचाल मौर्य और गुप्त गंगा नदी के किनारे, मुगल व सौर्शेनी नगर और राजधानियां यमुना के किनारे रही। इन नदियों में स्वाभाविक रूप से साल भर पानी रहता था। डॉ. लोहिया ने बताया कि एक बार वे महेश्वर गये, महेश्वर वह स्थान है जहाँ अहिल्या अपनी शक्ति से गद्दी से बैठी थी। उस जगह पर तैनात एक संतरी ने डॉ. लोहिया से पूछा था कि तुम किस नदी के हो? डॉ. राममनोहर लोहिया के शब्दों में-यह दिल में घर कर जाने वाली बात है। उसने शहर नहीं

पूछा, भाषा भी नहीं पूछी, नदी पूछी। जितने साम्राज्य बढे, किसी न किसी नदी के किनारे बढे। चोल कावेरी के किनारे, पांड्या वैगई के और पल्लव पालार के। उस समय आज से लगभग 52 वर्ष पहले डॉ. लोहिया ने प्रश्न उठाया था कि क्या हिंदुस्तान की नदियों को साफ रखने का और साफ करने का आन्दोलन

उठाया जाय? हिंदुस्तान की करोडो जनता का मन और क्रीड़ायें इन नदियो से बंधे हैं। नदिया हैं कैसी? शहरों का गन्दा पानी इनमें गिराया जाता है। बनारस के पहले के जो शहर है, इलाहाबाद, मिर्जापुर, कानपूर इनका मैला कितना मिलाया जाता है इन नदियों में? कारखानों का गन्दा पानी नदी में गिराया जाता है– कानपुर में चमड़े आदि का गन्दा पानी। यह दोनों गन्दगी मिल कर क्या हालत बनाती हैं? यह थे उसी समय नदियों के हालत और युग दृष्टा डॉ. लोहिया ने उस समय कटाक्ष भी किया था धर्म के गुरुओं पर कि,ख्र आज मैं आपसे एक बात ऐसी करूँगा जिसे धर्म के गुरुं को करनी चाहिए, लेकिन वे नहीं कर रहे और वह बात है नदियों को साफ करो।

आह समाजवादी विचारक युग दृष्टा डॉ. लोहिया आज आप नहीं हो हमारे बीच श–शरीर और नदी क्या कहूँ जीवन दायिनी गंगा की सफाई की आपकी पुरानी मांग पर सत्याग्रह कर रहा भारत भूमि का एक संन्यासी स्वामी निगमानंद गंगा के आस–पास खनन रोकने की हसरत हृदय में समेटे चिर निद्रा में सो गया। सरकारों का घोर जनविरोधी स्वार्थी व पूंजीवादी मानसिकता सत्याग्रहियों के प्रति हिंसक कार्य करने तक ही नहीं रुका। सत्याग्रही स्वामी निगमानन्द का गंगा को बचाने हेतु हुई मौत सरकारों की निर्दयता का परिचायक है। ब्रह्म–लीन स्वामी निगमानंद का संकल्प अब आम जन का संकल्प कैसे बने? क्या चाहते थे स्वामी निगमानंद? सिर्फ यही ना कि जीवन दायनी पतित पावनी माँ गंगा में प्रदूषित जल व सामग्री-कचरा ना प्रवाहित हो। क्या दिक्कत थी शासन–प्रशासन को यह वाजिब मांग पूरी करने में? खैर शासन प्रशासन में काबिज भ्रष्ट तंत्र के वाहक तो भारत की आत्मा, भारत की ग्राम्य व्यवस्था तथा भारत के जल–जंगल–जमीन पर पूंजीवादियों–साम्राज्यवादियों के दबाव–प्रलोभन में अनवरत कुठारा घात कर ही रहा है, अब मनन तो यह करना होगा की आम जन क्या करें और कैसे करें? डॉ. राममनोहर लोहिया ने कहा था कि हिंदुस्तान की नदियों की योजना बननी चाहिए, इसके लिए आन्दोलन होना चाहिए, ऐसे आन्दोलन का मैं साथ दूंगा। आज गंगा की निर्मल धारा के लिए स्वामी निगमानंद के बलिदान के उपरांत गंगा सहित सभी नदियों में कचरा बहाने वाले, गंगा में गंदगी करने वाले सभी कारखानों की बंदी का आन्दोलन धार्मिक गुरुओं, साधू–संतों के साथ–साथ प्रत्येक उस नागरिक को करना चाहिए जो गंगा को सिर्फ नदी ही नहीं माँ स्वरूपा मानते हैं। समाजवादी विचारक डॉ. लोहिया के ही शब्दों में "मैं चाहता हूँ कि इस काम में ,ना केवल सोशलिस्ट पार्टी के, बल्कि और लोग भी आयें, सभा

करे, जुलूस निकालें, सम्मेलन करें और सरकार से कहें कि नदियो के पानी को भ्रष्ट करना बंद करो। क्या डॉ. लोहिया के कथन के 52 वर्ष बाद बदतर हो चुके हालत और स्वामी निगमानंद के अमर बलिदान के बाद भी सरकार नहीं चेतेगी?"

राम, कृष्ण और शिव

राम, कृष्ण और शिव हिन्दुस्तान की उन तीन चीजों में हैं। मैं उनको आदमी कहूँ या देवता, इसके तो खास मतलब नहीं होंगे जिनका असर हिन्दुस्तान के दिमाग पर ऐतिहासिक लोगों से भी ज्यादा है। गौतम बुद्ध या अशोक ऐतिहासिक लोग थे। लेकिन उनके काम के किस्से इतने ज्यादा और इतने विस्तार में आपको नहीं मालूम हैं, जितने कि राम और कृष्ण और शिव के खिस्से। कोई आदमी वास्तव में हुआ या नहीं, यह इतना बड़ा सवाल नहीं है, जितना यह कि उस आदमी के काम किस हद तक, कितने लोगों को मालूम हैं और उनका असर है दिमाग पर। राम और कृष्ण तो इतिहास के लोग माने जाते हैं, हो या न हो, यह दूसरे दर्जे का सवाल है। मान लें थोड़ी देर के लिये कि वे उपन्यास के लोग हैं। शिव तो केवल एक किंवदंती के रूप में प्रचलित हैं। यह सही है कि कुछ लोगों ने कोशिश की है कि शिव को भी कोई समय और शरीर और जगह दी जाय। कुछ लोगों ने कोशिश की है यह साबित करने की कि वे उत्तराखंड के एक इंजीनियर थे जो गंगा को ले आये थे हिन्दुस्तान के मैदानों में।

यह छोटे-छोटे सवाल हैं कि राम और कृष्ण और शिव सचमुच इस दुनिया में कभी हुए या नहीं। असली सवाल तो यह है कि इनकी जिन्दगी के किस्सों के छोटे-छोटे पहलू को भी 5, 10, 20, 50 हजार आदमी नहीं बल्कि हिन्दुस्तान के करोड़ों लोग जानते हैं। वह हिन्दुस्तान के इतिहास के किसी और आदमी के बारे में नहीं कहा जा सकता। मैं तो समझता हूँ, गौतम बुद्ध का नाम भी हिन्दुस्तान में शायद ज्यादा लोगों को मालूम नहीं होगा। उनके किस्से जानने वाले मुश्किल से हजार में 1-2 मिल जाएँ तो मिल जाएं। लेकिन राम, कृष्ण और शिव के किस्से तो सबको मालूम हैं। दिमाग पर असर सिर्फ इसलिए नहीं है कि उनके साथ धर्म जुड़ा हुआ है। असर इसलिये है कि वे लोग लोगों के दिमाग में एक मिसाल की तरह आ जाते हैं, और जिन्दगी के हरेक पहलू और हरेक काम काज के सिलसिले में वे मिसालें आँखों के सामने या दिमाग की आँखों के सामने खड़ी हो जाती हैं। तब, चाहे जानबूझकर और चाहे अनजान में, आदमी उन

मिसालों के मुताबिक खुद भी अपने कदम उठाने लग जाता है। अगर मिसाल सोच-समझ कर दिमाग के सामने आये तो उसका इतना असर नहीं पड़ता जितना बिना सोचे दिमाग में आ जाये। बिना सोचे कोई मिसाल दिमाग में आ जाये, सिर्फ यही नहीं कि वह मिसाल हो, बल्कि छोटे-छोटे किस्से भी याद हैं जैसे कि राम ने परशुराम को क्या कहा और किस वक्त कितना कहा- यह एक-एक किस्सा मालूम है या जब शूर्पणखा आयी थी तो राम और लक्ष्मण और शूर्पनखा में क्या-क्या बातचीत हुई, या जब भरत आये राम को वापस ले जाने के लिए तब उनकी आपस में क्या-क्या बातें हुई- इन सबकी एक-एक तकसील, इसने यह कहा, और उसने वह कहा, मालूम है। इसी तरह से कृष्ण और अर्जुन की बातचीत और इसी तरह से शिव के किस्से हिन्दुस्तानी के दिमाग की सतह पर खुदे हुए रहते हैं। एक तो हुआ किस्सों का मालूम होना, दूसरे, किस्सों का दिमाग की सतह पर खुद जाना, तो फिर, वह हमेशा मिसाल की तरह दिमाग की आँखों के सामने रहते हैं और किसी भी काम पर उनका असर पड़ा करता है।

यों, हरेक देश का अपना इतिहास होता है। इतिहास की घटनाएँ हैं, राजनीतिक, साहित्यिक और दूसरी। इतिहास की घटनाओं की एक लम्बी जंजीर होती है और उनको लेकर कोई सभ्यता और संस्कृति बना करती है। उनका दिमाग पर असर रहता है। लेकिन इससे अलग, एक और जंजीर और वह किस्से-कहानियों वाली, 'हितोपदेश' और 'पंचतंत्र' वाली। मैं समझता हूँ, आपमें से भी करीब-करीब सभी को मालूम होगा कि किस तरह गंगदत्त नाम के मेढक ने प्रियदर्शन नाम के साँप को एक राजदूत के जरिये कहलाया था कि किस्से बड़े सुहावने और नाम बड़े सुहावने हुआ करते हैं, मेढक का नाम गंगदत्त और साँप का नाम प्रियदर्शन। वे दूत भेजते हैं और दूत से बातचीत हुआ करती है देखो, गंगदत्त इतना बेवकूफ नहीं है कि अब फिर से कुएँ में आए, क्योंकि भूखे लोगों का कोई धर्म नहीं हुआ करता है। 'हितोपदेश' और 'पंचतंत्र' के इन किस्सों से करोड़ों बच्चों के दिमाग पर कुछ चीजें खुद जाया करती है और उसी पर नीतिशास्त्र बना करता है।

मैं जिनका जिक्र आज कर रहा हूँ, वे ऐसे किस्से नहीं हैं। उनके साथ नीतिशास्त्र सीधे नहीं जुड़ा हुआ है। ज्यादा से ज्यादा आप यह कह सकते हो कि किसी भी देश की हँसी और सपने ऐसी महान किंवदंतियों में खुदे रहते हैं। हँसी और सपने, इन दो से और कोई चीज बड़ी दुनिया में हुआ नहीं करती है। जब कोई राष्ट्र हँसा करता है तो वह खुश होता है, उसका दिल चौड़ा होता है और

जब कोई राष्ट्र सपने देखता है तो वह अपने आदर्शों में रंग भर कर किस्से बना लिया करता है।

राम, कृष्ण और शिव ये कोई एक दिन के बनाये हुए नहीं हैं। इनको आपने बनाया। इन्होंने आपको नहीं बनाया। आमतौर से तो आप यही सुना करते हो कि राम, कृष्ण और शिव ने हिन्दुस्तान या हिन्दुस्तानियों को बनाया। किसी हद तक शायद यह बात सही भी हो, लेकिन ज्यादा सही यह बात है कि करोड़ों हिन्दुस्तानियों ने, युग–युगान्तर के अन्तर में, हजारों बरस में, राम, कृष्ण और शिव को बनाया। उनमें अपनी हँसी और सपने के रंग भरे और तब राम, कृष्ण और शिव जैसी चीजें सामने हैं।

राम और कृष्ण तो विष्णु के रूप हैं और शिव महेश के। मोटे तौर से लोग यह समझ लिया करते हैं कि राम और कृष्ण तो रक्षा या अच्छी चीजों की हिफाजत के प्रतीक हैं और शिव विनाश या बुरी चीजों के नाश के प्रतीक हैं। मुझे ऐसे अर्थ में नहीं पड़ना है। कुछ और हैं जिन्हें मजा आता है, हरेक किस्से में अर्थ ढूँढने में। मैं अर्थ नहीं ढूँढूँगा। मुमकिन है सारा भाषण बेमतलब हो, और जितना बेमतलब होगा उतना ही मैं उसे अच्छा समझूँगा, क्योंकि हँसी और सपने तो बेमतलब हुआ करते हैं। फिर भी, असर उनका कितना पड़ता है? छाती चौड़ी होती है। अगर कोई कौम मौके–मौके पर ऐसी किंवदंतियों को याद करके चौड़ी कर लेती हो तो फिर उससे बढ़ कर क्या हो सकता है? कोई यह न सोचे कि इस विषय से मैं कोई अर्थ निकालना चाहता हूँ–राजनीतिक अर्थ या दार्शनिक अर्थ या और कोई समाज के गठन का अर्थ। जहाँ तक बन पड़े, पिछले हजारों बरसों में जो हमारे देश के पुरखों और हमारी कौम ने इन तीनों किंवदंतियों में अपनी बात डाली है, उसको सामने लाने की कोशिश करूँगा।

राम की सबसे बड़ी महिमा उनके उस नाम से मालूम होती है, जिसमें उन्हें मर्यादा पुरुषोत्तम कह कर पुकारा जाता है। जो मन में आया सो नहीं कर सकते। राम की ताकत बँधी हुई है, उसका दायरा खिंचा हुआ है। राम की ताकत पर कुछ नीति की या शास्त्र की या धर्म की या व्यवहार की या अगर आप आज की दुनिया का एक शब्द ढूँढें तो, विधान की मर्यादा है। जिस तरह किसी भी कानून की जगह, जैसे विधान सभा या लोकसभा पर विधान रोक लगा दिया करता है, उसी तरह से राम के कामों पर रोक लगी हुई है। वह रोक क्यों लगी हुई है और किस तरह की है, इस सवाल में अभी आप मत पड़िए। लेकिन इतना कह देना काफी होगा कि पुराने दकियानूसी लोग भी, जो राम और कृष्ण को

विष्णु का अवतार मानते हैं, राम को सिर्फ 8 कलाओं का अवतार मानते हैं और कृष्ण को 16 कलाओं का अवतार। कृष्ण सम्पूर्ण और राम अपूर्ण। अपूर्ण शब्द सही नहीं होगा, लेकिन अपना मतलब बताने के लिए मैं इस शब्द का इस्तेमाल किये लेता हूँ। ऐसे मामलों में, कोई अपूर्ण और सम्पूर्ण नहीं हुआ करता, लेकिन जाहिर है, जब एक में 8 कलाएँ होंगी और दूसरे में 16 कलाएँ होंगी तो उसमें कुछ नतीजे तो निकल ही आया करेंगे।

'भागवत' में एक बड़ा दिलचस्प किस्सा है। सीता खोयी थी तब राम को दुरूख हुआ था। दुःख जरा ज्यादा हुआ। किसी हद तक मैं समझ भी सकता हूँ, कि लक्ष्मण भी वहाँ पर था और देख रहा था। इसलिए राम का पेड़ों से बात करना और रोना वगैरह कुछ ज्यादा समझ में नहीं आता। अकेले राम रो लेते, तो बात दूसरी थी, लेकिन लक्ष्मण के देखते हुए पेड़ से बात करना और रोना वगैरह कुछ ज्यादा बढ़ गयी बात। कौन जाने, शायद वाल्मीकि और तुलसीदास को यही पसन्द रहा हो। लेकिन याद रखना चाहिए कि वाल्मीकि और तुलसीदास में भी फर्क है। वाल्मीकि की सीता और तुलसी की सीता, दोनों में बिलकुल अलग-अलग दुनिया का फर्क है। अगर कोई इस पर भी किताब लिखना शुरु करे कि सीता हिन्दुस्तान में तीन-चार हजार बरस के दौरान में किस तरह बदली, तो वह बहुत ही दिलचस्प किताब होगी। अभी तक ऐसी किताबें लिखी नहीं जा रही हैं लेकिन लिखी जानी चाहिए। खैर, राम रोये, पेडों से बोले, दुखी हुए, और उस वक्त चन्द्रमा हँसा था। जाने क्यों चन्द्रमा को ऐसी चीजों में दिलचस्पी रहा करती है कि वह हँसा करता है, ऐसा लोग कहते हैं। वह खूब हँसा। कहा, देखो तो सही, पागल कैसे रो रहा है?

राम विष्णु के अवतार तो थे ही, चाहे 8 ही कला वाले। विष्णु को बात याद थी। न जाने कितने बरसों के बाद कुछ लोग कहते हैं, लाखों बरसों के बाद, हजारों बरसों के बाद, लेकिन मेरी समझ में, शायद, हजार दो हजार बरस के बाद जब कृष्ण के रूप में वे आये, तो फिर एक दिन, हजारों गोपियों के बीच कृष्ण ने भी अपनी लीला रचायी। वे 16,000 थीं या 12,000 थीं, इसका मुझे ठीक अन्दाज नहीं है। एक-एक गोपी के अलग-अलग से, कृष्ण सामने आये और बार-बार चन्द्रमा की तरफ देख कर ताना मारा, बोलो, अब हँसो। जो चन्द्रमा राम को देख कर हँसा था जब राम रोये थे, उसी चन्द्रमा को उँगली दिखा कर कृष्ण ने ताना मारा कि अब जरा हँसो, देखो तो सही। 16 कला और 8 कला का यह फर्क रहा।

राम ने मनुष्य की तरह प्रेम किया। मैं इस समय बहस में बिलकुल नहीं पड़ना चाहता कि सचमुच कृष्ण ने ऐसा प्रेम किया या नहीं किया। यह बिलकुल फिजूल बात है। मैं शुरू में ही कह चुका हूँ कि ऐसी कहानियों का असर ढूँढा जाता है, यह देख कर नहीं कि वे सच्ची हैं या झूठी, लेकिन यह देखकर कि उसमें कितना सच भरा हुआ है और दिमाग पर उसका कितना असर पड़ता है। यह सही है कि कृष्ण ने प्रेम किया और ऐसा प्रेम किया कि बिलकुल बेरोये रह गये, और तब चन्द्रमा को ताना मारा। राम रोये तो चन्द्रमा ने विष्णु को ताना मारा, कृष्ण 16,000 गोपियों के बीच में बाँसुरी बजाते रहे तो चन्द्रमा को विष्णु ने ताना मारा। ये किस्से मशहूर हैं। इसी से आप और नतीजे निकालिये।

कृष्ण झूठ बोलते हैं, चोरी करते हैं, धोखा देते हैं और जितने भी अन्याय के अधर्म के काम हो सकते हैं, वे सब करते हैं। जो कृष्ण के सच्चे भक्त होंगे, मेरी बात का बिलकुल भी बुरा न मानेंगे। मुमकिन है कि एकाध नकली भक्त गुस्सा कर जाएं। एक बार जेल में मेरा साथ पड़ा था मथुरा के एक बहुत बड़े चौबे जी के साथ और मथुरा तो फिर मथुरा ही है। जितना ही हम उसको चिढ़ाना चाहें, वे खुद अपने आप कह दें कि हाँ वह तो माखनचोर था। हम कहें कृष्ण धोखेबाज था तो वे जरूर कृष्ण का कोई न कोई किस्सा धोखे का सुना दें। जो कृष्ण के सच्चे उपासक हैं, उनको तो मजा मिलता है कृष्ण की झूठ, दगा और धोखेबाजी और लम्पटपन को याद करके। सो क्यों? 16 कला हैं। मर्यादा नहीं, सीमा नहीं, विधान नहीं है, यह ऐसी लोकसभा है जिसके ऊपर विधान की कोई रुकावट नहीं है, मन में आये सो करे।

धर्म की विजय के लिये अधर्म से अधर्म करने को तैयार रहने का प्रतीक कृष्ण है। मैं यही तो किस्से नहीं बतलाऊँगा, पर आप खुद याद कर सकते हो कि कब सूरज को छुपा दिया जब कि वह सचमुच नहीं छुपा था, कब एक जुमले के आधे हिस्से को जरा जोर से बोलकर और दूसरे हिस्से को धीमे बोल कर कृष्ण झूठ बोल गये। इस तरह की चालबाजियाँ तो कृष्ण हमेशा ही किया करते थे। कृष्ण 16 कलाओं के अवतार किसी चीज की मर्यादा नहीं। राम मर्यादित अवतार, ताकत के ऊपर सीमा जिसे वे लाँघ नहीं सकते थे। कृष्ण बिना मर्यादा का अवतार। लेकिन इसके यह मानी नहीं कि जो कोई झूठ बोले और धोखा करे वही कृष्ण हो सकता है। अपने किसी लाभ के लिए नहीं, अपने किसी राग के लिए नहीं। राग शब्द बहुत अच्छा शब्द है हिन्दुस्तान का। मन के अन्दर राग हुआ करते हैं, राग चाहे लोभ के हों, चाहे क्रोध के हों, चाहे ईर्ष्या

के हों, राग होते हैं। यह सब, वीतराग भय, क्रोध जिसकी चर्चा हमारे कई ग्रन्थों में मिलती हैं, भय, क्रोध, राग से परे। धोखा, झूठ, बदमाशी और लम्पटपन कृष्ण का, एक ऐसे आदमी का था, जिसे अपना कोई फायदा नहीं ढूँढना था, जिसे कोई लोभ नहीं था, जिसे ईर्ष्या नहीं थी, जिसे किसी के साथ जलन नहीं थी, जिसे अपना कोई बढ़ावा नहीं करना था। यह चीज मुमकिन है या नहीं, इस सवाल को आप छोड़ दीजिये। असल चीज है, दिमाग पर असर कि यह सम्भव है या नहीं। हम लोग इसे सम्भव मानते भी हैं, और मैं खुद समझता हूँ कि अगर पूरा नहीं तो अधूरा, किसी न किसी रूप में यह चीज सम्भव है।

कभी-कभी आज के जमाने में भी, राम और कृष्ण की तस्वीरें, हिन्दुस्तान के बड़े लोगों को समझते हुए, आपकी आँखों के सामने नाचा करती होंगी। न नाचती हों तो अब आगे से नाचेंगी। एक बार मेरे दोस्त ने कहा था, गाँधी जी के मरने पर, कि साबरमती या काठियावाड़ की नदियों का बालक यमुना के किनारे जलाया गया, और यमुना का बालक काठियावाड़ की नदियों के किनारे जलाया गया था। फासला दोनों में हजारों बरस का है। काठियावाड़ की नदियों का बालक और यमुना नदी का बालक, दोनों में, शायद, इतना सम्बन्ध न दीख पाता होगा, मुझे भी नहीं दिखता था कुछ अरसे पहले तक, क्योंकि गाँधीजी ने खुद राम को याद किया और हमेशा याद किया। जब कभी गाँधी जी ने किसी का नाम लिया, तो राम का लिया। कृष्ण का नाम भी ले सकते थे और शिव का नाम भी ले सकते थे वे। लेकिन नहीं। उन्हें एक मर्यादित तस्वीर हिन्दुस्तान के सामने रखनी थी, एक ऐसी ताप्त जो अपने ऊपर नीति, धर्म या व्यवहार की रुकावटों को रखे मर्यादा पुरुषोत्तम का प्रतीक।

मैंने भी सोचा था, बहुत अरसे तक, कि शायद गाँधी जी के तरीके कुछ मर्यादा के अन्दर रह कर ही हुए। ज्यादातर यह बात सही भी है लेकिन पूरी सही भी नहीं है और यह असर दिमाग पर तब पड़ता है, जब आप गाँधी जी के लेखों और भाषणों को एक साथ पढ़ें। अंग्रेजों और जर्मनियों की लड़ाई के दौरान में हर हफ्ते 'हरिजन' में उनके लेख या भाषण छपा करते थे। हर हफ्ते उनकी जो बोली निकलती थी, उसमें इतनी ताकत और इतना माधुर्य होता कि मुझ जैसे आदमी को भी समझ में नहीं आता था कि बोली शायद बदल रही है, हर हफ्ते। बोली तो खैर हमेशा बदला करती है, लेकिन उसकी बुनियादें भी बदल गयीं, ऐसा लगता था कृष्ण अपनी बोली की बुनियाद बदल दिया करते थे राम नहीं बदलते थे। कुछ महीने पहले का किस्सा है कि एकाएक मैंने, लड़ाई के दिनों

में गाँधी जी ने जो कुछ लिखा था हर हफ्ते लगातार, उसमें से 6 महीनों की बातें एक साथ जब पढ़ीं, तब पता चला कि किस तरह बोली बदल जाती थी। जिस चीज को आज अहिन्सा कहा, उसी को 2-3 महीने बाद हिंसा कह डाला और उसका उलट, जिसे हिंसा कहा उसे अहिंसा कह डाला। वास्तविक तौर पर अपने संगठन के नीति नियमों के मुताबिक जाने के लिए और अपने आदमियों को मदद पहुँचाने के लिए बुनियादी सिद्धान्तों के बारे में भी बदलाव करने के लिए वे तैयार रहते थे। यह किया उन्होंने लेकिन ज्यादा नहीं किया।

मैं यह नहीं कहना चाहूँगा कि गाँधी जी ने कृष्ण का काम बहुत ज्यादा किया, लेकिन काफी किया। इससे कहीं यह न समझना कि गाँधी जी मेरी नजरों में गिर गये, कृष्ण मेरी नजरों में कहाँ गिर गये? ये तो ऐसी चीजें हैं जिनका सिर्फ सामना करना पड़ता है। गिरने गिराने का तो कोई सवाल है नहीं। लेकिन यह कि आदमी को अपनी कसौटियाँ हमेशा पैनी और साफ रखनी चाहिए कि जिससे पता चल सके कि जिस किसी चीज को उसने आदर्श बनाया है या जिन सिद्धान्तों को अपनाया है, उन्हें वह सचमुच लागू किया करता है या नहीं। जैसे, साधनों की शुचिता या जिस तरह के मकसद हों उसी तरह के तरीके हों, इस सिद्धान्त को गाँधी जी ने न सिर्फ अपनाया बल्कि बार-बार दुहराया। शायद इसी को उन्होंने अपनी जिन्दगी का सबसे बड़ा मकसद समझा कि अगर मकसद अच्छे बनाने हैं तो तरीके भी अच्छे बनाने पड़ेंगे। लेकिन आपको याद होगा कि किस तरह बिहार के भूकम्प को अछूत-प्रथा का नतीजा बता कर उन्होंने एक अच्छा मकसद हासिल करना चाहा था कि हिन्दुस्तान से अछूत प्रथा खत्म हो। बहुत बढ़िया मकसद था, इसमें कोई शक नहीं। उन दिनों जब रवीन्द्रनाथ ठाकुर और महात्मा गाँधी में बहस हुई थी, तो मुझे एकाएक लगा कि रवीन्द्रनाथ ठाकुर क्यों यह तीन पाँच कर रहे हैं। आखिर गाँधीजी कितना बड़ा मकसद हासिल कर रहे हैं। जाति प्रथा मिटाना, हरिजन और अछूत-प्रथा मिटाना, इससे बड़ा और क्या मकसद हो सकता है। लेकिन उस मकसद को हासिल करने के लिए, कितने बड़े झूठ बोल गये कि बिहार का भूकम्प हुआ इसलिए कि हिन्दुस्तानी लोग आपस में अछूत-प्रथा चलाते हैं। भला भूकम्प और तारे और आसमान, पानी और सूरज वगैरह को भी इससे क्या पड़ा है कि हिन्दुस्तान में अछूत-प्रथा चलती है या नहीं।

मैं इस समय बुनियादी तौर से राम और कृष्ण के बीच के इस फर्क को सामने रखना चाहता हूँ कि एक तो मर्यादा पुरुषोत्तम है, एक की ताकतों के ऊपर

रोक है और दूसरा बिना रोक का, स्वयंभू है। यह सही है कि वह राग से परे है, राग से परे रह कर सब कुछ कर सकता है और उसके लिए नियम और उपनियम नहीं।

शिव एक निराली अदा वाला है। दुनिया भर में ऐसी कोई किंवदन्ती नहीं जिसकी न लम्बाई है, न चौड़ाई है और न मोटाई। एक फ्रांसीसी लेखक ने शिव के बारे में एक बार कहा था कि वह तो 'नॉन डाईमेंशनल मिथ' है, (अंग्रेजी शब्द है, फ्रांसीसी नहीं यानी ऐसी किंवदन्ती जिसकी कोई सीमा नहीं है, जिसकी कोइ हदें नहीं हैं न लम्बाई, न चौड़ाई, न मोटाई।) किंवदन्तियाँ दुनिया में और जगह भी हैं, खास तौर से पुराने मुल्कों में, जैसे ग्रीस आदि में बहुत हैं। कहाँ नहीं हैं? बिना किंवदन्तियों के कोई देश रहा ही नहीं, और जितने पुराने देश हैं उनमें किंवदन्तियाँ ज्यादा हैं। मैंने शुरू में कहा था कि एक तरफ 'हितोपदेश' और 'पंचतंत्र' की गंगदत्त और प्रियदर्शन जैसी बच्चों की कहानियाँ हैं तो दूसरी तरफ, हजारों बरस के काम के नतीजे के स्वरूप कुछ लोगों में कौम की हँसी और सपने भरे हुए हैं, ऐसी किंवदन्तियाँ हैं।

शिव ही एक ऐसी किंवदन्ती है जिसका न आगा है न पीछा। यहाँ तक कि वह किस्सा मशहूर है कि जब ब्रह्मा और विष्णु आपस में लड़ गये ये देवी देवता खूब लड़ा करते हैं, कभी-कभी आपस में तो शिव ने उनसे कहा लड़ो मत। जाओ, तुममें से एक मेरे सिर का पता लगाए और दूसरा मेरे पैर का पता लगाए और फिर लौट कर आ कर मुझसे कहो। जो पहले पता लगा लेगा, उसकी जीत हो जाएगी। दोनों पता लगाने निकले। शायद अब तक पता लगा रहे हों। जो ऐसे किस्से कहानियाँ गढ़ा करते हैं, उनके लिए वक्त का कोई मतलब नहीं रहता। उसके लिए 1 मिनट के मानी 1 करोड़ बरस। कोई हिसाब और गणित वगैरह का सवाल नहीं उठता उनके सामने। खैर, किस्सा यह है कि बहुत अरसे के बाद, न जाने कितने लाखों बरसों के बाद ब्रह्मा और विष्णु दोनों लौट कर आये और शिव से बोले कि भई, पता तो नहीं लगा। तब उन्होंने कहा कि फिर क्यों लड़ते हो? फिजूल है।

यह असीमित किंवदन्ती है। इसके बारे में, बार-बार मेरे दिमाग में एक ख्याल उठ आता है कि दुनिया में जितने भी लोग हैं, चाहे ऐतिहासिक और चाहे किंवदन्ती के, उन सबके कर्मों को समझने के लिए कर्म और फल, कारण और फल देखना पड़ता है। उनके जीवन में ऐसी घटनाएँ हैं कि जिन्हें एकाएक नहीं समझा जा सकता। वे अजीब-सी मालूम पड़ती हैं। उन घटनाओं को समझने के

लिए पहले का कारण ढूँढना पड़ता है और बाद का फल ढूँढना पड़ता है। तब जा करके वे सही मालूम पड़ती हैं। आप भी अपनी आपस की घटनाओं को सोच लेना। आपके आपस में रिश्ते होंगे बड़े लोगों से मतलब यह नहीं कि आप छोटे लोग हैं, बड़े लोगों के मानी सिर्फ यह हैं कि जिनका नाम हो जाया करता है, और कोई मतलब नहीं है, चाहे वे बदमाश ही लोग क्यों न हों और आमतौर से, बदमाश लोगों का ही नाम हुआ करता है। खैर, बड़े लोग हों, छोटे लोग हों, कोई हों, उनके आपसी रिश्ते होते हैं। उन आपसी रिश्तों के प्रकाश की एकशृंखला होती है एक कड़ी के बाद एक कड़ी, एक कड़ी के बाद एक कड़ी। अगर कोई चाहे कि उनमें से एक ही कड़ी को पकड़ कर पता लगाये कि आदमी अच्छा है या बुरा, तो गलती कर जायेगा, क्योंकि उस कड़ी के पहले वाली कड़ी कारण के रूप में है और उसके बाद वाली कड़ी फल के रूप में है। क्यों किया? कई बार ऐसे काम मालूम होते हैं जो बढ़ाते खुद बुरे हैं, गंदे हैं या झूठे हैं। उदाहरण, मैंने कृष्ण के लिए कहा। वह सबके लिए हैं। लेकिन वह काम क्यों हुआ, उसका कारण क्या था और उसको करने के बाद परिणाम क्या निकला, वह सब देखना पड़ता है। कारण और परिणाम देखना, हर आदमी और हर किस्से और सीमित किंवदन्ती को समझने के लिए जरूरी होता है।

शिव ही एक ऐसी किंवदन्ती है जिसका हरेक काम, बजाते, खुद, अपने औचित्य को अपने-आप में रखता है। कोई भी काम आप शिव का ढूँढ लो, वह उचित काम होगा। उनके लिए पहले की कोई कड़ी नहीं ढूँढनी पड़ेगी और न बाद की कोई कड़ी। क्यों शिव ने ऐसा किया, उसका क्या नतीजा निकला, यह सब देखने की कोई जरूरत नहीं होगी। औरों के लिए इसकी जरूरत पड़ जाएगी। राम के लिए जरूरत पड़ेगी, कृष्ण के लिए जरूरत पड़ेगी, दुनिया में हरेक आदमी के लिए इसकी जरूरत पड़ेगी, और जो दुनिया भर के किस्से हैं उनके लिए जरूरत पड़ेगी। क्यों उसने ऐसा किया? पहले की बात याद करनी होगी कि क्या बात हुई, क्या कारण था, किस लिए उसका यह काम हुआ और फिर उसके क्या नतीजे निकले। हमेशा दूसरे लोगों के बारे में कर्म और फल की एक पूरी कड़ी बँधती है। लेकिन मुझे तो, ढूँढने पर भी, शिव का ऐसा कोई काम नहीं मालूम पड़ा कि मैं कह सकूँ कि उन्होंने क्यों ऐसा किया, उसका कारण क्या था, ढूँढो, बाद में उसका क्या परिणाम निकला। यह चीज बहुत बड़ी है।

आज की दुनिया में प्रायः सभी लोग अपने मौजूदा तरीके को, गंदे कामों को उचित बताते हैं, यह कह कर कि आगे चल कर उसके परिणाम अच्छे

निकलेंगे। वे एक कड़ी बाँधते हैं। आज चाहे वे गंदे काम हों, लेकिन हमेशा उसकी कड़ी जोड़ेंगे कि भविष्य में कुछ ऐसे नतीजे उसके निकलेंगे कि वह काम अच्छे हो जाएँगे। कारण और फल की खुद ऐसीश्रृंखला अपने दिमाग में बाँधते हैं और दुनिया के दिमाग में बाँधते हैं कि किसी भी काम के लिए कोई कसौटी नहीं बना सकती मानवता। आखिर कसौटियाँ होनी चाहिए। काम अच्छा है या बुरा, इसका कैसे पता लगाएँगे। कोई कसौटी होनी ही चाहिए। अगर एक बाद एक कड़ी बाँध देते हों तो कोई कसौटी नहीं रह जाती। फिर तो मनमानी होने लग जाती है, क्योंकि जितनी लम्बी जंजीर हो जायेगी, उतना ही ज्यादा मौका मिलेगा लोगों को अपनी मनमानी बात उसके अन्दर रखने का। ऐसा दर्शन बनाओ, ऐसा सिद्धान्त बनाओ कि जिसमें मौजूदा घतनाओं को जोद्अ दिया जाये किसी बद्ई, दूर भविष्य की घटना से तो फिर, मौजूदा घटनाओं में कितना ही गंदापन रहे, लेकिन उस दूर के भविष्य की घटना, जो होने वाली है, जिसके बारे में कोई कसौटी नहीं बन सकती कि वह होगी या नहीं होगी इसके बारे में बहुत हद तक आदमी को मान कर चलना पड़ता है कि वह शायद होगी, उसको लेकर मौजूदा घटनाओं का औचित्य या अनौचित्य ढूँढा जाता है और यह हमेशा हुआ है। मैं यहाँ मौजूदा दुनिया के किस्से तो बताऊँगा नहीं, लेकिन इतना आपसे कह दूँ कि प्रायः, यह जरा अति बोली है, लेकिन प्रायः हरेक राजनीति की, समाज की, अर्थशास्त्र की घटना ऐसी ही है कि जिसका औचित्य या तो कोई पुरानी बड़ी या कोई आगे आने वाली किसी जंजीर के सथ बाँध दिया जाता है।

यहाँ मैं सिर्फ कृष्ण का ही किस्सा बता देता हूँ कि अश्वत्थामा के बारे में धीमे बोलना या जोर से बोलने के औचित्य और अनौचित्य को, कौरव-पांडव की लड़ाई से बहुत पुराना किस्सा, बहुत आगे आने वाली घटना के साथ जोड़ दिया जाता है। यह बुरा खुद काम है, मान कर चलना पड़ता है। लेकिन उस बुरे काम का ऐसा चित्य साबित हो जाता है पुराने कारण से और भविष्य में आने वाले परिणाम से। आप शिव का ऐसा कोई किस्सा नहीं पाओगे। शिव का हरेक किस्सा अपने-आप उचित है। उसी के अन्दर सब कारण और सब फल भरे हुए हैं, जिससे मालूम पड़ता है कि वह सही है, ठीक है, उसमें कोई गलती हो नहीं सकती।

मुझे शिव के किस्से यहाँ नहीं सुनाने हैं। मशहूर तो बहुत हैं। शायद पार्वती को अपने कंधे पर लादे फिरने वाला किस्सा, इतनी तफसील में कि पार्वती के शरीर का कौन-सा अंग कहाँ गिरा और कौन-सा मन्दिर कहाँ बना, सबको

मालूम है। गौतम बुद्ध और अशोक के बारे में या अकबर के बारे में ऐसे किस्से नहीं मशहूर हैं। शिव के वे सब किस्से बहुत मशहूर हैं और अच्छी तरह से लोगों को मालूम हैं। अगर नहीं मालूम हो तो जरा ये किस्सा सुन लिया करो, अभी आपकी दादी जिन्दा होती तो उससे। दादी जिन्दा न हो तो नानी जिन्दा होगी, कोई न कोई होंगी और अगर वह भी न हो तो अपनी बीबी से सुन लिया करो।

शिव का कोई भी किस्सा अपने आप उचित है। ऐसा लगता है कि जैसे किसी आदमी की जिन्दगी में चाहें हजारों घटनाएँ हुई हों और उनमें से एक एक घटना खुद एक जिन्दगी है। उसके लिए पहले की दूसरी घटना और आगे की दूसरी घटना की कोई जरूरत नहीं रहती। शिव बिना सीमा की किंवदन्ती हैं और बहुत से मामलों में छाती को बहुत चौड़ा करने वाली और उसके साथ-साथ आदमी को एक उँगली की तरह रास्ता दिखाने वाली कि जहाँ तक बन पड़े, तुम अपने हरेक काम को बिना पहले के कारण और बिना आगे के फल को देखे हुए भी उचित बनाओ।

हो सकता है राम, कृष्ण और शिव, इन तीनों को लेकर कइयों के दिमाग में अलगाव की बातें भी उठती हों। मैं आपके सामने अभी एक विचार रख रहा हूँ। जरूरी नहीं है कि इसको आप मान ही लें। हरेक चीज को मान लेने से ही दिमाग नहीं बढ़ा करता। उसको सुनना, उसको समझने की कोशिश करना और फिर उसको छोड़ देने से भी कई दफा, दिमाग आगे बढ़ा करता है। मैं खुद भी इस बात को पूरी तरह से अपनाता हूँ सो नहीं। एकाएक एक बार मैंने जब 1951-52 के आम चुनावों के नतीजे पर सोचना शुरू किया तो मेरे दिमाग में एक अजीब-सी बात आई। आपको याद होगा कि 1951-52 में हिन्दुस्तान में आम चुनावों में एक ऐसा इलाका ऐसा था कि जहाँ कम्युनिस्ट जीते थे, दूसरा इलाका ऐसा था जहाँ सोशलिस्ट जीते थे, तीसरा इलाका ऐसा था जहाँ धर्म के नाम पर कोई न कोई संस्था जीती थी। यों सब जगह कांग्रेस जीती थी और सरकार उसी की रही। मैं इस वक्त सबसे बड़ी पार्टी की बात नहीं कर रहा हूँ- नम्बर दो पार्टी की बात कर रहा हूँ। सारे देश में नम्बर 1 पार्टी तो कांग्रेस पार्टी रही लेकिन हिन्दुस्तान के इलाके कुछ ऐसे साफ-से थे जहाँ पर ये तीनों पार्टियाँ जीतीं, अलग-अलग, यानी कहीं पर कम्युनिस्ट नम्बर 2 पर रहे, कहीं पर सोशलिस्ट नम्बर 2 पर रहे और कहीं पर ये जनसंघ, रामराज्य परिषद वगैरह मिल-मिला कर इन सबको तो एक ही समझना चाहिए- नम्बर 2 रहे। मैं यह नहीं कहता कि जो कुछ मैं कह रहा हूँ वह सही

है। मुमकिन है, इसके ऊपर अगर हिन्दुस्तान के कॉलेज और विश्वविद्यालय जरा दिमाग कुछ चौड़ा करके देखते–कुछ तरीही दिमाग से क्योंकि तरीह में भी चीजें की जाती हैं, चाहे वे सही निकलें, न निकलें– तो हिन्दुस्तान के नक्शे के 3 हिस्से बनाते। एक नक्शा वह, जहाँ राम सबसे ज्यादा चला हुआ है, दूसरा वह, जहाँ कृष्ण सबसे ज्यादा चला हुआ है, तीसरा वह, जहाँ शिव सबसे ज्याद चला हुआ है। मैं जब राम, कृष्ण और शिव कहता हूँ तो जाहिर है, उनकी बीबियों को शामिल कर लेता हूँ। उनके नौकरों को भी शामिल कर लेना चाहिए, क्योंकि ऐसे इलाके हैं जहाँ हनुमान चलता है जिसके साफ मानी हैं कि वहाँ राम चलता है, ऐसे इलाके हैं जहाँ काली और दुर्गा चलती हैं, इसके साफ मानी हैं कि वहाँ शिव चलता है। हिन्दुस्तान के इलाके हैं जहाँ पर इन तीनों ने अपना-अपना दिमागी साम्राज्य बना रखा है। दिमागी साम्राज्य भी रहा करता है, विचारों का, किंवदन्तियों का।

मोटे तौर पर शिव का इलाका वह इलाका था जहाँ कम्युनिस्ट नम्बर 2 हुए थे, उसी तरह, कृष्ण का इलाका वह था जहाँ संघ और रामराज्य परिषद वाले नम्बर 2 हुए थे। मोटे तौर पर राम का इलाका वह था जहाँ सोशलिस्ट नम्बर 2 हुए थे। मैं मानता हूँ कि मैं खुद चाहूँ तो इस विचार को एक मिनट में तोड़ सकता हूँ, क्योंकि ऐसे बहुत से इलाके मिलेंगे जो जरा दुविधा के रहते हैं। किसी बड़े खयाल को तोड़ने के लिए छोटे-छोटे अपवाद निकाल देना कौन बड़ी बात है। खैर, मोटे तौर पर मुझे ऐसा लगता है कि हिन्दुस्तान की किंवदन्तियों के इन तीन साम्राज्यों के मुताबिक ही हिन्दुस्तान की जनता ने अपनी विरोधी शक्तियों को चुनने की कोशिश की। आप कह सकते हैं अभी तो तुमने शिव की बड़ी तारीफ की थी। तुम्हारा यह शिव कैसा निकला। जहाँ पर शिव की किंवदन्ती का साम्राज्य है, वहाँ तो कम्युनिस्ट जीत गये। तो, फिर, मुझे यह भी कहना पड़ता है कि जरूरी नहीं कि इन किंवदन्तियों के अच्छे ही असर पड़ते हैं, सब तरह के असर पड़ सकते हैं।

शिव अगर नीलकंठ हैं और दुनिया के लिए अकेले जहर को अपने गले में बाँध सकते हैं, तो उसके साथ-साथ धतूरा खाने और पीने वाले भी हैं। शिव की दोनों तस्वीरें साथ-साथ जुड़ी हुई हैं। मान लो, थोड़ी देर के लिए वे धतूरा न भी खाते रहे हों, फिर से बता दूँ कि ये सवाल सच्चाई और झुठाई के नहीं हैं। यह तो सिर्फ किसी आदमी के दिमाग का एक नक्शा है। हिन्दुस्तान में करोड़ों लोग समझते हैं कि शिव धतूरा पीते हैं, शिव की पलटन में लूले-लँगड़े हैं, उसमें

तो जानवर भी हैं, भूत-प्रेत भी हैं और सब तरह की बातें जुड़ी हुई हैं। लूले-लँगड़े, भूखे के मानी क्या हुए? गरीबों का आदमी।

शिव का वह किस्सा भी आपको याद होगा कि शिव ने सती को मना किया था कि देखो, तुम अपने बाप के यहाँ मत जाओ, क्योंकि उसने तुमको बुलाया नहीं। बहुत बढ़िया किस्सा है यह। शिव ने कहा था जहाँ पर विरोध हो गया हो वहाँ बिन बुलाये मत आओ, उसमें कल्याण नहीं हुआ करता है। पर फिर भी सती गयी। यह सही है कि उसके बाद शिव ने अपना, वक्ती तौर पर- जैसा मैंने कहा, वह काम खुद अपने-आप में उचित है- बहुत जबरदस्त गुस्सा दिखाया था। और उसकी पलटन कैसी थी। शिव की जो तसवीरें अक्सर आँख के सामने आती हैं, वह किस तरह की हैं। जटा में चन्द्रमा है, लेकिन लपटें ज्वाला की निकल रही हैं, धद्धगद हो रहा है। सब तरह की, एक बिना सीमा की किंवदन्ती सामने खड़ी हो जाती है- शक्ति की, फैलाव की, सब तरह के लोगों को साथ समेटने की।

इसी तरह, जाहिर है, कृष्ण और राम की किंवदन्तियों के भी दूसरे स्वरूप हैं। राम चाहे जितने ही मर्यादा पुरुषोत्तम रहे हों, लेकिन, अगर उनके किस्से का मामला बैलगाड़ी की पुरानी लीक तक ही फँस कर रह जाएगा तो फिर उनके उपासक कभी आगे बढ़ नहीं सकते। वे लकीर में बँधे रह जाएँगे। यह सही है कि राम के उपासक, शायद, बहुत बुरा काम नहीं करेंगे, क्योंकि बुराई करने में भी वे मर्यादा से बँधे हैं। अगर अच्छाई करने में मर्यादा से बँधे हुए हैं तो वे दोनों तरफ बँधे हुए हैं। शिव या कृष्ण में इस तरह बन्धन का कोई मामला नहीं है। कृष्ण में तो किसी भी नीति के बन्धन का मामला नहीं है। और शिव में हर एक घटना खुद इतने महत्व की हो जाती है कि अपनी सम्पूर्ण शक्ति उसमें लगाकर, उस वक्त भी पूरी हद तक पहुँच सकता है या उससे बाहर, और उसके बाद, जैसा कि दक्षिण वालों में तो यह कहीं ज्यादा मालूम होगा, उत्तर वालों के मुकाबले में। तांडव की भी कोई बुनियाद होती है—एक गाढ निद्रा एकाएक आँख खुली, लीला देखी, लीला के साथ-साथ आँखें इधर-उधर मटकायीं, और देख कर फिर आँखें बन्द हो गयीं। फिर, मुमकिन है, एक दूसरी सतह पर आँखें बन्द हुई और एक लीला हुई और चली गयी, आँखें खुलीं और बन्द हुई।

इससे एक तामस भी जुड़ा हुआ है। शान्ति सतोगुण का प्रतीक है। लेकिन अगर शान्ति कहीं बिगड़ना शुरू हो जाये तो फिर वह तामस का रूप ले लिया करती है। चुप बैठो, कुछ करो मत, धगद्धगद होता रहे, धतूरा या धतूरे प्रतीक

की कोई न कोई चीज चलती रहे और हमारे देश में अकर्मण्यता का तो बहुत जबरदस्त दार्शनिक आधार है, कर्म नहीं करने का। यह सही है कि अलग-अलग मौकों पर हिन्दुस्तान के इतिहास में अलग-अलग दार्शनिकों ने कर्म के सिद्धान्त को, अपने हिसाब से, समझाने की कोशिश की है। लेकिन बुनियादी तौर पर हिन्दुस्तान का असली कर्म-सिद्धान्त यही है कि जहाँ तक बन पड़े अपने-आप को कर्म की फाँस से रिहा करो। यह सही है कि जो पुराने संचित कर्म हैं, उनसे तो छूट सकते नहीं, उनको तो भुगतना पड़ेगा, वे तो और नये कर्मों में आएँगे ही, लेकिन, कोशिश यह करो कि नये कर्म न आएँ। हिन्दुस्तान की सभ्यता का यह मूलभूत आधार कभी नहीं भूलना चाहिए कि नये काम मत करो, पुराने कामों को भुगतना ही पड़ेगा और जब कामों कीशृंखला टूट जाएगी तभी मोक्ष मिलेगा। और शिव जैसी किंवदन्ती और इस तरह के विचार के मिल जाने के बाद, कई बार तामस भी आ जाया करता है उसके साथ-साथ एकाएक कोई विस्फोट हो जाया करता है यानी जिसके आगे और पीछे कुछ हैं नहीं, नतीजा निकले या न निकले, क्योंकि जहाँ हर एक कर्म अपने औचित्य को अपने आप में रखता हो और न आगे है न पीछे है, वहाँ, अगर किंवदन्ती कहीं बिगड़ गयी तो यह सम्भावना हो जाया करती है कि विस्फोट हो जाये। उसका आगे है न पीछे है और न ही कोई तात्पर्य है। फिर, जब किंवदन्तियाँ बिगड़ती हैं, तो वे चाहे राम का इलाका हो, चाहे कृष्ण का इलाका हो, चाहे शिव का इलाका हो, बिगड़ती ही चली जाती हैं।

मैं समझता हूँ, किसी हद तक, मैंने इन तीन किंवदन्तियों के स्वरूप आपके सामने रखे बड़े स्वरूप। इनके किस्से किसी भी काम के लिए मनोहर हैं और छाती को चौड़ा करने वाले हैं। जरूरी नहीं है कि कोई उन किस्सों को माने। झूठे हैं तो इससे मुझसे क्या मतलब? किस्से तो हैं न। हम उपन्यास पड़ते हैं कि नहीं पड़ते। 'हितोपदेश' और 'पंचतंत्र' के गंगदत्त और प्रियदर्शन को याद रखते हैं। ये किस्से ऐसे हैं जिन्हें हर एक कौम, अपनी हँसी और सपने को, दिमाग की सतह पर, जो बहुत बुनियादी और गहरी सतह है, उस पर खोद कर रखा करती है। इन किस्सों के बारे में सावधान होकर रहना चाहिए।

वह नीलकण्ठ शिव, जिसके हर एक काम का औचित्य उसके अन्दर बना हुआ है। वह मर्यादा पुरुषोत्तम राम और वह योगीश्वर कृष्ण जो लीला करके चन्द्रमा को ताने मारा करता है। ये सब किसी भी आदमी के दिल को बड़ा करने वाले किस्से हैं। पुराने देश ने इस बात का भी थोड़ा-बहुत इंतजाम किया कि

ये किंवदन्तियाँ आपस में न टकराएँ। अगर वे कहीं टकराती हैं, शायद मुमकिन है भी, तो बोलचाल में, कहीं लोगों में गरम बोल-चाल हो गयी हो आपस में। ज्यादा से ज्यादा, मारपीट इस हद तक हुई होगी कि लोगों ने मूर्तियाँ तोड़ी हों। मूर्तियाँ तो आज भी टूटती हैं और पहले के जमाने में टूटी होंगी। इसमें आदमी को बहुत सोच-विचार नहीं करना चाहिए। यह सब तो लीला की तरह चलता रहता है, आँखें खोलो और बन्द करो। कहीं पर मूर्ति टूट गयी या बन गयी, यह सब तो चला करता है खैर, ये इंतजाम किये गये हैं कि तीनों आपस में टकराएँ नहीं।

और सिर्फ यमुना और सरयू में ही एका करने की कोशिश नहीं की गयी। जब तुलसीदास गये यमुना के किनारे तो उन्होंने अपना सिर नँवाने से इनकार किया, यह जानते हुए कि सब एक ही माया है। लेकिन उन्होंने कहा कि भई हाथ में धनुष-बाण लो अपनी मुरली अलग रखो तब मैं अपना सिर नँवाऊँगा। तो फिर मुरली अलग हुई, धनुष-बाण हाथ में आया, यमुना और सरयू एक हो गयी। और, हमारे यहाँ के जो गाने-बजाने वाले लोग हैं, उनसे बढ़ कर इन मामलों में कोई और नहीं हो सकते, जो राम को हमेशा यमुना के तट पर होली खिलवा के छोड़ दिया करते हैं। यमुना के तट पर राम होली खेलें। तो अब कहो कि ये कौन सी बात है। सरयू के तट पर कृष्ण जाकर कौन-सी अपनी रास-लीला रचायें। ये सब चीजें हमारे लेखक कर दिया करते हैं, और लेखक कोई मामूली आदमी थोड़े ही होते हैं, पर हर लेखक नहीं। बड़ा लेखक बहुत बड़ा आदमी होता है। वह राम को भेज देता है यमुना किनारे और कृष्ण को भेज देता है सरयू-किनारे। फिर यह क्यों न सम्भव हो कि हिन्दुस्तानी लोग भी ऐसी किंवदन्ती को अपने आँखों के सामने लायें कि जिसमें शिव अपनी जटा में सिर्फ चन्द्रमा ही नहीं मुरली वाले कृष्ण को लिये हों, और मर्यादा पुरुषोत्तम राम के साथ तांडव कर रहे हों। लाने को ऐसी तस्वीरें लोग अपनी आँखों में ला ही सकते हैं, शायद आ जाए हिन्दुस्तान में।

मेरा बिलकुल यह मतलब नहीं था कि कोई उपदेश करूँ। उपदेश मैं कर भी क्या सकता हूँ। उपदेश करना बेवकूफी होगी। इसका सिर्फ एक मकसद था कि इन तीन किंवदन्तियों के कुछ पहलुओं को आपके सामने लाना कि जिसमें कुछ किस्से-कहानियों को याद करके आपकी तबियत कुछ खुश हो, आप कुछ हँसें और कुछ सपने देखें।

6 महीने तक मरी हुई पार्वती को अपने कंधों पर डाल कर ले चलना, यह भी एक अनोखा प्रेम है। लड़ाई के मैदान में दुनिया के शायद सबसे बड़े दर्शन को गीत के रूप में कह देना, यह भी एक अनोखा दर्शन है। यों हिन्दुस्तान में एक अजीब खूबी पायी गयी है कि अपने दर्शन को उसने गीत के रूप में कहा। और कौमों ने भी इसकी कोशिश की, लेकिन जिस किसी सबब से हो, उतनी सफलता नहीं मिली। उसी तरह से राम ने भी अपनी ताकत को मर्यादा के अन्दर रख कर अपना काम किया। जब रावण मर रहा था तो राम ने लक्ष्मण को रावण से राजनीति सीखने के लिए कहा कि जाओ, सीख कर आओ। पहले नहीं भेजा था। हर एक चीज का अपना वक्त होता है। कई लोग कहते हैं कि राम बड़ा चतुर था। हो सकता है कि वह चतुर रहा हो। लक्ष्मण और परशुराम के संवाद में अक्सर ऐसा मालूम होता है कि जैसे बड़े भाई मजे में उकसा रहे हों छोटे भाई को, कि तुम ताना मारो, मैं तो हूँ ही, अगर मामला बिगड़ेगा तो बचा ही लूँगा, तुम जरा मामला बढ़ाते रहो। उसी तरह से, शूर्पणखा के मामले में, मालूम पड़ता है कि बड़े भाई साहब छोटे भाई को अगर उकसा नहीं रहे हैं तो कम से कम मजा तो जरूर ले रहे हैं। आप देखते होंगे कि जिन्दगी में भी, जब कभी किसी दल के 2–3 लोग होते हैं तो वे आपस में चाहे पहले बातचीत हुई हो या न हुई हो, एक ऐसा इंतजाम सा कर लिया करते हैं कि एक तो दुश्मन को जरा शान्त करेगा और अपने आदमी को जरा डाँटेगा–डूँटेगा तब दूसरा जरा गुस्से में बोलेगा और फिर दोनों मिल कर उसके ऊपर हावी हो जाएँगे। खैर राम ने लक्ष्मण को कभी भी रावण के पास लड़ाई के दौरान नहीं भेजा। जब रावण मर रहा था, तब भेजा। लक्ष्मण लौट कर आया, बोला रावण तो कुछ बोलने को ही तैयार नहीं। तब राम ने उससे पूछा तुमने किया क्या था? लक्ष्मण ने कहा, मैं वहाँ गया और मैंने रावण से कहा कि मुझे राजनीतिशास्त्र बताओ। तब राम ने पूछा तुम कहाँ खड़े हुए थे। लक्ष्मण ने कहा कि रावण लेटा पड़ा था, मर रहा था और मैं उसके सिर के बगल में खड़ा हुआ। तो राम बोले इस तरह से सीखा करते हो, जाओ, पैर के पास खड़े रहो, फिर सवाल पूछो और जवाब माँगो। लक्ष्मण फिर गया, पैर के पास खड़ा रहा तो उसे जवाब मिला। ऐसा बढ़िया बढ़िया किस्से हैं।

छोटा–सा किस्सा है कि दुश्मन है, बहुत बड़ी लड़ाई लड़ी गयी और जब दुश्मन मर गया तब उसके पास अपना आदमी जाता है, मर गया तब। पहले नहीं। मुमकिन है, मेरे किस्से को मेरे ही खिलाफ कुछ लोग इस्तेमाल कर दें और कहें

कि तुम इस किस्से को बता रहे हो, तुम्हें जाना चाहिए, लेकिन रावण मरे तब लक्ष्मण जाता है, मरने के पहले नहीं, और जा कर सिरहाने नहीं खड़ा होना चाहिए, पैताने खड़ा होना चाहिए। जब बैठो कहीं मेज पर तो देख कर बैठो कि बगल वाले को कोई तकलीफ तो नहीं हो रही है। कहीं अपनी जगह से ज्यादा तो नहीं ले रहे हो वगैरह-वगैरह। यहाँ मुझे सिर्फ इतना ही बताना है कि इन किस्सों की एक-एक तफसील में, एक-एक संवाद में, एक-एक बात में मजा भरा है। जरूरी नहीं कि इन किस्सों को आप सही समझें। जरूरी नहीं है कि आप उसको धर्म मानें। उनको आप सिर्फ उपन्यास की तरह लें, एक ऐसा उपन्यास जो दस बीस पचास हजार आदमियों तक नहीं, बल्कि जो करोड़ों लोगों तक 5 हजार वर्षों से चला आया है, और पता नहीं, कब तक चला जाता रहेगा।

10

भारतीय संस्कृति और डॉ. राममनोहर लोहिया

भारतीय संस्कृति का नाम लेते ही हमारे मन में एक ऐसे राष्ट्र का चित्र सामने आता है जो विश्व का सबसे प्राचीनतम राष्ट्र है। जिसके संबंध में महाकवि जयशंकर प्रसाद ने कहा "अरुण यह मधुमय देश हमारा। जहां पहुंच अनजान क्षितिज को मिलता एक सहारा।" 'अर्थात् मानव जाति ने जब अपनी आँखें खोली तो उसने भारत नामक सुसंस्कृत, सबल, सशक्त तथा वसुधैव कुटुंबकम्' से युक्त स्वाभिमानी राष्ट्र को देखा। भारत की इस भूमिका के कारण मैक्समूलर, रोम्या रोला तथा मार्कट्वेन को लिखना पड़ा,"भारत उपासना पंथों की भूमि, मानव जाति का पालना, भाषा की जन्मभूमि, इतिहास की माता, पुराणों की दादी तथा परंपरा की परदादी है। मनुष्य के इतिहास में जो भी मूल्यवान एवं सृजनशील सामग्री है उसका भंडार अकेले भारत में है।"

भारतीय संस्कृति का अर्थ है सहानुभूति, प्रेम, अहिंसा, समभाव, आदर, अतिथि सेवा, त्याग, तप, संयम, वैराग्य, आदि समस्त बातें आ जाती है। भारतीय संस्कृति का अर्थ है अज्ञान से ज्ञान की तरफ जाना, घृणा से प्रेम की ओर जाना, कीचड़ से कमल की ओर जाना।

डॉ. राममनोहर लोहिया भारतीय संस्कृति के व्याख्याता, भारतीय राजनीति के विराट् व्यक्तित्व, भारतीय समाजवाद के प्रचारक तथा एक महान देशभक्त थे। वे राजनीतिज्ञों तथा नौकरशाहों के लिए आतंक थे, तो दलितों के मसीहा, शोषितों के उद्धारक तथा भारतीय राजनीति के स्वप्नद्रष्टा थे। उनका जन्म 23 मार्च, 1910 को अकबरपुर (अब अंबेडकर नगर) के वैश्य परिवार में हुआ था। वैश्य परिवार में पैदा हुए लोहिया को लोहिया उपनाम इसलिए मिला कि उनके

पूर्वज लोहे का व्यवसाय किया करते थे। उन्होंने जर्मनी में "नमक और सत्याग्रह" विषय पर अर्थशास्त्र में पी. एच. डी. की उपाधि प्राप्त की। डॉ. लोहिया के विचारों पर प्राच्य एवं पाश्चात्य दोनों विचारों का प्रभाव दिखाई पड़ता है। लोहिया ने कहा है, " गांधी तथा मार्क्स से सीखने के लिए अमूल्य खजाने पड़े हैं। अपने अध्ययन के दौरान समाजवादी पार्टी से उनकी सबसे बड़ी बौद्धिक एकरूपता रही और इसी कारण से उनको स्वदेश लौटते वक्त आर्थिक कष्टों से जुझना पड़ा।

हम विचारकों को दो भागों में बांट सकते हैं -पहले, वह जो स्वयं चिंतन करते हैं, दूसरे वे जो भिन्न-भिन्न विचारकों से प्रभावित होकर चिंतन करते हैं। पहले प्रकार के विचारक कम मात्रा में और दूसरे अनगिनत हैं। डॉ. लोहिया को दूसरे स्थान पर रखा जा सकता है। उनके ऊपर मार्क्स तथा गांधी का समान प्रभाव पड़ा।

अर्थात डॉ. लोहिया इन सभी चीजों के अतिरिक्त अर्थशास्त्री, स्वतंत्रता सेनानी, पत्रकार, दार्शनिक तथा मानवतावादी विचारक थे। उनके लिए भारत की मुक्ति का अर्थ विश्व की मुक्ति से था। वे बेजुबानों की वाणी थे। शक्तिहीनों की शक्ति थे। मूलतः यही विराट व्यक्तित्व लोहिया को भारतीय संस्कृति से जोड़ता है। उनको कबीर की तरह एक फकीर कहा जा सकता है जो भारतीय समाज में फैली अशिक्षा, बेकारी, गरीबी तथा स्वाभिमान शून्य भारत को स्वाभिमान से युक्त होने के लिए संत कबीर की तरह-कबीरा खड़ा बाजार में लिए लुटआ हाथ। जो घर जारै आपना चले हमारे साथ"। कबीर के इस वाणी को आत्मसात् कर भारतमाता धरतीमाता की सेवा के लिए सचेष्ट रहें।

डॉ. लोहिया धार्मिक या आध्यात्मिक थे, इस पर विचार करने से पूर्व यह जानना जरूरी होगा कि वे कोरे कर्मकांडी नहीं थे। वे तो ज्ञानकांडी थे। टीका, चंदन, माला पहनना तथा दाढ़ी रखने से कोई धार्मिक नहीं हो जाता है। वे नास्तिक भी नहीं थे। भले हीं अपने आप को वे आध्यात्मिक, नास्तिक कुछ भी कहें लेकिन निम्नांकित उदाहरण से यह समझा जा सकता है, कि डॉ. लोहिया के जीवन में कहां तक धर्म का स्थान था कैलाश पर्वत केवल भूगोल, इतिहास, संस्कृति, रहन-सहन के आधार पर हिन्दुस्तान के नजदीक है। लेकिन यह साक्षात् शिव-पार्वती का स्थल है। तिब्बत तो पूरा स्वतंत्र होना चाहिए। यदि नहीं होता तो कैलाश मानसरोवर का हिस्सा भारत में आना चाहिए। द्वारका, रामेश्वरम्, गया, काशी और एक चीज पर ध्यान रखना, इन्हीं के साथ-साथ मैं अजमेर को भी

जोड़ता हूं। मुझे इससे कुछ मतलब नहीं है कि वे किस धर्म-संप्रदाय के होते हैं। मुझे इस बात से मतलब है कि वहां प्रति वर्ष लाखों-करोड़ों की तादाद में लोग इक्ट्ठा होते हैं। उन तीर्थ स्थानों को साफ-सुथरा बनाया जाये। जिससे कि ये लाखों आदमी हर साल देखें कि सफाई की जिंदगी चला सकते हैं। यह बात भी मुझ जैसे अधार्मिक आदमी के मुंह से निकली। धार्मिकों ने नहीं कहा हमारे तीर्थस्थानों को सुंदर, साफ और पवित्र बनाओ।"

डॉ. राममनोहर लोहिया भारत, भारत माता तथा भारतीय संस्कृति के उपासक थे। किसी भी समाज एवं संगठन में किसी भी व्यक्ति के विचारों के शत-प्रतिशत समर्थक नही होते हैं। हमारी सांस्कृतिक विचारधारा के जितने भी ग्रंथ है। उसमें से यदि राम, कृष्ण, शिव, सीता, द्रौपदी तथा सावित्री को निकाल दिया जाए, तो संपूर्ण साहित्य निरस ही लगेगा। यदि हम डॉ. लोहिया की पुस्तक 'जाति-प्रथा', 'राम, कृष्ण और शिव', 'सगुण और निर्गुण', तथा 'इतिहास चक्र' का अध्ययन करें, तो हमें भारतीय संस्कृति से संबंधित विचारों का गुच्छा मिलेगा। डॉ. साहब किस प्रकार राम, कृष्ण और शिव से प्रभावित होकर अपना विचार देते है। इसे पढ़ने की जरूरत है:- " हे भारत माता! हमें शिव का मस्तिष्क दो, कृष्ण का हृदय दो तथा राम का कर्म और वचन दो। हमें असीम मस्तिष्क और उन्मुक्त हृदय के साथ-साथ जीवन की मर्यादा से रचो।"

इससे बढ़कर भारतीय संस्कृति से भला और क्या लगाव हो सकता है जो विचारक शिव का मस्तिष्क, कृष्ण का विशाल हृदय मांग रहा हो। वह विशाल हृदय किसके लिए। अपने स्वार्थ के लिए नहीं। दुख से दुखित भारत माता के सपूतों के सेवा के लिए। हाँ, लेकिन यह सेवा तभी हो सकता है। जब उनके पास राम की मर्यादा हो। डॉ. साहब सचमुच भारतीय संस्कृति के व्याख्याता थे। वे राम, कृष्ण तथा शिव के विचारों में डुबकी लगा रहे थे तथा उन विचारों से प्रभावित होकर भारत को समाजवाद रूपी अमृत दिया।

डॉ. राममनोहर लोहिया एक ऐसे महान विचारक थे जिन्होंने अपने चिंतन में भारतीय संस्कृति को आत्मसात् किया। भारत गौरवशाली संस्कृति वाला देश है। यहां की मर्यादा का गुणगान समस्त विश्व में होता है तथा इस देश की पावन भूमि पर देवता भी जन्म लेने के लिए तरसते हैंख्रविष्णु पुराण का श्लोक देखने योग्य है **"गायन्ति देवा किलगीतकानि, धन्यास्तुते ते भारतभूमि भागे। स्वर्गा पवर्गा स्पद मार्ग भूते, भविन्त भूयः पुरुषः सुरत्वात्"**

यही कारण है कि डॉ. लोहिया ने राम, कृष्ण तथा शिव के पूर्णता से युक्त जीवन को आत्मसात् कर स्वयं को भी पूर्णता से युक्त कर दिया। उन्होंने कहा:- "राम, कृष्ण और शिव भारत में पूर्णता के तीन महान स्वप्न हैं। सबका रास्ता अलग-अलग है। राम की पूर्णता मर्यादित व्यक्तित्व में है, कृष्ण की उन्मुक्त या संपूर्ण व्यक्तित्व में ओर शिव की असीमित व्यक्तित्व में, लेकिन हरेक पूर्ण है। एक का एक या दूसरे से पूर्ण-अपूर्ण होने का कोई सवाल ही नहीं उठता। पूर्णता में विभेद कैसे हो सकता है? पूर्णता में केवल गुण एवं किस्म का विभेद होता है। हर आदमी अपनी पसंद कर सकता है या अपने जीवन के किसी विशेष छंद से संबंधित गुण या पूर्णता चुन सकता है। मूलतः ये रूप मर्यादित, उन्मुक्त तथा असीमित व्यक्तित्व साथ-साथ रह सकते हैं। ऐसे पूर्ण पुरुषों की भारत में कमी नहीं है।" भारतीय राजनीति में पंडित जवाहरलाल नेहरू के कटर विरोधी तथा स्वयं कुजात गांधीवादी कहने वाले डॉ. राममनोहर लोहिया ने धर्माधारित राजनीति का समर्थन किया जिसकी जड़ें प्राचीन भारतीय संस्कृति गे विद्यमान है। उन्होंने स्वयं को कुजात गांधीवादी, नेहरू को सरकारी गांधीवादी तथा विनोबा भावे को मठी गांधीवादी कहा।"

सर्वधर्म समभाव में भारत का विश्व में महत्वपूर्ण स्थान है जिसको भारत में धर्मनिरपेक्ष भारत कहने का अधिक प्रचलन है। यहां धर्मनिरपेक्षता का अर्थ एक विशेष मत एवं पंथ को तुष्ट करने से है। जबकि समस्त मत-पंथों की स्वतंत्रता से होना चाहिए। महात्मा गांधी के अनुयायी डॉ. लोहिया ने नौआखली में गांधी के आदेश पर सांप्रदायिक सद्भाव के लिए कार्य किया। यह इसलिए कि भारतीय संस्कृति में किसी के मत-मंथन तथा उपासना पद्धति में भेदभाव का स्थान नहीं है। जब एक मुस्लिम बच्चे पर कुछ धर्मांध आक्रमण करने जा रहे थे। डॉ. लोहिया ने उसका बचाव किया। मूल रूप से लोहिया ने यहाँ श्रीराम चन्द्र के मर्यादा का पालन किया।"

मूलतः डॉ. लोहिया की कृष्ण के प्रति विचारों को पढ़कर ऐसा लगता है कि वे कटु आलोचक है पर यह उनकी मानवतावादी दृष्टि है। वे कृष्ण के अनन्य भक्त है। कृष्ण को पढ़ते-पढ़ते तथा लिखते-लिखते वे इस्कॉन वालों की तरह कृष्णय हो जाते हैं। बार-बार भगवान श्रीकृष्ण के प्रति गोपियों के अनन्य प्रेम एवं विरह की व्याख्या करते हुए दिखायी पड़ते हैं। वे बार-बार के प्रेम में गोपियों के विरह पर विचार व्यक्त करते हैं।

"जब वे जिंदा थे, वृंदावन की गोपियाँ इतनी दुखी थीं कि आजतक गीत गाए जाते हैं- **निसि दिन बरसत नैन हमारे। कंचुकि पट सुरवत नहिं कबहूं उर बिच बहत पनारे।"**

श्रीमद् भगवद्गीता भारतीय सांस्कृतिक विचारधारा का सर्वश्रेष्ठ ग्रंथ है। अभी कुछ समय पूर्व इसे स्वामी अड़गड़ानंद ने राष्ट्रीय ग्रंथ घोषित करने की मांग की थी। गीता को कोई राष्ट्रीय ग्रंथ घोषित करे या न करे यह संपूर्ण भारतीयों की आत्मा में विराजमान है। डॉ. लोहिया ने इसमें व्यक्त विचारों को ही आत्मसात् किया तथा लाहौर के कष्टपूर्ण यातना को सहते हुए स्वयं को स्थितिप्रज्ञ बनाया। उन्होंने श्रीमद्भगवद्गीता के संबंध में कहा : "कृष्ण ने आत्मा के गीत गाए। उन्होंने आत्मा को अजर-अमर व अविनाशी बताया। उन्होंने कर्म के गीत गाए और मनुष्य को, फल की अपेक्षा किए बिना, और उसका माध्यम व कारण बने बिना निर्लिप्त भाव से डटे रहने के लिए कहा। उन्होंने समत्व भाव, सर्दी-गर्मी, जीत-हार, हानि-लाभ इत्यादि जीवन में आने वाले उद्वेलनों में समान भाव से रहने को कहा।" यह ठीक है कि महात्मा गांधी ने राम तथा कृष्ण को ऐतिहासिक व्यक्ति न मानकर (मिथकिय) काल्पनिक व्यक्ति माना है, पर महात्मा गांधी के कट्टर अनुयायी डॉ. राममनोहर लोहिया ने राम तथा कृष्ण के संबंध कहा वह तो गजब ही है। उनके कथन में भारतीयता, भारतीय संस्कृति तथा भारतीय जीवन-मूल्यों का संगम दिखायी पड़ता है। इस संगम में डुबकी लगाकर आज के तथाकथित समाजवादी मुक्ति प्राप्त कर सकते हैं, तो गांधीवादी गांधी के राम का साक्षात्कार कर सकते हैं। " गांधी राम के वंशज थे। आखिरी क्षण में उनके जुबान पर राम का नाम था। उन्होंने मर्यादा पुरुषोत्तम के ढांचे में अपने जीवन को ढाला और देशवासियों का आ]वान किया। द्वारिका पुत यमुना के किनारे मारा व जलाया गया था। गांधी अपने जीवन को अयोध्या के ढांचे में बहुलांश ढालने में सफल हुए। फिर वे दोनों के विचित्र और बेजोड़ मिश्रण थे।"

शिव की कहानी से, राम की कहानी से तथा कृष्ण की कहानी से संपूर्ण भारत परिचित है। यह इसलिए कि शिव के जीवन में निष्काम भाव है। कामशून्यता है। क्रोध का प्रचंड वेग है तो आक्रोश का विशाल कैलाश पर्वत है। जहां शिव तांडव नृत्य किया करते हैं। वे कभी काम से युक्त दिखाई पड़ते हैं। भला भारतीय संस्कृति के इस परमात्मा पर लोहिया कुछ न कहें। यह कैसे संभव है। लोहिया ने शिव के संबंध में कहा, "राम और कृष्ण ने मानवीय जीवन बिताया, लेकिन शिव बिना जन्म और बिना अंत के है। इस मामले में उनका कोई

मुकाबला नहीं कर सकता है। उन्होंने काम के देवता को नष्ट कर डाला, धर्म और राजनीति, ईश्वर और राष्ट्र हर जमाने में हर देश में मिल सकते हैं। शिव की यह कहानी हिन्दुस्तान की अटुट एवं विलक्षण एकता की कहानी है।" मूलतः विकृतियां मानव प्रवृति का पाशविक रूप है। मनुष्य जब अपने आराध्य की सच्ची उपासना से भटकता है, तो उसमें आसुरी प्रवृतियां आ ही जाती है। वह कामी, लोभी, मिथ्यावादी, हिंसक, अशौच, अधैर्य तथा समस्त दुर्गुणों के तरफ बढ़ने लगता है। परमात्मा के नाम मात्र स्मरण करते-करते कितने ही सहज को प्राप्त कर गए। इसीलिए गोस्वामी तुलसीदास ने कहा **"कलियुग केवल नाम अधारा। सुमिर-सुमिर नर उतरहिं पारा"**। अर्थात कलियुग में मात्र नाम स्मरण के द्वारा मुक्ति संभाव्य है। डॉ. साहब ने कहा, "राम के भक्त समय-समय पर पत्नी निर्वासिक, कृष्ण के भक्त दूसरों की बीवियां चुराने वाले, और शिव के भक्त अघोरपंथी हुए हैं। गिरावट और क्षत की प्रक्रिया में मर्यादा पुरुष संकीर्ण हो जाता है, उन्मुक्त पुरुष दुराचारी हो जाता है।, असीमित पुरुष प्रासांगिक और स्वरूपहीन हो जाता है। राम का गिरा हुआ रूप संकीर्ण व्यक्तित्व, कृष्ण का गिरा हुआ रूप दुराचारी व्यक्तित्व तथा शिव का गिरा हुआ रूप स्वरूपहीन व्यक्तिव बन जाता है। राम के दो रूप, मर्यादित और संकीर्ण, कृष्ण के उन्मुक्त एवं क्षुद्र प्रेमी तथा शिव के असीमित और प्रासांगिक।"

मृत्यु जीवन का सत्य है, जो आता है उसे जाना ही होता है, लेकिन मरणोपरांत उन्हें जो परिस्थितियां मिली, इससे हमें उनके विराट व्यक्तित्व उनथक, अविरल तथा सांस्कृतिक जीवन का स्मरण देखा जा सकता है।

भारतीय इतिहास का एक पक्ष है कि मानसिंह की पूजा हम उसके जीवन काल में करते हैं, परंतु प्रताप जैसे नर केसरी के तरफ हमारा ध्यान उनके मरणोपरांत जाता है। मधु लिमए के अनुसार, वे एक मौलिक विचारक, असाधारण नेता, विरोधी थे। आधुनिक भारत के निर्माण में उनकी महत्वपूर्ण भूमिका थी। वह एक ऐसे कर्मयोगी थे जो एकांत में नहीं रहते थे जिससे लोग उन तक पहुंच न पाएँ। "मूलरूप से डॉ. राममनोहर लोहिया भारतमाता की एकनिष्ठ भाव से सेवा के लिए पैदा ही हुए थे तो भला वे एकांत तथा समाज से कटकर अलग क्यों रहते। वे तो भारत माता के सच्चे पुत्र थे। आज जब डॉ. लोहिया जैसे महान व्यक्तित्वों का भारतीय राजनीति में आभाव हो गया है। ऐसे समय में जबकि लोहिया जन्म शताब्दी वर्ष मनाया जा रहा है। लोहिया के व्यक्तित्व और कृतित्व का प्रचार-प्रसार मात्र शहरों तथा वातानुकूलित कक्षों तक केंद्रित करने से काम

नही चलेगा। जब तक लोहिया के विचारों को कथा सम्राट प्रेमचंद के धनिया और होरी के पास ले जाने का प्रयास होता है। तब तक लोहिया जन्म शताब्दी का क्या अर्थ होगा? हाँ, इसके साथ ही समाजवादियों को लोहिया के विचारों को आत्मसात् करना होगा, बिना आत्मसात् किए समाज में कुछ भी परिवर्तन नहीं हो सकता है। जरूरत है लोहिया जैसे प्रचारक की तरह पैर में चक्कर, मुंह में शक्कर तथा दिल में आग के साथ वंचितों, दलितों तथा शोषितों के लिए तन, मन, और धन से लगना होगा। तभी डॉ. राममनोहर लोहिया के स्वप्न को साकार किया जा सकता है।

डॉ. लोहिया सत्य के सच्चे आराधक थे। इसीलिए उनकी स्पष्टता के कारण कुछ लोगों का मानना था कि वे विद्रोही थे तथा उनका किसी संगठन से जुड़ाव ठीक प्रकार से नही था। एक सत्य का आराधक भला सत्य के लिए अपना सर्वस्व न्योछावर कर देता है। यह तो भारतीय संस्कृति की अमर परंपरा रही है। डॉ. राममनोहर लोहिया सचमुच उसी धारा के प्रतिनिधि थे। तभी तो उन्होंने न मार्क्स-विरोधी न मार्क्स-समर्थक तथा गांधी के प्रति दिया। वे चापलुसगिर नहीं थे। उन्होंने कहा, "मुझे अपनी भावनाओं को छिपाना नहीं चाहिए और हिम्मत के साथ कहना चाहिए कि मै न मार्क्स-विरोधी हूं या मार्क्स-समर्थक। यहीं दृष्टिकोण मेरा महात्मा गांधी के प्रति भी है।" डॉ. साहब ने समता के अर्थ के संबंध में कहा कि "आधुनिक मानव ने समानता का अर्थ, जो सबसे अधिक आंतरिक अर्थ है, भुला दिया है। आदमी को आंतरिक समानता लाने की कोशिश करनी चाहिए। यह आंतरिक समानता हर्ष-विषाद, सर्दी-गर्मी, जीत-हार की विपरित स्थितियां बनी रहनी चाहिए। ऐसा लगता है कि हमारे प्राचीन मनीषियों ने आंतरिक स्थितिप्रज्ञता और बाहरी समानता को एक ही सिक्के के दो पहलुओं के रूप में जान लिया था क्योंकि केवल भारतीय भाषाओं में दोनों अर्थों के लिए एक शब्द समता या समत्व का प्रयोग हुआ है। कहा यह जाता है कि विपरीत स्थितियों में इस तरह की स्थितियों को प्राप्त करना असंभव है। यह कहना पूरा सच नहीं होगा क्योंकि ऐसी उन्हीं लोगों को प्राप्त हुई है। जिन्होंने इसके लिए प्रयत्न किया।"

डॉ. लोहिया ने कहा, "दुनिया में हरेक उसूल के दो रूप होते हैं, एक सगुण और दूसरा निगुर्ण, एक साधारण तथा व्यापक और दूसरा ठोस। ऐसा कोई उसूल नहीं है जिसके ये दो रूप नहीं हो। सिर्फ धर्म एवं दर्शन में ही सगुण एवं निगुर्ण नही हुआ करते वहां तो ब्रह्म को सगुण व निर्गुण कहा गया है। दोनों भक्तों

को अलग-अलग बताने की कोशिश की गयी है। लेकिन दुनिया की राजनीति,समाजी जिंदगी, हरेक में जो एकता आप ढूंढ़ें उसमें से दो चीजें होती है। एक आम व्यापक शक्ल तथा दूसरा ठोस तथा जिंदा शक्ल। हिन्दुस्थान की जिंदगी के जो पांच शक्ल हैं, उनको अपनी समझ के मुताबिक मैं गिनाऊंगा। एक बराबरी, दूसरा जनतंत्र, तीसरा विकेंद्रीकरण, चौथा अहिंसा, पांचवा समाजवाद।"

जब अपने यहां यह कहा गया कि-"जाति पाँति पूछै नहिं कोई हरि को भजै सो हरि का होई" अर्थात् परमात्मा के शरणागति के लिए सभी समान अधिकारी हैं।

जातिविहीन समाज की परिकल्पना भारतीय चिंतन का मुख्य विषय रहा है। परमात्मा के लिए हरिजन-ब्राह्मण में भेदभाव का कहीं भी स्थान नहीं है। आखिर इसे किस प्रकार समाप्त किया जाये तो फिर मंदिरों में ऐसा जातिय आधार पर भेदभाव मिटाने के लिए कहा, "बनारस और दूसरी जगह के मंदिरों में हरिजन सवर्ण भेद खत्म हो।"

जब जाति और योनि में भेद हो तथा किसी व्यक्ति को श्रेष्ठ तथा किसी को निम्न माना जाये तो पूर्णरूपेण मानवाधिकारों का हनन है। आज जहां भारतीय समाज में जातियों में भी जातियां-उपजातियां बन गयी है। एक जाति दूसरे को निम्न तथा स्वयं को श्रेष्ठ मान रही है। आपस में संघर्ष एवं मतभेद का बाजार गर्म है। भारत माता इस जातिभेद को लेकर व्यथित है। वो अपने पुत्रों से कह रही है। मेरे पुत्रो उठो! तुम सभी मानव जाति हो। तुम्हारे अंदर राम, कृष्ण, बुद्ध, महावीर, चंद्रगुप्त मौर्य, नानक, कबीर, रविदास, स्वामी विवेकानंद, स्वामी दयानंद तथा ज्ञात-अज्ञात महापुरुषों का रक्त प्रवाहित हो रहा है। तुम सभी मेरे पुत्र हो। तुम ये नही समझते माँ तो माँ होती है। उसके लिए भेदभाव का स्थान नही है। वस्तुतः भारत माता के आर्तनाद को डॉ. लोहिया ने पहचाना। भारतीय संस्कृति से प्रभावित डॉ. लोहिया ने कहा, "भारतीय गणतंत्र के राष्ट्रपति ने पुण्य नगरी काशी में सार्वजनिक रूप से दो सौ ब्राहाणों के पैर धोए। सार्वजनिक रूप से किसी का पैर धोना अश्लीलता है। इस अश्लील काम को ब्राह्मण जाति तक सीमित करना दंडनीय अपराध माना जाना चाहिए। इस विशेषाधिकार प्राप्त जाति में अधिकांशतः ऐसो को सम्मिलित करना जिनमें न योग्यता हो न चरित्र, विवेक बुद्धि का पूरा त्याग है जो जाति-प्रथा और पागलपन अवश्यंभावी अंग है।"

शिक्षा का उद्देश्य मानव का सर्वांगीण विकास करना होता है। जब बच्चे-बच्चियाँ शिक्षित हो जाए तथा वे चाहे तो शादी कर सकते हैं। भारतीय

चिंतन ने इसका तो प्रतिरोध किया ही नहीं। यदि ऐसा होता तो सीता, द्रौपदी तथा सावित्री ने स्वयंवर क्यों रचाया। आज पुरातनपंथियों तथा धर्मांध लोगों का मानना है कि स्त्री स्वयंवर को चुनती है तो यह साक्षात् कलियुग है, अर्थात् कलियुग आ गया है। डॉ. साहब ने कहा "बलात्कार और वादाफरामोशी को छोड़कर औरत-मर्द के बीच सारे रिश्ते जायज है। लड़की की शादी करना मां-बाप की जिम्मेवारी नहीं, अच्छा स्वास्थ्य और अच्छी शिक्षा दे देने पर उनकी जिम्मेवारी खत्म हो जाती है।"

डॉ. लोहिया सामाजिक समता के लिए इतना अधीर हो गये थे कि उन्होंने विशेष अवसर का प्रतिपादन किया। डॉ. साहब के मन में यह भाव था कि जो भारतीय समाज में प्रभु जातियां हैं वे सामाजिक समता की स्थापना में सबसे बड़ी बाधा है। अतः विशेष अवसर के द्वारा ही इस समस्या का समाधान निकाला जा सकता है। उन्होंने कहा, " अवसर मिलने से योग्यता आती है। देश में सभी 60 प्रतिशत अवसर हिंदुस्तान की 90 प्रतिशत आबादी यानि शुद्र, हरिजन, धार्मिक अल्पसंख्यकों की पिछड़ी जातियां, औरत और आदिवासियों को मिलनी चाहिए। इस सिद्धांत को ऊंची-से-ऊंची प्रतियोगिता में लागू करना चाहिए।"

जिंदा कौमें 5 साल इंतजार करती है क्या? दुनिया के देशों में तथा भारत में आर्थिक संपत्ति एवं साधनों पर अंग्रेजीयत से युक्त मैकालेवादी, अमीर, जातिवादी तथा विशेषाधिकार प्राप्त व्यक्तियों का कब्जा है। वो यद्धपि संख्या में कम है पर पुरी तरह से अपराधी की तरह संगठित गिरोह है। यह संगठित गिरोह धर्मसत्ता, राज्यसत्ता, अर्थसत्ता तथा समाज सत्ता पर गेडुली मारकर बैठा हुआ है। यदि देश की जनता ऐसा नहीं करती तो वो नष्ट हो जाएगी। क्या इन सत्ताओं पर एक विशेष वर्ग, जाति, धर्म तथा व्यवसाय का ही कब्जा रहेगा ऐसा क्यों? डॉ. लोहिया ने इसके विरोध में पाञ्चजन्य का तीव्र घोष किया। उन्होंने कहा, "पुरानी विरासत की ग्वालियर की महारानी कांग्रेस के टिकट पर लोकसभा का चुनाव लड़ रही हैं जिनके खिलाफ झाड़ू देने वाली सुक्खोरानी को वोट देकर विजयी बनाते हैं, तो देश के इतिहास में यह एक दैदिप्यमान घटना होगी।"

डॉ. राममनोहर लोहिया कट्टर राष्ट्रभक्त थे। वे एक ऐसे समाज का निर्माण करना चाहते थे जिसमें व्यक्ति-व्यक्ति में राष्ट्रीय चेतना का भाव निहित हो। उसके मन में से जातिवाद, क्षेत्रवाद, संप्रदायवाद के साथ-साथ, नर-नारी भेदभाव समाप्त हो जायें तथा संपूर्ण भारत एकता के सूत्र में आबद्ध हो जाए। इन्हीं बातों को ध्यान में रखते हुए डॉ. साहब ने राम, हिन्दी, तथा गांधी विरोधी द्रविड़

कषगम के वृद्ध नेता श्री रामास्वामी नाइकर से भेंट की तथा उनसे कहा, " जाति प्रथा की समाप्ति की लड़ाई में मैं आपकी मदद करने और साथ जेल जाने को तैयार हूँ। यदि जातिगत नामपट हटाने के आंदोलन चलाये जाए, तो मैं उसका

भी स्वागत करूंगा। लेकिन यह तभी संभव है जब आप अपनी ये मांगे छोड़ दें।" (1) उत्तर भारत का विरोध (जिसमें द्रविड़ स्थान की मांग)। (2) हिंदी विरोधी आंदोलन। (3) गांधी जी की तस्वीरें जलाना और (4) ब्राह्मणों के प्रति हिंसा को रोकना।

मूलत: डॉ. साहब के उपर एक वैश्विक भारतीय संस्कृति का ही प्रभाव था कि वे नाईकर जैसे जाति-विरोधी संकीर्ण नेता से मिले। उनके मन में भारत का भूत, वर्तमान तथा भविष्य दिखाई दे रहा था। डॉ. लोहिया ने देखा-पढ़ा था कि किस प्रकार जातिवाद तथा सामाजिक विषमता ने भारतीय राष्ट्र के एकात्म भाव को नष्ट किया है। अत: वे राष्ट्रीय एकता एवं सामाजिक समरसता के लिए एक ऐसे समाज का निर्माण करना चाहते थे जिसमें जोशी, पांडेय, मिश्रा, उपाध्याय, त्यागी, प्रधान, सिंह, राठौर, रेढी, नंबुदरी, डोंगरा, मुखर्जी, यादव, हरिजन नामक जाति सूचक शब्दों का स्थान न होता तथा राज्यसत्ता पर ब्राह्मण तथा वनिया वर्चस्व समाप्त हो। इसलिए उन्होंने जातिवाद के सत्यानाश का बीड़ा उठाया। यह ठीक है कि वे इसमें उतना सफल नही हुए। पर भारत माता का यह पुत्र करोड़ों युवाओं के लिए प्रेरणा स्रोत था, रहा है और रहेगा। यह ठीक है कि डॉ. राममनोहर लोहिया 12 अक्टूबर, 1967 को इस संसार से चले गए पर उनका व्यक्तित्व तथा कृतित्व हमारे लिए सदैव प्रेरणास्रोत रहेगा।

रामायण मेला

रामायण मेला, उत्तर प्रदेश के चित्रकूट और अयोध्या में लगता है। रामायण मेले में अनेक धर्माचार्य संत महात्मा, देश-विदेश के रामकथा मर्मज्ञ तथा विद्वान भाग लेते हैं। इस अवसर पर रामलीला प्रवचन तथा विभिन्न संस्था द्वारा सांस्कृतिक कार्यक्रम भी होते हैं।

रामायण मेला के आयोजन की परिकल्पना डॉ. राममनोहर लोहिया ने सन् 1961 में की थी। उसी के तहत 1973 में पहली बार उत्तर प्रदेश के तत्कालीन मुख्यमंत्री कमलापति त्रिपाठी ने चित्रकूट में रामायण मेला आयोजित किया था, जबकि अयोध्या में इसकी शुरुआत 1982 में तत्कालीन मुख्यमंत्री श्रीपति मिश्र ने की थी जिसका उद्देश्य रामायण मेले को केन्द्र में रखकर अयोध्या का विकास करना था।

आनन्द, प्रेम और शान्ति के आ]वान के मुख्य प्रयोजन के साथ राममनोहर लोहिया ने रामायण मेला आयोजित करने की संकल्पना की थी। उन्हें लगता था

कि आयोजन से हिन्दुस्तान की एकता जैसे लक्ष्य भी प्राप्त किए जाएँगे। लोहिया मानते थे कि कम्बन की तमिल रामायण, एकनाथ की मराठी रामायण, कृत्तिबास की बंगला रामायण और ऐसी ही दूसरी रामायणों ने अपनी-अपनी भाषा को जन्म और संस्कार दिया। उनका विचार था कि रामायण मेला में तुलसी की रामायण को केन्द्रित करके इन सभी रामायणों पर विचार किया जाएगा और बानगी के तौर पर उसका पाठ भी होगा। लोहिया का निजी मत था कि तुलसी एक रक्षक कवि थे।

"जब चारों तरफ से अझेल हमले हों, तो बचाना, थामना, टेका देना, शायद ही तुलसी से बढ़कर कोई कर सकता है। जब साधारण शक्ति आ चुकी हो, फैलाव, खोज, प्रयोग, नूतनता और महाबल अथवा महा-आनन्द के लिए दूसरी या पूरक कविता ढूँढ़नी होगी।"

11

स्त्री विमर्श और डॉ. लोहिया

भारतीय सांस्कृतिक पृष्ठभूमि में जन्में डॉ. राममनोहर लोहिया अनिश्वरवादी थे। वह हिन्दू होते हुए भी हिन्दू धर्म की मूल-मान्यताओं के कट्टर विरोधी थे। व धर्म को ईश्वर से न जोड़कर, मानव प्राणियों की भलाई के एक साधन के रूप में मानते थे। वे वर्णाश्रम व्यवस्था को भारतीय समाज में कोढ़ मानते थे क्योंकि उस व्यवस्था ने न केवल शूद्रों के सामाजिक जीवन को नरक बनाया, अपितु नारी जगत् की दुर्दशा भी की। उन्होंने पाया कि भारतीय लोग विशेषकर, हिन्दू, पृथ्वी पर सबसे दु:खी प्राणी हैं। वे न केवल दरिद्र हैं, बल्कि रोगग्रस्त भी हैं। इसके अतिरिक्त उनकी आत्मा अर्थात् मानसिक स्थिति बहुत गिर चुकी है। वे कहते हैं कि, प्रश्न है कि हमारी दरिद्रता तथा रोग का कौन सा कारण है? जाति एवं नारी का पार्थक्य हमारी पतनावस्था के मुख्य कारण हैं। मैं मानता हूँ कि जाति एवं नारी के दो पार्थक्य मुख्यत: हमारी मन:स्थिति के]ास के लिए उत्तरदायी हैं। इन पार्थक्यों में साहस और आनंद को ध्वस्त करने का पर्याप्त सामर्थ्य है। निर्धनता और ये दो पार्थक्य एक दूसरे के जीवाणुओं पर आश्रित हैं।

अत: निर्धनता को समाप्त करना है तो इन दोनों के विरुद्ध युद्ध स्तर पर कार्य करना होगा। देश की सारी राजनीति में, चाहे जान-बूझ कर अथवा परंपरा के द्वारा राष्ट्रीय सहमति का एक बहुत बड़ा क्षेत्र है और वह यह कि शूद्र और औरत जो कि पूरी आबादी की तीन-चौथाई हैं, उनको दबाकर और राजनीति से अलग रखा गया है, यों तो औरत का स्थान भारत में छोटा नहीं है। कहीं किसी आधुनिक देश में औरत प्रधानमंत्री अथवा राष्ट्रपति फिलहाल अचिन्त्य है। कई मंत्री या राजदूत भी रहीं हैं। लेकिन उससे आधी आबादी होने वाली औरतों की भारतीय समाज की स्थिति में कोई परिवर्तन नहीं हैं। हिन्दुस्तान की नारी घर में देवी है और बाहर नगण्य है। साधारण तौर पर पैरों के तले और कभी-कभी सिर

पर बैठती हैं। वह व्यक्ति नहीं हैं, करीब-करीब उसी तरह से जिस तरह से पश्चिम एशिया की नारी अथवा इतिहास के कुछ युगों में चीन की। पश्चिम एशिया में औरत एक सुन्दर खिलौना रही है। तफरीह के क्षणों में कदर और प्रेम, फिर अवस्तु। वे कहते हैं कि "कई सौ या हजार बरस में हिन्दू नर का दिमाग अपने हित को लेकर गैर बराबरी के आधार पर बहुत ज्यादा गठित हो चुका है। उस दिमाग को ठोकर मार-मार करके बदलना है। नर-नारी के बीच में बराबरी कायम करना है।"

यूरोप में नारी कभी भी किसी युग में असमानता की वैसी शिकार नहीं रही जैसी एशिया में। बहुत ढूँढा लेकिन बड़े युद्धों के अलावा कहीं और एक मर्द के एक से अधिक विवाह की घटना न मिली। मध्य युग में 'शालमन' ने अपने सरदारों की विधवाओं से एक साथ विवाह किया। ऐसी कुछ और भी घटनाएँ रहीं हैं। किन्तु पुराने से पुराने युग से लेकर आज तक बहुपत्नी-प्रथा यूरोप के कानून में सर्वथा त्याज्य है। जहाँ तक हम जानते हैं, इस प्रश्न को लेकर अभी तक शोध नहीं हुआ है। हो तो मजेदार नतीजे निकल सकते हैं।

बहुपत्नी प्रथा पर क्षोभ प्रकट करते हुए डॉ. लोहिया कहते हैं कि- "हमारे यहाँ यह तो बड़ी विचित्र सामाजिक घटना है और समाज रचना है। मैंने कई लोगों से कहा, इस पर अध्ययन करो। यह तो पी-एच.डी. का विषय है। क्या बात है कि हिन्दुस्तान में मर्द को तो अधिकार मिल गया और खाली हिन्दुस्तान ही नहीं अरबिस्तान, चीन में शादी करने का या रखैल रखने का। प्रेमिका की बात अलग है। यहाँ शादी की बात है। शादी तो आखिर एक सामाजिक घटना है और जबरदस्त घटना है। गोरी दुनिया में तो कोई मर्द एक साथ एक से ज्यादा औरत से, साधारण जमाने में, शादी नहीं कर पाया, लेकिन हमारी रंगीन दुनिया में उसको यह अधिकार परम्परागत रहा है। यह एक ऐसा विषय है कि जिसके ऊपर कोई अध्ययन करके किताब लिखे तो बहुत बढ़िया चीज होगी।" यौन शुचिता की एक पक्षीय दृष्टि पर व्यंग्य करते हुए लोहिया कहते हैं कि "हिन्दुस्तान आज विकृत हो गया है, यौन पवित्रता की लम्बी-चौड़ी बातों के बावजूद आमतौर पर विवाह और यौन के सम्बन्ध में लोगों के विचार सड़े हुए हैं। सारे संसार में कभी-कभी मर्द ने नारी के सम्बन्ध में शुचिता, शुद्धता, पवित्रता के बड़े लम्बे चौड़े आदर्श बनाये हैं। घूम फिर कर इन आदर्शों का सम्बन्ध शरीर तक सिमट जाता है, और शरीर के भी छोटे से हिस्से पर। नारी का पर-पुरुष न स्पर्श से हो। शादी के पहले हरगिज न हो। बाद में अपने पति से हो। एक बार जो पति

बने, तो दूसरा किसी हालत में न आये। भले ही ऐसे विचार मर्द के लिए सारे संसार में कभी न कभी स्वाभाविक रहे हैं, किन्तु भारत भूमि पर इन विचारों की जो जड़े और प्रस्फुटन मिले वे अनिवर्चनीय हैं।

'अष्ट वर्षा भवेत गौरी' यह सूत्र किसी बड़े ऋषि ने चाहे न बनाया हो लेकिन बड़ा प्रचलित है आज तक। इसे जकड़कर रखो, मन से, धर्म से, सूत्र से, समाज संगठन से और अन्ततोगत्वा शरीर की प्रणालियों से कि जल्दी-से-जल्दी लड़की का विवाह करके औरत को शुचि, शुद्ध और पवित्र बनाकर रखो। विवाह से कन्या पवित्र नहीं होती तब तक उसको असीम अकेलेपन में जिन्दगी काटनी पड़ती है।"

'यौन शुचिता'को केन्द्र में रखकर जाने कितने धर्म ग्रन्थ लिखे गये। सभी में स्त्री ही लक्ष्य बनायी गयी और उसी के कोमल हृदय का आखेट किया गया। पुरुष की यौन शुचिता, पवित्रता को अक्षुण्ण रखने के लिए किसी ऋषि, महर्षि ने कोई श्लोक नहीं लिखा। उसके लिए विवाह से पूर्व या विवाह के पश्चात् यौन शुचिता का कोई प्रतिबंधित नियम नहीं बनाया गया। वो सदैव से स्वतंत्र और स्वच्छंद रहा। स्त्री और पुरुष की यौन-शुचिता के लिए निर्धारित इन असमान प्राचीन अवधारणाओं से लोहिया की बौद्धिकता विचलित व आहत होती रही। वे स्त्री-पुरुष को समानता के धरातल पर देखना चाहते थे। वे कहते थे कि "आज के हिन्दुस्तान में एक मर्द और एक औरत शादी करके जो सात-आठ बच्चे पैदा करते हैं उनके बनिस्बत मैं उनको पसंद करूँगा जो बिना शादी किये हुए एक भी या एक ही पैदा करते हैं। या, लड़की यानी उसके माँ-बाप दहेज देकर, जिसे समाज कहेगा अच्छी-खासी शादी की, उसको मैं ज्यादा खराब समझूँगा बनिस्बत एक ऐसी लड़की के जो कि दहेज दिये बिना दुनिया में आत्म-सम्मान के साथ चलती है परंतु हमारे समाज में वैसी महिलाओं को हे दृष्टि से देखा जाता है, और पुरुष पर यह नियम लागू नहीं होता। संसार में सभी जगह थोड़ा-बहुत ऐसा है। यह वृत्ति भी छूट जानी चाहिए और खास तौर में राजनीति में जो औरतें आएँगी वह तो थोड़ी-बहुत तेजस्वी होंगी, घर की गुड़िया तो नहीं होंगी। घर की गुड़िया क्यों समाजवादी दल, कांग्रेस दल या कम्युनिस्ट दल में आएगी। जब वह तेजस्वी होगी तो जो परंपरागत संस्कार हैं उनसे टकराव हो ही जाएगा। मैं जानता हूँ कि समाजवादी दल में भी ऐसे कुछ लोग हैं जो नाक-भौं सिकोड़ते हैं। आज के हिन्दुस्तान में किसी औरत की निंदा तो करनी ही नहीं चाहिए। केवल जहाँ तक

विचार का संबंध है उसमें भी मैं समझता हूँ बहुत संभल कर उसके बारे में कुछ बोलना चाहिए।"

'महाभारत में द्रौपदी' के चरित्र की लोहिया जी ने खूब सराहना की है उनकी दृष्टि में "द्रौपदी एक ऐसी विदुषी नारी थी जिसने कभी भी किसी पुरुष से दिमागी हार नहीं खायी। वे आगे कहते हैं कि नारी को गठरी के समान नहीं बनना है, परंतु नारी इतनी शक्तिशाली होनी चाहिए कि वक्त पर पुरुष को गठरी बनाकर अपने साथ ले चले।"

लोहिया स्त्री को शक्तिस्वरूपिणी मानते थे किन्तु वैसे नहीं जैसे कि हमारे धर्मग्रंथों में वर्णित है। धर्मग्रंथ नारी को देवी के रूप में पूजनीय बताते हैं तो व्यावहारिक जीवन व सभ्य समाज में 'ताड़न के अधिकारी' भी सिद्ध करते हैं। लोहिया ऐसी दोहरी मानसिकता पर क्षुब्ध होकर कहते हैं- "यह सही है कि भारत की नारी जैसी एक अर्थ की संज्ञा व्यापक अर्थ में नहीं है। कई प्रकार की और वर्गों की नारियाँ हैं। एक तरफ खेत मजदूरिनें हैं, जो राम को सीता के मुँह से पापी कहलवाने वाली सोहरें गाती हैं और जिनमें तलाक हमेशा चालू रहा है। दूसरी तरफ ऐसी मध्यम-वर्ग की और सनातनी नारियाँ हैं जो दिमाग और वचन से, कर्म चाहे भले ही अन्य दिशाओं में फूट पड़ता हो, राम को ही अपना आराध्य मानती हैं, चाहे वह अग्नि परीक्षा लेने के बाद भी वनवास दे दें। वह तो जंगलीपन था। राम ने जिस तरह से सीता के साथ व्यवहार किया है, हिन्दुस्तान की कोई भी औरत राम के प्रति कैसे कोई बड़ा स्नेह कर सकती है, इसमें मुझे कई बार बड़ा ताजुब्ब होता है। यह कहना कि राम जनतंत्र का कितना उपासक था कि एक धोबी के कहने से उसको (सीता) निकाल दिया लेकिन अग्नि-परीक्षा वाला कौन सा मौका था। उस वक्त क्या माँग थी। अगर मान भी लो, थोड़ी देर के लिए कि जनता में से किसी एक ने यह माँग की थी तो जनतंत्र यह है कि कोई कह दे। सवाल यह उठता है कि अगर वे जनतंत्र के इतने बड़े उपासक थे तो क्या राम के पास कोई और रास्ता नहीं था। वे सीता को लेकर, गद्दी छोड़कर वनवास फिर से नहीं जा सकते थे? यदि गाँधी जी आज जिंदा होते तो मैं उनसे कहता कि आप रामराज की बात न करें। यह अच्छा नहीं है। इसलिए मैं सीता-रामराज की बात कहता हूँ। यदि सीतारामराज कायम करने की बात देश के घर-घर में पहुँच जाए तो औरत-मर्द के आपसी झगड़े हमेशा के लिए खत्म हो जाएँगे और तब उनके आपसी रिश्ते भी अच्छे होंगे। जाने कितने वर्षों से नारी पतिव्रत-धर्म निभाती आ रही है। एक पत्नी को अपने पति की लंबी आयु के

लिए जाने कितने व्रत-उपवास के विधि-विधानों का पालन करना पड़ता है पति को परमेश्वर मान पूजा करने की अनगिनत विधियाँ हमारे धर्मग्रंथों में बतायी गयी है। पर दूसरी ओर पतियों के लिए ऐसा कोई भी कर्म-धर्म नहीं बताया गया है। धर्मशास्त्रों में पति के लिए 'पत्नीव्रत' जैसी कोई अवधारणा ही नहीं है, इस विषय पर सारे धर्मग्रंथों ने मौन साध रखा है। डॉ. लोहिया ने भारतीय समाज की इस अराजक, असमान स्थिति की ओर भी तथाकथित सभ्य समाज का ध्यान आकृष्ट कराया है- "सावित्री के लिए हिंद नर और हिन्दू नारी दोनों का दिल एकदम से आलोड़ित हो उठता है कि वह क्या गजब की औरत थी। अगर हिन्दू किंवदन्ती में ऐसी पतिव्रता का किस्सा मौजूद है कि जो यम के हाथों से अपने पति को छुड़ा लाई, तो कोई किस्सा हमको ऐसा भी बताओ, किसी पत्नीव्रत का, कि जो अपनी औरतों के मर जाने पर यम के हाथों से छुड़ाकर लाया हो और फिर से उसको जिलाया हो। आखिर मजा तो तभी आता है जब ऐसा किस्सा दो तरफ होता है। पतिव्रत की तरह पत्नीव्रत का किस्सा नहीं है। तो फिर इतना साफ साबित हो जाता है कि जब कभी ये किस्से बने या हुए भी हों तब से लेकर अब तक हिन्दुस्तानी दिमाग में उस औरत की कितनी जबरदस्त कदर है जो कि अपने पति के साथ शरीर, मन, आत्मा से जुड़ी हुई है और वह पतिव्रता या पतिव्रत धर्म का प्रतीक बन सकती है। इसके विपरीत मर्द का औरत के प्रति उसी तरह का कोई श्रद्धा या भक्ति का किस्सा नहीं है।

लोहिया ने दहेज-प्रथा का जमकर विरोध किया। शादी-ब्याह में लड़कियों का चाय-नाश्ता लेकर बेजुबान पशु की तरह खड़े रहना और बिना उनकी इच्छा जाने किसी पराये खूँटे पर बाँध दिये जाने की भारतीय परंपरागत प्रवृत्ति ने लोहिया के संवेदनशील हृदय में हलचल मचा दिया था वे कहते हैं,- "बिना दहेज के लड़की किसी मसरफ की नहीं होती, जैसे बिन बछड़े वाली गाय। नाई या ब्राह्मण के द्वारा पहले शादियाँ तय की जाती थी उसकी बनिस्वत फोटू देखकर या सकुचाती-शरमाती लड़की द्वारा चाय की प्याली लाने के दमघोंटू वातावरण में शादी तय करना हर हालत में बेहूदा है।"

हमारे समाज की विडंबना है कि स्त्रियाँ स्वयं ही एक दूसरे के प्रति क्रूर व असंवेदनशील हो जाती हैं। किन्हीं मामलों में तो इतनी हिंसक हो जाती हैं कि विश्वास करना कठिन हो जाता है कि उनमें कोमल हृदय भी निवास करता हैं दहेज-हत्या के अनगिनत मामलों में पारिवारिक स्त्रियों की ही अधिकाधिक भूमिका होती है। इस संदर्भ में लोहिया कहते हैं कि "समाज क्रूर है और औरतें

तो बेहद क्रूर बन सकती हैं, उन औरतों के बारे में विशेषत: अगर वे अविवाहित हों और अलग-अलग आदमियों के साथ घूमती-फिरती हैं, तो विवाहित स्त्रियाँ उनके बारे में जैसा व्यवहार करती हैं और कानाफूसी करती हैं, उसे देखकर चिढ़ होती है। इस तरह के क्रूर मन के रहते मर्द का औरत से अलगाव कभी खत्म नहीं होगा।" भारतीय समाज में कन्या-भ्रूण हत्या मामूली सी बात है जो सदियों से होती आ रही है।

भारतीय धर्म-ग्रंथों में विभिन्न पाप कर्मों हेतु दण्ड-विधान वर्णित है। लेकिन जिस कन्या को देवी मानकर पूजा करने की प्रथा है उसकी कोख में ही नृशंस हत्या कर दी जाती है या पैदा होने के पश्चात् दूध में डुबाकर मार दिया जाता है। अथवा कूड़ेदान में, या सड़क किनारे फेंक दिया जाता है। अपनी संस्कृति और सभ्यता का महात्म्य गाने वाला देश मंदिर की सीढ़ियों पर रोती-बिलखती नवजात का करुण-क्रंदन नहीं सुन पाता। वह उस मासूम अनाथ बच्ची से कहीं ज्यादा असहाय बन जाता है और मूक-बधिर बन भविष्य में लिंग-अनुपातों की असमानता से होने वाले भयंकर परिणामों की तरफ से अपनी आँखें मूँद लेता है। लोहिया कहते हैं कि हिन्दुस्तान में कई जातियाँ ऐसी हैं कि उनके माता-पिता को लड़की जनमते दु:ख होता है और पैदा हुई कन्या की वे हत्या कर देते हैं। इस तरह की कन्या हत्याएँ होती रहेंगी तो इस देश में न्याय प्रवृत्ति बढ़ना महज असंभव है। घरेलू हिंसा की शिकार स्त्रियों की दुर्दशा से विचलित लोहिया कहते हैं कि भारतीय मर्द इतना पाजी है कि अपनी घर की औरतों को वह पीटता है। सारी दुनिया में शायद औरतें पिटतीं हैं, लेकिन जितनी हिन्दुस्तान में पिटती हैं, उतनी और कहीं नहीं। मुस्लिम समाज में बहुपत्नी प्रथा और 'बुर्का' के प्रचलन से लोहिया क्षुब्ध रहते थे। विधवा स्त्री की दीन-हीन अवस्था पर व्यथित होकर लोहिया ने कहा कि विधवा औरत क्रूरता का अवशेष, दुनियाभर में खास करके हिन्दुस्तान में रही है। वे मानते हैं कि जब तक शूद्रों, हरिजनों और औरतों की खोई हुई आत्मा नहीं जगती और उसी तरह जतन तथा मेहनत से उसे फूलने-फलने और बढ़ाने की कोशिश न होगी, तब तक हिन्दुस्तान में कोई भी वाद, किसी तरह की नई जान लायी न जा सकेगी। नि:संदेह डॉ. लोहिया एक मानववादी चिंतक थे, क्योंकि वे मानव कल्याण के प्रति अपनी आस्था निरंतर बनाये रखने में सक्षम रहे। नकारात्मक दृष्टि से वे ब्राह्मणवाद, बणिकवाद, छुआछूत, जातिवाद, वर्णवाद, निर्धनता, सांप्रदायिकता, क्षेत्रीयवाद धर्मांधता, हिंसा आदि के कट्टर विरोधी थे और सकारात्मक रूप में वे समाजवाद,

समता, स्वतंत्रता, भ्रातृत्व आदि के मूल्यों पर आधारित नयी समाज व्यवस्था के हिमायती थे।" उनकी मान्यता थी कि हर संघर्ष में जो सबसे नीचे दबे हुए मानव प्राणी हैं और जिनके पास रोटी, कपड़ा, और मकान का कोई साधन नहीं है, उन्हें सर्वप्रथम उठने के अवसर देना चाहिए। समाज तथा राज्य दोनों का यह दायित्व है। इन्हीं स्त्री–पुरुषों ने एक लंबी और कष्टदायक राह का सफर किया है। स्पष्ट है कि मनुष्य के लिए स्वतंत्रता, समता, सुख और शांति की प्राप्ति कराने हेतु डॉ. लोहिया बड़े ही सजग एवं सक्रिय थे।

12

लोहिया द्वारा चलाए गए प्रमुख आन्दोलन और उनकी उपलब्धियाँ

सांस्कृतिक क्रान्ति के अग्रदूत डॉ. राममनोहर लोहिया अपने जीवन काल में अनेक आन्दोलनों सूत्रपात तथा दनका नेतृत्व है। प्रस्तुत अध्याय में हम इनके द्वारा चलाये गये कुछ प्रमुख आन्दोलन तथा उनकी उपलब्धियों के विषय में जानकारी प्राप्त करेंगे।

कगोदु आन्दोलन

कर्नाटक के शिमोगा जिले के कगोदु गाँव में सिर्फ एक जमींदार था और बाकी सभी गाँव वाले मात्र किराये के काश्तकार थे। उनकी सामाजिक-आर्थिक दशा अत्यंत दयनीय थी, वह जमींदार के सामने खड़े तक नहीं हो सकते थे, महिला-पुरुषों को घुटनों तक की धोती पहननी पड़ती थी, जमींदार के घर में बेगार करनी पड़ती थी। ऐसे निराशाजनक वातावरण में स्वतंत्रता प्राप्ति ने एक नयी रोशनी पैदा की लेकिन दबे-कुचले किसानों में आई इस चेतना से जमींदार तिलमिला गया और उसने उन्हें जमीनों से बेदखल कर दिया। 1951 में किसानों ने संगठित होकर किसान संगठन और कर्नाटक समाजवादी पार्टी ने जमींदार के शोषण के विरुद्ध सत्याग्रह प्रारंभ कर दिया। कितने दुर्भाग्य की बात है कि स्वतंत्र भारत की सरकार ने जमींदार का पक्ष लिया। सैंकड़ों किसानों ने सागर और शिमोगा की जेलों को भर दिया।

1951 के मध्य में जब लोहिया जी को इस सब अन्याय का पता चला तो वह तुरंत कगोदु पहुँच गए और किसानों को साथ लेकर खेतों में सत्याग्रह शुरू

किया और जुलूस निकाला। इस सहयोग के एवज में उन्हें गिरफ्तार कर लिया गया। वह पूरी रात सागर थाने में बेठे रहे। बाद में उन्हें बंगलोर लाकर गवर्नमेंट हॉउस में बंद रखा गया और जब हाईकोर्ट में अपील की गयी तब जाकर उन्हें रिहा किया गया।

स्वतंत्रता मिलने से पूर्व जिन नेताओं पर देश का भाग्य बदलने का विश्वास था वही नेता स्वतंत्रता के बाद स्वयं बदल गए। नेहरू लोहिया जी के अच्छे मित्र थे किन्तु मतभेद होने पर उन्होंने उनकी आलोचना भी की। 1962 में उन्होंने तत्कालीन भारत के सबसे शक्तिशाली व्यक्तित्व प्रधानमंत्री नेहरू के विरुद्ध उन्हीं के फूलपुर चुनाव क्षेत्र से चुनाव लड़ा। यद्यपि वह हार गए किन्तु 1963 के उप-चुनाव में वह फर्रुखाबाद क्षेत्र से चुनाव लड़े और विजयी हुए।

1963 में जब लोहिया जी संसद में पहुंचे तब तक देश में लगातार तीन आम चुनावों से कांग्रेस की ही सरकार थी। इस स्थिति में आवाज उठाने वाले लोहिया जी पहले व्यक्ति थी। उन्होंने सरकार के अनावश्यक व्यय पर एक पेम्फलेट लिखा " एक दिन के 25 ,000 रु. "। असल में प्रधानमंत्री जवाहरलाल नेहरू पर प्रति दिन 25 ,000 रु. खर्च होते थे जबकि देश की 70 प्रतिशत जनता मात्र तीन आना प्रति दिन पर गुजर कर रही थी। नेहरू ने इसका यह कहकर विरोध किया की भारत के योजना आयोग के आंकड़ों के अनुसार एक दिन की प्रति व्यक्ति आय लगभग 15 आना है। लोहिया जी ने इस महत्वपूर्ण मुद्दे पर विशेष चर्चा की मांग की। यह बहस आज भी " तीन आना-पंद्रह आना " नाम से प्रसिद्ध है। बहस में कोई भी सदस्य उनके अकाटड तर्कों के आगे टिक नहीं सका और उन्होंने साबित किया की योजना आयोग के आंकड़ें काल्पनिक और गुमराह करने वाले हैं। सच तो यह था कि आज की ही तरह केवल कुछ अमीर लोगों की आय ने प्रति व्यक्ति आय के औसत को बढ़ा दिया था जिससे एक बिलकुल ही अविश्वसनीय चित्र बन गया था। लोहिया जी के आंकड़ें सही साबित हुए।

अंग्रेजी हटाओ आंदोलन

स्वतंत्र भारत में साठ के दशक में 'अंग्रेजी हटाओं-हिन्दी लाओ' के आंदोलन का सूत्रपात राममनोहर लोहिया ने किया था। इस आन्दोलन की गणना अब तक के कुछ इने गिने आंदोलनों में की जा सकती है। समाजवादी राजनीति के पुरोधा डॉ. राममनोहर लोहिया के भाषा संबंधी समस्त चिंतन और आंदोलन

का लक्ष्य भारतीय सार्वजनिक जीवन से अंग्रेजी के वर्चस्व को हटाना था। लोहिया को अंग्रेजी भाषा मात्र से कोई आपत्ति नहीं थी। अंग्रेजी के विपुल साहित्य के भी वह विरोधी नहीं थे, बल्कि विचार और शोध की भाषा के रूप में वह अंग्रेजी का सम्मान करते थे।

लोहिया जब अंग्रेजी हटाने की बात करते हैं, तो उसका मतलब हिंदी लाना नहीं है। बल्कि अंग्रेजी हटाने के नारे के पीछे लोहिया की एक खास समझदारी है। लोहिया भारतीय जनता पर थोपी गई अंग्रेजी के स्थान पर भारतीय भाषाओं को प्रतिष्ठा दिलाने के पक्षधर थे। 19 सितंबर 1962 को हैदराबाद में लोहिया ने कहा था,

"अंग्रेजी हटाओ का मतलब हिंदी लाओ नहीं होता। अंग्रेजी हटाओ का मतलब होता है, तमिल या बांग्ला और इसी तरह अपनी-अपनी भाषाओं की प्रतिष्ठा।"

उनके लिए स्वभाषा राजनीति का मुद्दा नहीं बल्कि अपने स्वाभिमान का प्रश्न और लाखोंख्रकरोड़ों को हीन ग्रंथि से उबरकर आत्मविश्वास से भर देने का स्वप्न था।

''मैं चाहूंगा कि हिंदुस्तान के साधारण लोग अपने अंग्रेजी के अज्ञान पर लजाएं नहीं, बल्कि गर्व करें। इस सामंती भाषा को उन्हीं के लिए छोड़ दें जिनके मां बाप अगर शरीर से नहीं तो आत्मा से अंग्रेज रहे हैं।''

दक्षिण (मुख्यत: तमिलनाडु) के हिंदी-विरोधी उग्र आंदोलनों के दौर में लोहिया पूरे दक्षिण भारत में अंगरेजी के खिलाफ तथा हिंदी व अन्य भारतीय भाषाओं के पक्ष में आंदोलन कर रहे थे। हिंदी के प्रति झुकाव की वजह से दुर्भाग्य से दक्षिण भारत के कुछ लोगों को लोहिया उत्तर और ब्राह्मण संस्कृति के प्रतिनिधि के रूप में दिखाई देते थे। दक्षिण भारत में उनके 'अंग्रेजी हटाओ' के नारे का मतलब 'हिंदी लाओ' लिया जाता था। इस वजह से लोहिया को दक्षिण भारत में सभाएं करने में कई बार काफी मुश्किलों का सामना करना पड़ता था। सन् 1961 में मद्रास और कोयंबटूर में सभाओं के दौरान उन पर पत्थर तक फेंके गए। ऐसी घटनाओं के बीच हैदाराबाद लोहिया और सोशलिस्ट पार्टी की गतिविधियों का केंद्र बना रहा। 'अंग्रेजी हटाओ' आंदोलन की कई महत्वपूर्ण बैठकें हैदराबाद में हुई।

तमिलनाडु की द्रविड़ मुनेत्र कड़गम पार्टी ने इस आन्दोलन के विरुद्ध हिन्दी हटओ का आन्दोलन चलाया जो एक सीमा तक अलगाववादी आन्दोलन

का रूप ले लिया। नेहरू ने सन् 1963 में संविधान संशोधन करके हिन्दी के साथ अंग्रेजी को भी अनिश्चित काल तक भारत की सह-राजभाषा का दर्जा दे दिया। सन् 1965 में अंग्रेजी पूरी तरह हटने वाली थी वह स्थायी बना दी गयी। दुर्भाग्य से सन् 1967 में लोहिया का असमय देहान्त हो गया जिससे इस आन्दोलन को भारी धक्का लगा।

यह आंदोलन सफल होता तो आज भाषाई त्रासदी का यह दौर न देखना पड़ता। लोहिया का यह कहना था कि "अंग्रेजी का विरोध न करें, हिन्दी का प्रचार करें" की अंतर्वस्तु को भली-भांति समझते थे। वे जानते थे कि यह एक ऐसा भाषाई षडयंत्र है जिसके द्वारा औपनिवेशिक संस्कृति की मृत प्राय अमरबेल को पुनः पल्लवित होने का अवसर प्राप्त हो जायेगा। इस भाषाई षडयंत्र को समझने वाले लोहिया अपने प्रयत्न में असफल रहे या असफल कर दिये गये· किन्तु विश्व स्तर पर इस साम्राज्यवादी भाषाई मंशा को समझने वाले चीन के माउत्से तुंग ने अपने देश चीन में जीवन के हर आयाम में अपनी चीनी भाषा को स्थापित किया।

सामाजिक न्याय की शुरुआत

वी. पी. सिंह सरकार में रहते हुए ही जार्ज फर्नांडीज, शरद यादव, नीतिश कुमार और रामविलास पासवान ने मंडल आयोग की सिफारिशों को लागू करवाने का फैसला करवाया जिससे भारतीय राजनीति में सामाजिक न्याय की राजनीति की शुरुआत हुई।

इसी दौर में मुलायम सिंह यादव और लालू प्रसाद यादव उत्तर प्रदेश और बिहार में मुख्यमंत्री बने।

लेकिन एक साल में ही वी. पी. सिंह सरकार का पतन हो जाने के बाद समाजवादियों में जो विभाजन हुआ उससे यह आंदोलन लगातार कमजोर ही होता गया।

हालांकि वी. पी. सिंह के बाद प्रधानमंत्री बने चंद्रशेखर को भारत का पहला समाजवादी प्रधानमंत्री कहा गया।

अब हालत ये है कि अपने को समाजवादी कहने वाले ज्यादातर लोग या तो सत्ताधारी राष्ट्रीय जनतांत्रिक गठबंधन के सदस्य हैं या कांग्रेस का समर्थन ले रहे हैं या उसे दे रहे हैं।

13

डॉ. लोहिया और सप्त क्रान्ति

विश्व में आर्थिक असमानता, भयावह गरीबी व शोषण कोई नई बात नहीं है, सामन्तशाही के दौर में भी दुनिया ने इसका विकराल रूप देखा है और कम्यूनिज्म-लोकतांत्रिक पूंजीवाद तथा समाजवाद के माध्यम से दुनिया में इसे कम करने का प्रयास भी किया गया है। अमेरिका व यूरोप के देश पूंजीवादी अर्थव्यवस्था से आर्थिक समता व उन्नति का रास्ता तलाशते रहे हैं तो यूरोप, चीन, रूस जैसे देश मार्क्स की दास कैपिटल को आधार बनाकर कम्यूनिज्म के माध्यम से आर्थिक सम्पन्नता व समता का रास्ता अपनाते रहे हैं। भारत के संदर्भ में भी आजादी के बाद अनेक प्रयोग हुये हैं। सर्वप्रथम सरकार ने पंडित नेहरू के नेतृत्व में मिश्रित अर्थव्यवस्था को स्वीकार कर आर्थिक समानता लाने का प्रयास किया था तो महात्मा गांधी ने ग्राम स्वराज को राष्ट्रीय विकास का सेतु बनाया था। डॉ. राममनोहर लोहिया ने मार्क्स व गांधीजी के समन्वित स्वरूप को देश के हित में बताते हुये सामाजिक विषमता पर विजय प्राप्त कर आर्थिक समता की दिशा में आगे बढ़ने की पहल की थी। डॉ. लोहिया ने सामाजिक समता के लिये दलित, पीड़ित व महिलाओं को विशेष अवसर व विशेष अधिकार दिये जाने की मांग की थी। इसी तरह आर्थिक समता के लिये भूमि सुधार, चौखम्भाराज द्वारा ग्रामीण सशक्तिकरण, दाम, आय खर्च पर सीमा लगाने पर बल दिया था और इसी के आधार पर जमीनी स्तर पर अनेक जन आंदोलनों का संचालन कर सरकार पर निरंतर दबाव बनाने का कार्य किया था। डॉ. लोहिया बहुत कम उम्र में ही अपना देह त्याग कर सबसे विदा हो गये थे लेकिन उनके विचार आज भी पूरी तरह प्रासंगिक हैं।

लोहिया जी ने गांधी जी के आदर्शों पर चलकर स्वयं को कुजात गांधीवादी कहा जो सत्ता व मठ के विरोधी थे। आज डॉ. लोहिया के शताब्दी वर्ष को

शुरुआत के समय हम स्पष्ट रूप से उनके विचारों की सार्थकता को महसूस कर सकते हैं। डॉ.राममनोहर लोहिया ने भारत में व्याप्त आर्थिक असमानता के लिये सामाजिक असमानता को कारण बताते हुये सर्वप्रथम देश में व्याप्त सामाजिक उत्पीड़न के विरुद्ध संघर्ष की आवश्यकता महसूस की थी। उन्होंने दलित पिछड़ों को सामाजिक न्याय के साथ आर्थिक अधिकार देने की मांग की एवं देश की आबादी में 50 प्रतिशत हिस्सेदारी रखने वाली महिलाओं को समान अधिकार देने के लिये आंदोलन की शुरुआत भी की। उन्होंने ग्वालियर की महारानी के समक्ष हरिजन महिला सुखो रानी को चुनाव मैदान में उतारकर अपने विचार व लक्ष्य से पूरे देश को अवगत करा दिया था। सामाजिक असमानता के विरुद्ध संघर्ष के साथ डॉ. लोहिया ने सामाजिक समरसता के लिए भी सांस्कृतिक स्तर पर अनेक मुद्रा प्रसार किये। राम-कृष्ण-शिव, रामायण मेला, हिन्दू-मुसलमान समरसता, नदियों के महत्व व उनकी सफाई को लेकर डॉ. लोहिया जीवनपर्यन्त सक्रिय रहे तथा देश की संस्कृति की मजबूती के लिए सतत् प्रयास किया।

डॉ. लोहिया ने ग्रामीण अर्थव्यवस्था की आत्मनिर्भरता के लिये जागीरदारी प्रथा का विरोध करते हुये जोतने वाले को भूमि का अधिकार दिये जाने के लिये संघर्ष किया एवं चौखम्माराज की स्थापना के लिये संघर्ष कर महात्मा गांधी के ग्राम स्वराज के स्वप्न को साकार करने का भी प्रयास किया। देश की तीन चौथाई जनसंख्या गांवों में रहकर कृषि व ग्रामीण उद्योग, पशुपालन पर जीवनयापन करती है अतः गांवों के सशक्तिकरण हेतु योजनाओं का मुंह गांवों की ओर मोड़ने की उन्होंने बात कही। बर्लिन में अर्थशास्त्र विषय में शोध कर डॉक्टर की उपाधि प्राप्त करने के बाद डॉ. लोहिया ने अपने ज्ञान व अनुभव का लाभ भारत के संदर्भ में जनता के बीच पहुंचकर जन जाग्रति व संघर्ष के माध्यम से देश को देने का प्रयास किया। डॉ. लोहिया ने भारत पहुंचकर महात्मा गांधी के 'भारत छोड़ो आन्दोलन' में लोकनायक जयप्रकाश के साथ भूमिगत रहकर आंदोलन को गतिशीलता प्रदान की तो आजादी के बाद बिना सत्ता से जुड़े सामाजिक-आर्थिक परिवर्तन के लिये निरंतर संघर्ष करते रहे। कृषि भूमि के समान बंटवारे, नर-नारी समता, खर्च पर सीमा, अधिकतम व न्यूनतम आय का अनुपात एक और दस का हो तथा परदेशी गुलामी के विरुद्ध एवं रंग के भेद-भाव के बिना ऐसे समाज की स्थापना का प्रयास किया जो उनके कार्यकाल में पूरा तो नहीं हो सका लेकिन उनके अकाट्य विचारों का देश की लोकसभा में सदैव समर्थन भी हुआ। देश की कृषि समस्या के निराकरण तथा गांवों के

सशक्तिकरण के लिये डॉ. लोहिया ने देश की नदियों को जोड़ने का आ]वान ही नहीं किया, वरन् इसके लिये तत्कालीन प्रधानमंत्री नेहरूजी के समक्ष एक सस्ती लागत की योजना नदियों को जोड़ने की भी रखी। डॉ. लोहिया की योजना को अगर स्वीकार कर लिया गया होता तो देश विश्व की आर्थिक महाशक्ति सत्तर-अस्सी के दशक में ही बन सकता था।

पिछड़े को विशेष अवसर तथा नर नारी समता का लोहिया का नारा दूरगामी सोच का प्रतीक था। भारत की तीन चौथाई आबादी को समाज में शिक्षा व व्यवसाय का अधिकार नहीं था। वह केवल मेहनत मजदूरी ही कर सकती थी इसमें महिलायें भी शामिल थीं जिन्हें समाज में समान अधिकार प्राप्त नहीं था। डॉ. लोहिया ने पिछड़ा पावे सौ मे साठ का नारा देकर देश की संपूर्ण आबादी को योग्य व सक्षम बनाने की दिशा में प्रयास किया। डॉ. लोहिया का मानना था कि गाड़ी के तीन पहिये अगर कमजोर हैं तो फिर यह गाड़ी विश्व में तेज रफ्तार से आगे नहीं बढ़ पायेगी। डॉ. लोहिया के निधन के बाद देश ने साक्षात इस बात को देखा है। देश का कुशल मानव संसाधन विश्व पटल पर अपनी सफलता के झंडे गाड़ चुका है। करीब 20 लाख तकनीकी विशेषज्ञ देश को 50 बिलियन डॉलर की विदेशी मुद्रा अर्जित करके दे रहे हैं, जबकि देश वस्तुपरक निर्यात से कुल 170 बिलियन डॉलर विदेशी मुद्रा अर्जित कर पाता है जिसमें 112 करोड़ भारतीयों की मेहनत समाहित है। डॉ. राममनोहर लोहिया भारत के संपूर्ण मानव संसाधन में कुशलता देखना चाहते थे। डॉ. लोहिया ने देश के लोकतंत्र को धारदार बनाने तथा आम आदमी को न्याय दिलाने के लिये एक ओर सिविल नाफरमानी का आ]वान किया तो लोकतंत्र की जड़ता को कम करने के लिये 'जिन्दा कौमें पांच वर्ष इंतजार नहीं करतीं' का नारा भी दिया।

डॉ. राममनोहर लोहिया ने विदेश नीति के अंतर्गत विश्व सरकार की वकालत की थी। उनका मानना था कि विश्व में व्यापार, सेवा व निवेश पर लगे हुये प्रतिबंध समाप्त कर विकासशील देशों के युवाओं, नागरिकों को विश्व स्तर पर पहुंच स्थापित करने की छूट दी जानी चाहिये। डॉ. लोहिया के यह विचार उनके जीवन काल में क्रियान्वित नहीं हो पाये लेकिन अंततः नब्बे के दशक में विकसित देशों की मजबूरी से ही सही विश्व व्यापार संगठन की स्थापना संभव हुयी है लेकिन विकसित देश इस संगठन के माध्यम से भी विश्व के विकासशील देशों में अपने बाजार का विस्तार चाहते थे लेकिन यह सपना विकासशील देशों की जाग्रति के कारण सफल नहीं हो सका। दोहा दौर की

बातचीत के विफल हो जाने के बाद एक बार फिर जब संपूर्ण विश्व आर्थिक मंदी का सामना कर रहा है तो डॉ. लोहिया की विश्व सरकार की स्थापना संबंधित नीति की सार्थकता स्पष्ट नजर आने लग गयी। हालांकि आर्थिक मंदी से बचने के लिये विकसित देश पुनः व्यावसायिक संरक्षणवाद का सहारा लेने लग गये हैं लेकिन अब जी- 20 देशों के वित्तमंत्रियों की बैठक में भी सर्वानुमति से यह विचार उभरकर सामने आया है कि विश्व व्यापार में संरक्षणवाद को समाप्त किया जाना चाहिये। सेवा क्षेत्र तथा निवेश के क्षेत्र में भी संरक्षणवाद समाप्त होना चाहिये। डॉ. लोहिया भी यही चाहते थे कि स्वतंत्र व्यापार मानव संसाधन के बेरोक-टोक आदान-प्रदान तथा निवेश के आदान-प्रदान से विकसित देशों का निवेश गरीब व विकासशील देशों में बढ़ेगा। विकासशील देशों में रोजगार के अवसरों का सृजन होगा तथा संपूर्ण विश्व को प्रतिस्पर्धी मूल्य पर कुशल उत्पादों की आपूर्ति भी संभव होगी।

भेदभावपूर्ण तथा प्रतिबंधात्मक नीतियों की परिणति भारत के संदर्भ में भी हमारे सामने हैं। भारत के कुल 60 लाख करोड़ रुपये के सकल घरेलू उत्पाद में ग्रामीण दो तिहाई अर्थात् 72 करोड़ आबादी की हिस्सेदारी केवल 25 प्रतिशत अर्थात् 15 लाख करोड़ रुपये हैं; जबकि 40 करोड़ शहरी व कस्बाई आबादी की हिस्सेदारी 45 लाख करोड़ रुपया है अर्थात् ग्रामीण भारत के नागरिक की औसत आय तो 20800 रुपये प्रति व्यक्ति है जबकि शहरी आबादी की 107000 रुपये हैं, यह असमानता ग्रामीण उपेक्षा के कारण ही बढ़ी है। ग्रामीण सशक्तिकरण तथा ग्रामीण आबादी को शिक्षा, स्वास्थ्य, उद्योग, विद्युत, सड़क सुविधा उपलब्ध कर इस असमानता को पाटा जा सकता है और यही डॉ. लोहिया के विचारों को सही श्रद्धांजलि भी हो सकती है। आज उपभोगवादी संस्कृति में पल रहे संपूर्ण विश्व के समक्ष आर्थिक मंदी का खतरा मंडरा रहा है। इस खतरे का सामना करने के लिये पुनः उपभोग बढ़ाने के प्रयास किये जा रहे हैं। इससे समस्या का तात्कालिक निराकरण तो हो सकता है लेकिन स्थायी व दीर्घकालिक निराकरण के लिये विश्व में गरीबी से संघर्ष कर ही 250 करोड़ आबादी के सशक्तिकरण व विकास की आवश्यकता है। इस आबादी के विकास व सशक्तिकरण में ही सभी विश्व समस्याओं का समाधान खोजा जा सकता है।

डॉ. राममनोहर लोहिया की समाज-परिवर्तन के सात स्वप्न थे, जिसे सप्त क्रांति के नाम से भी जाना जाता है। वे सभी अन्यायों के विरुद्ध एक साथ जेहाद

बोलने के पक्षपाती थे। उन्होंने एक साथ सात क्रांतियों का आ]वान किया। वे सात क्रान्तियाँ निम्नलिखित हैं–

1. नर–नारी की समानता के लिए।
2. चमड़ी के रंग पर रची राजकीय, आर्थिक और दिमागी असमानता के विरुद्ध।
3. संस्कारगत, जन्मजात जाति–प्रथा के खिलाफ और पिछड़ों को विशेष अवसर के लिए।
4. परदेसी गुलामी के खिलाफ और स्वतन्त्रता तथा विश्व लोक–राज के लिए।
5. निजी पूँजी की विषमताओं के खिलाफ और आर्थिक समानता के लिए तथा योजना द्वारा पैदावार बढ़ाने के लिए।
6. निजी जीवन में अन्यायी हस्तक्षेप के खिलाफ और लोकतंत्री पद्धति के लिए।
7. अस्त्र–शस्त्र के खिलाफ और सत्याग्रह के लिये।

इन सात क्रांतियों के सम्बन्ध में लोहिया ने कहा–''मोटे तौर से ये हैं सात क्रान्तियाँ। सातों क्रांतियाँ संसार में एक साथ चल रही हैं। अपने देश में भी उनको एक साथ चलाने की कोशिश करनी चाहिए। जितने लोगों को भी क्रांति पकड़ में आयी हो उसके पीछे पड़ जाना चाहिए और बढ़ाना चाहिए। बढ़ाते–बढ़ाते शायद ऐसा संयोग हो जाये कि आज का इन्सान सब नाइन्साफियों के खिलाफ लड़ता–जूझता ऐसे समाज और ऐसी दुनिया को बना पाये कि जिसमें आन्तरिक शांति और बाहरी या भौतिक भरा–पूरा समाज बन पाये।''

सप्त–क्रांति का उनका सपना अभी भी अधूरा है। जाति–भेद, रंग–भेद, लिंग–भेद, वर्ग–भेद, भाषा–भेद और शस्त्र–भेद रहित समाज का निर्माण करने वाले नेता अब ढूंढ़ने से भी नहीं मिलते।

कब पूरा होगा लोहिया का 'सप्त क्रांति' स्वप्न

प्रत्येक वर्ष डॉ. राममनोहर लोहिया की जन्मशती मनाने के लिए कई कार्यक्रम आयोजित किये जाते हैं। इन सभा–सेमिनारों में लोहिया के कृतित्व और व्यक्तित्व पर प्रकाश डाला जाता है। समाज में जारी उथल–पुथल को लोहिया के सिद्धांतों के अनुसार ढालने की कोई परिकल्पना अभी तक सामने नहीं आ रही है। डॉ. लोहिया के सात अटल सूत्र थे जिसके आधार पर समाजवादी

विचारधारा की नींव टिकी हुई है। उनका मानना था कि देश में ऐसी समानता लाई जाए जिसमें राजा से लेकर रंक तक सभी के खर्चे समान हों। संपन्नता का मापदंड समान हो। वह डॉ. लोहिया ही थे जो संसद में तत्कालीन प्रधानमंत्री जवाहरलाल नेहरू के ऐशो आराम पर रोजाना होने वाले 25 हजार रुपये के खर्च को प्रमुखता से उठाया था। उनका कहना था कि भारत की जनता जहां साढ़े तीन आना पर जीवन-यापन कर रही है उसी देश का प्रधानमंत्री इतना भारी भरकम खर्च कैसे कर सकता है। आज के धुरंधर समाजवादियों में जार्ज फर्नांडीज ऐसे नेता हैं जो भले ही निजी जीवन में खर्च ज्यादा करते रहे हों लेकिन विचारों के मामले में वे लोहिया से ही सीधे प्रभावित दिखते हैं। कुछ ऐसे नेता और भी हैं जिनका नाम ऐसे लोहियावादी समाजवादी के रूप में लिया जा सकता है जो अपने को लोहिया का सच्चा वारिश तो कहते हैं लेकिन अपने इर्द-गिर्द पूंजीवादियों का जमावाड़ा भी लगाये रहते हैं और पूंजीवादियों के लिए नीतियां बनाते हैं। इसे बाजार की जरूरतों के हिसाब से यदि सही ठहराया जाए तो फिर समाजवादी होने का ढोंग तो बंद ही होना चाहिए।

लोहिया जी सप्त-क्रांति का सपना अभी भी अधूरा है। जाति-भेद, रंग-भेद, लिंग-भेद, वर्ग-भेद, भाषा-भेद और शस्त्र-भेद रहित समाज का निर्माण करने वाले नेता अब ढूंढ़ने से भी नहीं मिलते। इस समय सभी दल चुनाव की मशीन बन गए हैं। वे सत्ता और पत्ता के दीवाने हैं। यदि डॉ. लोहिया का साहित्य व्यापक पैमाने पर पढ़ा जाए तो आशा बंधेगी कि शायद आदर्शवादी नौजवानों की कोई ऐसी लहर उठ जाए, जो इस भारत को नए भारत में और इस दुनिया को नई दुनिया में बदल दे।

आज समाजवाद की व्याख्या किन निहितार्थों में किया जाए, कहना मुश्किल है। देश में पूंजीवादी व्यवस्था लागू होने के बाद देशी खांटी समाजवादी भी विदेशी पूंजी के बल पर समाज के उत्थान करने में लगे हैं। लोहिया जी के असली उत्तराधिकारी होने की खुली प्रतिस्पर्धा चल रही है। समाजवाद का झंडा लेकर चलने के नाम पर कई खेमों और दलों में बिखरे समाजवादियों में अपने को असली तो दूसरे को नकली समाजवादी साबित करने की होड़ मची है। समाजवाद की रक्षा के नाम पर भी इनमें एकता नहीं है।

आज की तारीख में मार्च 2015 कहने को तो दो राज्यों बिहार और ओडिशा में समाजवादी मुख्यमंत्रियों की हुकूमत है लेकिन यथार्थ के धरातल में समाजवाद के चिन्ह कम ही देखे जा सकते हैं। ओडिशा के मुख्यमंत्री नवीन

पटनायक राज्य का विकास विदेशी पूंजी के बल पर ही करने का दावा करते हैं। मौलिक सवाल यहीं आकर अटक जाता है कि वर्तमान में जब पूरे विश्व में पूंजीवाद को किसी न किसी रूप में स्वीकार किया जा रहा है या पूर्णतः पूंजीवादी व्यवस्था लागू कर दी गयी है। ऐसे में भारत यदि कथित समाजवाद की राग अलापता रहे तो यह अलग-थलग पड़ सकता है। उदाहरण तो साम्यवादी चीन का भी दिया जाता है जो कम्युनिस्ट सरकार के रहते हुए भी आर्थिक व्यवस्थाएं पूंजीवाद को मात दे रही हैं। ऐसे में भारत में प्योर समाजवाद की परिकल्पना कहां तक सफल हो सकती है।

आजादी के बाद हमने न तो साम्यवाद अपनाया और न ही पूंजीवाद। हमने दोनों व्यवस्थाओं से अच्छी चीजें लेकर समाजवादी व्यवस्था के तहत देश व समाज का विकास करने की ठानी थी। 1991 से हमने अपने दरवाजे विश्व के लिए खोल दिए जिसे पूंजीवाद का नाम दिया गया लेकिन वह पूरी तरह पूंजीवाद लागू करने का खेल नहीं था। हमारी व्यवस्था अभी भी मिश्रित ही है।

जन्म शताब्दियां तो कई नेताओं की मन रही हैं, लेकिन प्रश्न यह है कि स्वतंत्र भारत में क्या राममनोहर लोहिया जैसा कोई और नेता हुआ है? इसमें शक नहीं कि पिछले 63 सालों में कई बड़े नेता हुए, कुछ बड़े प्रधानमंत्री भी हुए, लेकिन लोहिया ने जैसे देश हिलाया, किसी अन्य नेता ने नहीं हिलाया।

उन्हें कुल 57 साल का जीवन मिला, लेकिन इतने छोटे से जीवन में उन्होंने जितने चमत्कारी काम किए, किसने किए? जवाहरलाल नेहरू और इंदिरा गांधी से लोहिया का अपने युवाकाल में कैसा आत्मीय संबंध था, यह सबको पता है। लेकिन यदि लोहिया नहीं होते तो क्या भारत का लोकतंत्र शुद्ध परिवारतंत्र में नहीं बदल जाता?

वे लोहिया ही थे, जो नेहरू की दो-टूक आलोचना करते थे। चीनी हमले के बाद लोहिया ने ही नेहरू सरकार को 'राष्ट्रीय शर्म की सरकार' कहा था। उन्होंने ही 'तीन आने' की बहस छेड़ी थी। यानी इस गरीब देश का प्रधानमंत्री खुद पर 25 हजार रुपए रोज खर्च करता है, जबकि आम आदमी 'तीन आने रोज' पर गुजारा करता है। लोहिया ने ही उस समय की अति प्रशंसित गुट-निरपेक्षता की विदेश नीति पर प्रश्नचिन्ह लगाए थे और नेहरूजी की 'विश्वयारी' पर तीखे व्यंग्य बाण चलाए थे।

उन्होंने सरकारी तंत्र के मुगलिया ठाठ-बाट की निंदा इतने कड़े शब्दों में की थी कि सारा तंत्र भर्राने लगा था। उन्होंने देश के हजारों नौजवानों में

सरफरोशी का जोश भर दिया था। सारे देश में तरह-तरह के मुद्दों पर सिविल नाफरमानी के आंदोलन चला करते थे। राजनारायण, मधु लिमये, रवि राय, किशन पटनायक, एस.एम. जोशी, लाडली मोहन निगम, जॉर्ज फर्नांडीज जैसे कई छोटे-मोटे मसीहा लोहिया ने सारे देश में खड़े कर दिए थे। कहीं जेल भरो, कहीं रेल रोको, कहीं अंग्रेजी नामपट पोतो, कहीं जात तोड़ो, कहीं कच्छ बचाओ, कहीं भारत-पाक एक करो जैसे आंदोलन निरंतर चला करते थे।

लोहिया के आंदोलनों में अहिंसा का ऊंचा स्थान था, लेकिन वे वस्तु की हिंसा यानी तोड़-फोड़ को हिंसा नहीं मानते थे। उन्होंने प्राण की हिंसा करने वाली यानी प्रदर्शनकारियों पर गोली चलाने वाली अपनी ही केरल की सरकार को गिरवा दिया था। लोहिया ने भारत के नेताओं और राजनीतिक दलों को यह सिखाया कि सशक्त विपक्ष की भूमिका कैसे निभाई जाती है? लोकसभा में लोहिया जी की संसोपा के दर्जन भर सदस्य भी नहीं होते थे, लेकिन वहां बादशाहत संसोपा की ही चलती थी। जब लोहिया और मधु लिमये सदन में प्रवेश करते थे तो वह समां देखने लायक होता था। एक लहर-सी दौड़ जाती थी। मंत्रिमंडल के सदस्य लगभग 'अटेंशन' की मुद्रा में आ जाते थे और स्वयं प्रधानमंत्री इंदिरा गांधी के चेहरे पर बेचैनी छा जाती थी।

संसद के दर्शक दीर्घा में बैठे लोग कहते थे, लो, डॉक्टर साहब आ गए। डॉक्टर लोहिया ने अपनी उपस्थिति से लोकसभा को राष्ट्र का लोकमंच बना दिया। जिस दबे-पिसे इंसान की आवाज सुनने वाला कोई नहीं होता, उसकी आवाज को हजार गुना ताकतवर बनाकर सारे देश में गुंजाने का काम डॉ. लोहिया करते। कोई मामूली मजदूर हो, कोई सफाई कामगार हो, कोई भिखारी या भिखारिन हो- डॉ. लोहिया उसे न्याय दिलाने के लिए अकेले ही संसद को हिला देते थे। लोकसभा अध्यक्ष सरदार हुकुम सिंह कई बार बिल्कुल पस्त हो जाते थे। डॉ. लोहिया और उनके शिष्यों के तर्क इतने प्रबल थे कि सभी दलों के प्रमुख नेता वैचारिक रूप से उनका समर्थन करते थे। इंदिराजी के हस्तक्षेप पर स्कूल ऑफ इंटरनेशनल स्टडीज ने अपना संविधान बदला और प्रत्येक भारतीय को पहली बार स्वभाषा के माध्यम से 'डॉक्टरेट' करने का अधिकार मिला।

कहना ही होगा कि डॉ. लोहिया के व्यक्तित्व में विचारों का चुंबकीय आकर्षण था। वे देखने में सुंदर नहीं थे, उनका कद छोटा और रंग सांवला था। उनके खिचड़ी बाल प्रायः अस्त-व्यस्त रहते थे। उनके खादी के कपड़े साफ-सुथरे होते थे, लेकिन उनमें नेहरू या जगजीवन राम या सत्यनारायण सिंह

जैसी चमक-दमक नहीं रहती थी। वे सादगी और सच्चाई की प्रतिमूर्ति थे। वे जिस विषय पर भी बोलते थे, उसमें मौलिकता और निर्भीकता होती थी। वे सीता-सावित्री पर बोलें, शिव-पार्वती पर बोलें, हिंदू-मुसलमान या नर-नारी समता पर बोलें, अंग्रेजी हटाओ या जात तोड़ो पर बोलें- उनके तर्क प्राणलेवा होते थे। जो एक बार डॉ. लोहिया को सुन ले या उनको पढ़ ले, वह उनका मुरीद हो जाता था। यही था उनका चुंबकीय वैचारिक व्यक्तित्व।

विदित है कि डॉ. लोहिया ने अपने भाषण और लेखन में जितने विविध विषयों पर बहस चलाई है, देश के किसी अन्य राजनेता ने नहीं चलाई। सिर्फ डॉ. भीमराव आंबेडकर और विनायक दामोदर सावरकर ही ऐसे दो अन्य विचारशील नेता दिखाई पड़ते हैं, जो डॉ. लोहिया की श्रेणी में रखे जा सकते हैं। डॉ. लोहिया ने जर्मनी से डॉक्टरेट की थी। इस खोजी वृत्ति के कारण वे हर समस्या की जड़ में पहुंचने की कोशिश करते थे। 1967 में डॉ. लोहिया देश में गैर-कांग्रेसवाद की लहर उठाने में सफल रहे। जनसंघियों और कम्युनिस्टों ने भी उनका साथ दिया और देश के अनेक प्रांतों में पहली बार गैर-कांग्रेसी सरकारें बनीं। यदि डॉक्टर लोहिया 10-15 साल और जीवित रहते तो उन्हें प्रधानमंत्री बनने से कौन रोक सकता था? अब से 30-35 साल पहले ही भारत का चमत्कारी रूपांतरण शुरू हो जाता और अब तक वह दुनिया की महाशक्ति बन जाता, जिसका जोड़ इतिहास में कहीं नहीं मिलता।

लोहिया जी आज भले ही हमारे बीच से चले गए हों, पर उनका शरीर गया है, विचार नहीं, विचार अमर हैं। विचारों को परवान चढ़ने में कई बार सदियों का समय लगता है। अभी तो सिर्फ पहली सदी बीती है। हम अपना धैर्य क्यों खोएं? हो सकता है कि आने वाली सदी लोहिया की सदी हो? हम अपेक्षा ही नहीं अपने जीवन में उनके मूल्यों को उतारने का प्रयास भी कर सकते हैं।

14

डॉ. लोहिया की प्रमुख रचनाएँ

डॉ. राममनोहर लोहिया एक कुशल राजनीतिक स्वतंत्रता सेनानी, सामाजिक विचारक तो थे ही उनकी गिनती एक कुशल साहित्यकार के रूप में भी की जा सकती है। क्योंकि उन्होंने अनेकों विषयों पर अपने विचार लेख एवं पुस्तकों के रूप में प्रकाशित कीं। उनकी कुछ रचनाएँ इस प्रकार हैं–अंग्रेजी हटाओ, इतिहास चक्र, देश, विदेश नीति–कुछ पहलू, धर्म पर एक दृष्टि, भारतीय शिल्प, भारत विभाजन के गुनहगार, मार्क्सवाद और समाजवाद, राग, जिम्मेदारी की भावना, अनुपात की समझ, समलक्ष्य, समबोध, समदृष्टि, सच, कर्म, प्रतिकार और चरित्र निर्माण आ]वान, समाजवादी चिंतन, संसदीय आचरण, संपूर्ण और संभव बराबरी और दूसरे भाषण, हिंदू बनाम हिंदू आदि। डॉ. लोहिया की इन समस्त रचनाओं में से कुछ का सार आगे प्रस्तुत किया गया है–

हिन्दू बनाम हिन्दू

भारतीय इतिहास की सबसे बड़ी लड़ाई, हिंदू धर्म में उदारवाद और कट्टरता की लड़ाई पिछले पाँच हजार सालों से भी अधिक समय से चल रही है और उसका अंत अभी भी दिखाई नहीं पड़ता। इस बात की कोई कोशिश नहीं की गई, जो होनी चाहिए थी कि इस लड़ाई को नजर में रख कर हिंदुस्तान के इतिहास को देखा जाए। लेकिन देश में जो कुछ होता है, उसका बहुत बड़ा हिस्सा इसी के कारण होता है।

सभी धर्मों में किसी न किसी समय उदारवादियों और कट्टरपंथियों की लड़ाई हुई है। लेकिन हिंदू धर्म के अलावा वे बँट गए, अक्सर उनमें रक्तपात हुआ और थोड़े या बहुत दिनों की लड़ाई के बाद वे झगड़े पर काबू पाने में कामयाब हो गए। हिंदू धर्म में लगातार उदारवादियों और कट्टरपंथियों का झगड़ा चला आ

रहा है जिसमें कभी एक की जीत होती है, कभी दूसरे की और खुला रक्तपात तो कभी नहीं हुआ है, लेकिन झगड़ा आज तक हल नहीं हुआ और झगड़े के सवालों पर एक धुंध छा गया है।

ईसाई, इस्लाम और बौद्ध, सभी धर्मों में झगड़े हुए। कैथोलिक मत में एक समय इतने कट्टरपंथी तत्व इकट्ठा हो गए कि प्रोटेस्टेंट मत ने, जो उस समय उदारवादी था, उसे चुनौती दी। लेकिन सभी लोग जानते हैं कि सुधार आंदोलन के बाद प्रोटेस्टेंट मत में खुद भी कट्टरता आ गई। कैथोलिक और प्रोटेस्टेंट मतों के सिद्धांतों में अब भी बहुत फर्क है लेकिन एक को कट्टरपंथी और दूसरे को उदारवादी कहना मुश्किल है। ईसाई धर्म में सिद्धांत और संगठन का भेद है तो इस्लाम धर्म में शिया-सुन्नी का बँटवारा इतिहास के घटनाक्रम से संबंधित है। इसी तरह बौद्ध धर्म हीनयान और महायान के दो मतों में बँट गया और उनमें कभी रक्ष्तपात तो नहीं हुआ, लेकिन उसका मतभेद सिद्धांत के बारे में है, समाज की व्यवस्था से उसका कोई संबंध नहीं है।

हिंदू धर्म में ऐसा कोई बँटवारा नहीं हुआ। अलबत्ता वह बराबर छोटे-छोटे मतों में टूटता रहा है। नया मत उतनी ही बार उसके ही एक नए हिस्से के रूप में वापस आ गया। इसीलिए सिद्धांत के सवाल कभी साथ-साथ नहीं उठे और सामाजिक संघर्षों का हल नहीं हुआ। हिंदू धर्म नए मतों को जन्म देने में उतना ही तेज है जितना प्रोटेस्टेंट मत, लेकिन उन सभी के ऊपर वह एकता का अजीब आवरण डाल देता है जैसी एकता कैथोलिक संगठन ने अंदरूनी भेदों पर रोक लगा कर कायम की है। इस तरह हिंदू धर्म में जहाँ एक ओर कट्टरता एवं अंधविश्वास का घर है, वहाँ वह नई-नई खोजों की व्यवस्था भी है।

हिंदू धर्म अब तक अपने अंदर उदारवाद और कट्टरता के झगड़े का हल क्यों नहीं कर सका, इसका पता लगाने की कोशिश करने के पहले, जो बुनियादी दृष्टि-भेद हमेशा रहा है, उस पर नजर डालना जरूरी है। चार बड़े और ठोस सवालों वर्ण, स्त्री, संपत्ति और सहनशीलता के बारे में हिंदू धर्म बराबर उदारवाद और कट्टरता का रुख बारी-बारी से लेता रहा है।

चार हजार साल या उससे भी अधिक समय पहले कुछ हिंदुओं के कान में दूसरे हिंदुओं के द्वारा सीसा गला कर डाल दिया जाता था और उनकी जबान खींच ली जाती थी क्योंकि वर्ण व्यवस्था का नियम था कि कोई शूद्र वेदों को पढ़े या सुने नहीं। तीन सौ साल पहले शिवाजी को यह मानना पड़ा था कि उनका वंश हमेशा ब्राह्मणों को ही मंत्री बनाएगा, ताकि हिंदू रीतियों के अनुसार उनका

राजतिलक हो सके। करीब दो सौ वर्ष पहले, पानीपत की आखिरी लड़ाई में, जिसके फलस्वरूप हिंदुस्तान पर अंग्रेजों का राज्य कायम हुआ, एक हिंदू सरदार दूसरे सरदार से इसलिए लड़ गया कि वह अपने वर्ण के अनुसार ऊँची जमीन पर तंबू लगाना चाहता था। करीब पंद्रह साल पहले एक हिंदू ने हिंदुत्व की रक्षा करने की इच्छा से महात्मा गांधी पर बम फेंका था, क्योंकि उस समय वे छुआछूत का नाश करने में लगे थे। कुछ दिनों पहले तक, और कुछ इलाकों में अब भी हिंदू नाई अछूत हिंदुओं की हजामत बनाने को तैयार नहीं होते, हालाँकि गैर–हिंदुओं का काम करने में उन्हें कोई एतराज नहीं होता।

इसके साथ ही प्राचीन काल में वर्ण व्यवस्था के खिलाफ दो बड़े विद्रोह हुए। एक, पूरे उपनिषद में वर्ण व्यवस्था को सभी रूपों में पूरी तरह खत्म करने की कोशिश की गई है। हिंदुस्तान के प्राचीन साहिय में वर्ण व्यवस्था का जो विरोध मिलता है, उसके रूप, भाषा और विस्तार से पता चलता है कि ये विरोध दो अलग–अलग कालों में हुए एक, आलोचना का काल और दूसरा, निंदा का। इस सवाल को भविष्य की खोजों के लिए छोड़ा जा सकता है, लेकिन इतना साफ है कि मौर्य और गुप्त वंशों के स्वर्ण–काल वर्ण व्यवस्था के एक व्यापक विरोध के बाद हुए। लेकिन वर्ण कभी पूरी तरह खत्म नहीं होते। कुछ कालों में बहुत सख्त होते हैं और कुछ अन्य कालों में उनका बंधन ढीला पड़ जाता है। कटरपंथी और उदारवादी वर्ण व्यवस्था के अंदर ही एक–दूसरे से जुड़े रहते हैं और हिंदू इतिहास के दो कालों में एक या दूसरी धारा के प्रभुत्व का ही अंतर होता है। इस समय उदारवादी का जोर है और कटरपंथियों में इतनी हिम्मत नहीं है कि वे गौर कर सकें। लेकिन कटरता उदारवादी विचारों में घुस कर अपने को बचाने की कोशिश कर रही है। अगर जन्मना वर्णों की बात करने का समय नहीं तो कर्मणा जातियों की बात की जाती है। अगर लोग वर्ण व्यवस्था का समर्थन नहीं करते तो उसके खिलाफ काम भी शायद ही कभी करते हैं और एक वातावरण बन गया है जिसमें हिंदुओं की तर्कबुद्धि और उनकी दिमागी आदतों में टकराव है। व्यवस्था के रूप में वर्ण कहीं–कहीं ढीले हो गए हैं लेकिन दिमागी आदत के रूप में अभी भी मौजूद हैं। इस बात की आशंका है कि हिंदू धर्म में कटरता और उदारता का झगड़ा अभी भी हल न हो।

आधुनिक साहित्य ने हमें यह बताया है कि केवल स्त्री ही जानती है कि उसके बच्चे का पिता कौन है, लेकिन तीन हजार वर्ष या उसके भी पहले जबाल को स्वयं भी नहीं मालूम था कि उसके बच्चे का पिता कौन है और प्राचीन

साहित्य में उसका नाम एक पवित्र स्त्री के रूप में आदर के साथ लिया गया है। हालाँकि वर्ण व्यवस्था ने उसके बेटे को ब्राह्मण बना कर उसे भी हजम कर लिया। उदार काल का साहित्य हमें चेतावनी देता है कि परिवारों के स्रोत की खोज नहीं करनी चाहिए क्योंकि नदी के स्रोत की तरह वहाँ भी गंदगी होती है। अगर स्त्री बलात्कार का सफलतापूर्वक विरोध न कर सके तो उसे कोई दोष नहीं होता क्योंकि इस साहित्य के अनुसार स्त्री का शरीर हर महीने नया हो जाता है। स्त्री को भी तलाक और संपत्ति का अधिकार है। हिंदू धर्म के स्वर्ण युगों में स्त्री के प्रति यह उदार दृष्टिकोण मिलता है, जबकि कट्टरता के युगों में उसे केवल एक प्रकार की संपत्ति माना गया है जो पिता, पति या पुत्र के अधिकार में रहती है।

इस समय हिंदू स्त्री एक अजीब स्थिति में है, जिसमें उदारता भी है और कट्टरता भी। दुनिया के और भी हिस्से हैं जहाँ स्त्री के लिए सम्मानपूर्ण पद पाना आसान है लेकिन संपत्ति और विवाह के संबंध में पुरुष के समान ही स्त्री के भी अधिकार हों, इसका विरोध अब भी होता है। मुझे ऐसे पर्चे पढ़ने को मिले जिनमें स्त्री को संपत्ति का अधिकार न देने की वकालत इस तर्क पर की गई थी कि वह दूसरे धर्म के व्यक्ति से प्रेम करने लग कर अपना धर्म न बदल दे, जैसे यह दलील पुरुषों के लिए कहीं ज्यादा सच न हो। जमीन के छोटे-छोटे टुकड़े नहीं हों, यह अलग सवाल है, जो स्त्री व पुरुष दोनों वारिसों पर लागू होता है और एक सीमा से छोटे टुकड़ों के और टुकड़े न होने पाएँ, इसका कोई तरीका निकालना चाहिए। जब तक कानून या रीति-रिवाज या दिमागी आदतों में स्त्री और पुरुष के बीच विवाह और संपत्ति के बारे में फर्क रहेगा, तब तक कट्टरता पूरी तरह खत्म नहीं होगी। हिंदुओं के अंदर स्त्री को देवी के रूप में देखने की इच्छा, जो अपने उच्च स्थान से कभी न उतरे, उदार से उदार लोगों के दिमाग में भी बेमतलब के और संदेहास्पद खयाल पैदा कर देती है। उदारता और कट्टरता एक-दूसरे से जुड़ी रहेंगी, जब तक हिंदू अपनी स्त्री को अपने समान ही इंसान नहीं मानने लगता।

हिंदू धर्म में संपत्ति की भावना संचय न करने और लगाव न रखने के सिद्धांत के कारण उदार है। लेकिन कट्टरपंथी हिंदू कर्म-सिद्धात की इस प्रकार व्याख्या करता है कि धन और जन्म या शक्ति का स्थान ऊँचा है और जो कुछ है वही ठीक भी है। संपति का मौजूदा सवाल कि मिल्कियत निजी हो या सामाजिक, हाल ही का है। लेकिन संपत्ति की स्वीकृत व्यवस्था या संपत्ति से

कोई लगाव न रखने के रूप में यह सवाल हिंदू दिमाग में बराबर रहा है। अन्य सवालों की तरह संपत्ति और शक्ति के सवालों पर भी हिंदू दिमाग अपने विचारों को उनकी तार्किक परिणति तक भी नहीं ले जा पाया। समय और व्यक्ति के साथ हिंदू धर्म में इतना ही फर्क पड़ता है कि एक या दूसरे को प्राथमिकता मिलती है।

आम तौर पर यह माना जाता है कि सहिष्णुता हिंदुओं का विशेष गुण है। यह गलत है, सिवाय इसके कि खुला रक्तपात अभी तक उसे पसंद नहीं रहा। हिंदू धर्म में कट्टरपंथी हमेशा प्रभुताशाली मत के अलावा अन्य मतों और विश्वासों का दमन कर के एकरूपता के द्वारा एकता कायम करने की कोशिश करते रहे हैं लेकिन उन्हें भी सफलता नहीं मिली। उन्हें अब तक आम तौर पर बचपना ही माना जाता था क्योंकि कुछ समय पहले तक विविधता में एकता का सिद्धांत हिंदू धर्म के अपने मतों पर ही लागू किया जाता था, इसलिए हिंदू धर्म में लगभग हमेशा ही सहिष्णुता का अंश बल प्रयोग से ज्यादा रहता था, लेकिन यूरोप की राष्ट्रीयता ने इससे मिलते-जुलते जिस सिद्धांत को जन्म दिया है, उससे इसका अर्थ समझ लेना चाहिए। वाल्टेयर जानता था कि उसका विरोधी गलती पर ही है, फिर भी वह सहिष्णुता के लिए, विरोधी के खुल कर बोलने के अधिकार के लिए लड़ने को तैयार था। इसके विपरीत हिंदू धर्म में सहिष्णुता की बुनियाद यह है कि अलग-अलग बातें अपनी जगह पर सही हो सकती हैं। वह मानता है कि अलग-अलग क्षेत्रों और वर्गों में अलग-अलग सिद्धांत और चलन हो सकते हैं और उनके बीच वह कोई फैसला करने को तैयार नहीं। वह आदमी की जिंदगी में एकरूपता नहीं चाहता, स्वेच्छा से भी नहीं, और ऐसी विविधता में एकता चाहता है जिसकी परिभाषा नहीं की जा सकती, लेकिन जो अब तक उसके अलग-अलग मतों को एक लड़ी में पिरोती रही है। अतः उसमें सहिष्णुता का गुण इस विश्वास के कारण है कि किसी की जिंदगी में हस्तक्षेप नहीं करना चाहिए, इस विश्वास के कारण कि अलग-अलग बातें गलत ही हों यह जरूरी नहीं है, बल्कि वे सच्चाई को अलग-अलग ढंग से व्यक्त कर सकती हैं।

कट्टरपंथियों ने अक्सर हिंदू धर्म में एकरूपता की एकता कायम करने की कोशिश की है। उनके उद्देश्य कभी बुरे नहीं रहे। उनकी कोशिशों के पीछे अक्सर शायद स्थायित्व और शक्ति की इच्छा थी, लेकिन उनके कामों के नतीजे हमेशा बहुत बुरे हुए। मैं भारतीय इतिहास का एक भी ऐसा काल नहीं जानता जिसमें कट्टरपंथी हिंदू धर्म भारत में एकता या खुशहाली ला सका हो। जब भी भारत

में एकता या खुशहाली आई, तो हमेशा वर्ण, स्त्री, संपत्ति, सहिष्णुता आदि के संबंध में हिंदू धर्म में उदारवादियों का प्रभाव अधिक था। हिंदू धर्म में कटरपंथी जोश बढ़ने पर हमेशा देश सामाजिक और राजनैतिक दृष्टियों से टूटा है और भारतीय राष्ट्र में, राज्य और समुदाय के रूप में बिखराव आया है। मैं नहीं कह सकता कि ऐसे सभी काल जिनमें देश टूट कर छोटे-छोटे राज्यों में बँट गया, कटरपंथी प्रभुता के काल थे, लेकिन इसमें कोई शक नहीं कि देश में एकता तभी आई जब हिंदू दिमाग पर उदार विचारों का प्रभाव था।

आधुनिक इतिहास में देश में एकता लाने की कई बड़ी कोशिशें असफल हुईं। ज्ञानेश्वर का उदार मत शिवाजी और बाजीराव के काल में अपनी चोटी पर पहुँचा, लेकिन सफल होने के पहले ही पेशवाओं की कटरता में गिर गया। फिर गुरु नानक के उदार मत से शुरू होने वाला आंदोलन रणजीत सिंह के समय अपनी चोटी पर पहुँचा, लेकिन जल्दी ही सिक्ख सरदारों के कटरपंथी झगड़ों में पतित हो गया। ये कोशिशें, जो एक बार असफल हो गईं, आजकल फिर से उठने की बड़ी तेज कोशिशें करती हैं, क्योंकि इस समय महाराष्ट्र और पंजाब से कटरता की जो धारा उठ रही है, उसका इन कोशिशों से गहरा और पापपूर्ण आत्मिक संबंध है। इन सब में भारतीय इतिहास के विद्यार्थी के लिए पढ़ने और समझने की बड़ी सामग्री है जैसे धार्मिक संतों और देश में एकता लाने की राजनैतिक कोशिशों के बीच कैसा निकट संबंध है या कि पतन के बीज कहाँ हैं, बिल्कुल शुरू में या बाद की किसी गड़बड़ी में या कि इन समूहों द्वारा अपनी कटरपंथी असफलताओं को दुहराने की कोशिशों के पीछे क्या कारण है? इसी तरह विजयनगर की कोशिश और उसके पीछे प्रेरणा निंबार्क की थी या शंकराचार्य की और हम्पी की महानता के पीछे कौन-सा सड़ा हुआ बीज था, इन सब बातों की खोज से बड़ा लाभ हो सकता है। फिर, शेरशाह और अकबर की उदार कोशिशों के पीछे क्या था और औरंगजेब की कटरता के आगे उनकी हार क्यों हुई?

देश में एकता लाने की भारतीय लोगों और महात्मा गांधी की आखिरी कोशिश कामयाब हुई है, लेकिन आंशिक रूप में ही। इसमें कोई शक नहीं कि पाँच हजार वर्षों से अधिक की उदारवादी धाराओं ने इस कोशिश को आगे बढ़ाया, लेकिन इसके तत्कालीन स्रोत में, यूरोप के उदारवादी प्रभावों के अलावा क्या था तुलसी या कबीर और चैतन्य और संतों की महान परंपरा या अधिक हाल के धार्मिक राजनैतिक नेता जैसे राममोहन राय और फैजाबाद के विद्रोही मौलवी?

फिर, पिछले पाँच हजार सालों की कटरपंथी धाराएँ भी मिल कर इस कोशिश को असफल बनाने के लिए जोर लगा रही हैं और अगर इस बार कटरता की हार हुई, तो वह फिर नहीं उठेगी।

केवल उदारता ही देश में एकता ला सकती है। हिंदुस्तान बहुत बड़ा और पुराना देश है। मनुष्य की इच्छा के अलावा कोई शक्ति इसमें एकता नहीं ला सकती। कटरपंथी हिंदुत्व अपने स्वभाव के कारण ही ऐसी इच्छा नहीं पैदा कर सकता, लेकिन उदार हिंदुत्व कर सकता है, जैसा पहले कई बार हो चुका है।

हिंदू धर्म, संकुचित दृष्टि से, राजनैतिक धर्म, सिद्धांतों और संगठन का धर्म नहीं है। लेकिन देश के राजनैतिक इतिहास में एकता लाने की बड़ी कोशिशों को इससे प्रेरणा मिली है और उनका यह प्रमुख माध्यम रहा है। हिंदू धर्म में उदारता और कटरता से महान युद्ध को देश की एकता और बिखराव की शक्तियों का संघर्ष भी कहा जा सकता है। लेकिन उदार हिंदुत्व पूरी तरह समस्या का हल नहीं कर सका। विविधता में एकता के सिद्धांत के पीछे सड़न और बिखराव के बीज छिपे हैं। कटरपंथी तत्वों के अलावा, जो हमेशा ऊपर से उदार हिंदू विचारों में घुस आते हैं और हमेशा दिमागी सफाई हासिल करने में रुकावट डालते हैं, विविधता में एकता का सिद्धांत ऐसे दिमाग को जन्म देता है जो समृद्ध और निष्क्रिय दोनों ही है। हिंदू धर्म का बराबर छोटे-छोटे मतों में बँटते रहना बहुत बुरा है, जिनमें से हरेक अपना अलग शोर मचाए रखता है और उदार हिंदुत्व उनको एकता के आवरण में ढँकने की चाहे जितनी भी कोशिश करे, वे अनिवार्य ही राज्य के सामूहिक जीवन में कमजोरी पैदा करते हैं। एक आश्चर्यजनक उदासीनता फैल जाती है। कोई इन बराबर होने वाले बँटवारों की चिंता नहीं करता जैसे सबको यकीन हो कि वे एक-दूसरे के ही अंग हैं। इसी से कटरपंथी हिंदुत्व को अवसर मिलता है और शक्ति की इच्छा के रूप में चालक शक्ति मिलती है, हालाँकि उसकी कोशिशों के फलस्वरूप और भी ज्यादा कमजोरी पैदा होती है।

उदार और कटरपंथी हिंदुत्व के महायुद्ध का बाहरी रूप आजकल यह हो गया है कि मुसलमानों के प्रति क्या रुख हो। लेकिन हम एक क्षण के लिए भी यह न भूलें कि यह बाहरी रूप है और बुनियादी झगड़े जो अभी तक हल नहीं हुए, कहीं अधिक निर्णायक हैं। महात्मा गांधी की हत्या, हिंदू-मुस्लिम झगड़े की घटना उतनी नहीं थी जितनी हिंदू धर्म की उदार व कटरपंथी धाराओं के युद्ध की। इसके पहले कभी किसी हिंदू ने वर्ण, स्त्री, संपत्ति और सहिष्णुता के बारे में कटरता पर इतनी गहरी चोटें नहीं की थीं। इसके खिलाफ सारा जहर इकठा

हो रहा था। एक बार पहले भी गांधी जी की हत्या करने की कोशिश की गई थी। उस समय उसका खुला और साफ उद्देश्य यही था कि वर्ण व्यवस्था को बचा कर हिंदू धर्म की रक्षा की जाए। आखिरी और कामयाब कोशिश का उद्देश्य ऊपर से यह दिखाई पड़ता था कि इस्लाम के हमले से हिंदू धर्म को बचाया जाए, लेकिन इतिहास के किसी भी विद्यार्थी को कोई संदेह नहीं होगा कि यह सबसे बड़ा और सबसे जघन्य जुआ था, जो हारती हुई कटरता ने उदारता से अपने युद्ध में खेला। गांधी जी का हत्यारा वह कटरपंथी तत्व था जो हमेशा हिंदू दिमाग के अंदर बैठा रहता है, कभी दबा हुआ और कभी प्रकट, कुछ हिंदुओं में निष्क्रिय और कुछ में तेज। जब इतिहास के पन्ने गांधी जी की हत्या को कटरपंथी-उदार हिंदुत्व के युद्ध की एक घटना के रूप में रखेंगे और उन सभी पर अभियोग लगाएँगे जिन्हें वर्णों के खिलाफ और स्त्रियों के हक में, संपत्ति के खिलाफ और सहिष्णुता के हक में, गांधी जी के कामों से गुस्सा आया था, तब शायद हिंदू धर्म की निष्क्रिता और उदासीनता नष्ट हो जाए।

अब तक हिंदू धर्म के अंदर कटर और उदार एक-दूसरे से जुड़े क्यों रहे और अभी तक उनके बीच कोई साफ और निर्णायक लड़ाई क्यों नहीं हुई, यह एक ऐसा विषय है जिस पर भारतीय इतिहास के विद्यार्थी खोज करें तो बड़ा लाभ हो सकता है। अब तक हिंदू दिमाग से कटरता कभी पूरी तरह दूर नहीं हुई, इसमें कोई शक नहीं। इस झगड़े का कोई हल न होने के विनाशपूर्ण नतीजे निकले, इसमें भी कोई शक नहीं। जब तक हिंदुओं के दिमाग से वर्ण-भेद बिल्कुल ही खत्म नहीं होते, या स्त्री को बिल्कुल पुरुष के बराबर ही नहीं माना जाता, या संपत्ति और व्यवस्था के संबंध से पूरी तरह तोड़ा नहीं जाता तब तक कटरता भारतीय इतिहास में अपना विनाशकारी काम करती रहेगी और उसकी निष्क्रियता को कायम रखेगी। अन्य धर्मों की तरह हिंदू धर्म सिद्धांतों और बँधे हुए नियमों का धर्म नहीं है, बल्कि सामाजिक संगठन का एक ढंग है और यही कारण है कि उदारता और कटरता का युद्ध अभी समाप्ति तक नहीं लड़ा गया और ब्राह्मण-बनिया मिलकर सदियों से देश पर अच्छा या बुरा शासन करते आए हैं जिसमें कभी उदारवादी ऊपर रहते हैं, कभी कटरपंथी।

उन चार सवालों पर केवल उदारता से काम न चलेगा। अंतिम रूप से उनका हल करने के लिए हिंदू दिमाग से इस झगड़े को पूरी तरह खत्म करना होगा।

इन सभी हल न होने वाले झगड़ों के पीछे निर्गुण और सगुण सत्य के संबंध का दार्शनिक सवाल है। इस सवाल पर उदार और कट्टर हिंदुओं के रुख में बहुत कम अंतर है। मोटे तौर पर, हिंदू धर्म सगुण सत्य के आगे निर्गुण सत्य की खोज में जाना चाहता है, वह सृष्टि को झूठा तो नहीं मानता लेकिन घटिया किस्म का सत्य मानता है। दिमाग से उठ कर परम सत्य तक पहुँचने के लिए वह इस घटिया सत्य को छोड़ देता है। वस्तुतः सभी देशों का दर्शन इसी सवाल को उठाता है। अन्य धर्मों और दर्शनों से हिंदू धर्म का फर्क यही है कि दूसरे देशों में यह सवाल अधिकतर दर्शन में ही सीमित रहा है, जबकि हिंदुस्तान में यह जनसाधारण के विश्वास का एक अंग बन गया है। दर्शन को संगीत की धुनें दे कर विश्वास में बदल दिया गया है। लेकिन दूसरे देशों में दार्शनिकों ने परम सत्य की खोज में आम तौर पर सांसारिक सत्य से बिल्कुल ही इनकार किया है। इस कारण आधुनिक विश्व पर उसका प्रभाव बहुत कम पड़ा है। वैज्ञानिक और सांसारिक भावना ने बड़ी उत्सुकता से प्रकृति की सारी जानकारी को इकठा किया, अलग-अलग कर के क्रमबद्ध किया और उन्हें एक में बाँधने वाले नियम खोज निकाले। इससे आधुनिक मनुष्य को, जो मुख्यतः यूरोपीय है, जीवन पर विचार करने का एक खास दृष्टिकोण मिला है। वह सगुण सत्य को, जैसा है वैसा ही बड़ी खुशी से स्वीकार कर लेता है। इसके अलावा ईसाई मत की नैतिकता ने मनुष्य के अच्छे कामों को ईश्वरीय काम का पद प्रदान किया है। इन सबके फलस्वरूप जीवन की असलियतों का वैज्ञानिक और नैतिक उपयोग होता है। लेकिन हिंदू धर्म कभी अपने दार्शनिक आधार से छुटकारा नहीं पा सका। लोगों का साधारण विश्वास भी व्यक्त और प्रकट सगुण सत्य से आगे जा कर अव्यक्त और अप्रकट निर्गुण सत्य को देखना चाहता है। यूरोप में भी मध्य युग में ऐसा ही दृष्टिकोण था लेकिन मैं फिर कह दूँ कि यह दार्शनिकों तक ही सीमित था और सगुण सत्य से इनकार कर के उसे नकली मानता था, जबकि आम लोग ईसाई मत को नैतिक विश्वास के रूप में मानते थे और उस हद तक सगुण सत्य को स्वीकार करते थे। हिंदू धर्म ने कभी जीवन की असलियतों से बिल्कुल इनकार नहीं किया, बल्कि वह उन्हें एक घटिया किस्म का सत्य मानता है और आज तक हमेशा ऊँचे प्रकार के सत्य की खोज करने की कोशिश करता रहा है। यह लोगों के साधारण विश्वास का अंग है।

एक बड़ा अच्छा उदाहरण मुझे याद आता है। कोणार्क के विशाल लेकिन आधे नष्ट मंदिर में पत्थरों पर हजारों मूर्तियाँ खुदी हुई मिलती हैं। जिंदगी की

असलियतों की तस्वीरें देने में कलाकार ने किसी तरह की कंजूसी या संकोच नहीं दिखाया है। जिंदगी की सारी विभिन्नताओं को उसने स्वीकार किया है। उसमें भी एक क्रमबद्ध व्यवस्था मालूम पड़ती है। सबसे नीचे की मूर्तियों में शिकार, उसके ऊपर प्रेम, फिर संगीत और फिर शक्ति का चित्रण है। हर चीज में बड़ी शक्ति और क्रियाशीलता है। लेकिन मंदिर के अंदर कुछ नहीं है और क्रियाशीलता से अंदर की खामोशी और स्थिरता, मंदिर में बुनियादी तौर पर यही अंकित है। परम सत्य की खोज कभी बंद नहीं हुई।

चित्रकला की अपेक्षा वास्तुकला और मूर्तिकला के अधिक विकास की भी अपनी अलग कहानी है। वस्तुतः जो प्राचीन चित्र अब भी मिलते हैं, वास्तुकला पर ही आधारित हैं। संभवतः परम सत्य के बारे में अपने विचारों को व्यक्त करना चित्रकला की अपेक्षा वास्तुकला और मूर्तिकला में ज्यादा सरल है।

अतः हिंदू व्यक्तित्व दो हिस्सों में बँट गया है। अच्छी हालत में हिंदू सगुण सत्य को स्वीकार कर के भी निर्गुण परम सत्य को नहीं भूलता और बराबर अपनी अंतर्दृष्टि को विकसित करने की कोशिश करता रहता है, और बुरी हालत में उसका पाखंड असीमित होता है। हिंदू शायद दुनिया का सबसे बड़ा पाखंडी होता है, क्योंकि वह न सिर्फ दुनिया के सभी पाखंडियों की तरह दूसरों को धोखा देता है बल्कि अपने को धोखा दे कर खुद अपना नुकसान भी करता है। सगुण और निर्गुण सत्य के बीच बँटा हुआ उसका दिमाग अक्सर इसमें उसे प्रोत्साहन देता है। पहले, और आज भी, हिंदू धर्म एक आश्चर्यजनक दृश्य प्रस्तुत करता है। हिंदू धर्म अपने मानने वालों को, छोटे-से-छोटे को भी, ऐसी दार्शनिक समानता, मनुष्य और मनुष्य और अन्य वस्तुओं की एकता प्रदान करता है जिसकी मिसाल कहीं और नहीं मिलती। दार्शनिक समानता के इस विश्वास के साथ ही गंदी से गंदी सामाजिक विषमता का व्यवहार चलता है। मुझे अक्सर लगता है कि दार्शनिक हिंदू खुशहाल होने पर गरीबों और शूद्रों से पशुओं जैसा, पशुओं से पत्थरों जैसा और अन्य वस्तुओं से दूसरी वस्तुओं की तरह व्यवहार करता है। शाकाहार और अहिंसा गिर कर छिपी हुई क्रूरता बन जाते हैं। अब तक की सभी मानवीय चेष्टाओं के बारे में यह कहा जा सकता है कि एक न एक स्थिति में हर जगह सत्य क्रूरता में बदल जाता है और सुंदरता अनैतिकता में, लेकिन हिंदू धर्म के बारे में यह औरों की अपेक्षा ज्यादा सच है। हिंदू धर्म ने सचाई और सुंदरता की ऐसी चोटियाँ हासिल कीं जो किसी और देश में नहीं मिलती, लेकिन वह ऐसे अँधेरे गड्ढों में भी गिरा है जहाँ तक किसी और देश का मनुष्य नहीं गिरा। जब

तक हिंदू जीवन की असलियतों को, काम और मशीन, जीवन और पैदावार, परिवार और जनसंख्या वृद्धि, गरीबी और अत्याचार और ऐसी अन्य असलियतों को वैज्ञानिक और लौकिक दृष्टि से स्वीकार करना नहीं सीखता, तब तक वह अपने बँटे हुए दिमाग पर काबू नहीं पा सकता और न कट्टरता को ही खत्म कर सकता है, जिसने अक्सर उसका सत्यानाश किया है।

इसका यह अर्थ नहीं कि हिंदू धर्म अपनी भावधारा ही छोड़ दे और जीवन और सभी चीजों की एकता की कोशिश न करे। यह शायद उसका सबसे बड़ा गुण है। अचानक मन में भर जानेवाली ममता, भावना की चेतना और प्रसार, जिसमें गाँव का लड़का मोटर निकलने पर बकरी के बच्चे को इस तरह चिपटा लेता है जैसे उसी में उसकी जिंदगी हो, या कोई सूखी जड़ों और हरी शाखों के पेड़ को ऐसे देखता है जैसे वह उसी का एक अंश हो, एक ऐसा गुण है जो शायद सभी धर्मों में मिलता है लेकिन कहीं उसने ऐसी गहरी और स्थायी भावना का रूप नहीं लिया जैसा हिंदू धर्म में। बुद्धि का देवता, दया के देवता से बिल्कुल अलग है। मैं नहीं जानता कि ईश्वर है या नहीं है, लेकिन मैं इतना जानता हूँ कि सारे जीवन और सृष्टि को एक में बाँधनेवाली ममता की भावना है, हालाँकि अभी वह एक दुर्लभ भावना है। इस भावना को सारे कामों, यहाँ तक कि झगड़ों की भी पृष्ठभूमि बनाना शायद व्यवहार में मुमकिन न हो। लेकिन यूरोप केवल सगुण, लौकिक सत्य को स्वीकार करने के फलस्वरूप उत्पन्न हुए झगड़ों से मर रहा है, हिंदुस्तान केवल निर्गुण, परम सत्य को ही स्वीकार करने के फलस्वरूप निष्क्रियता से मर रहा है। मैं बेहिचक कह सकता हूँ कि मुझे सड़ने की अपेक्षा झगड़े से मरना ज्यादा पसंद है। लेकिन विचार और व्यवहार के क्या यही दो रास्ते मनुष्य के सामने हैं? क्या खोज की वैज्ञानिक भावना का एकता की रागात्मक भावना से मेल बैठाना मुमकिन नहीं है, जिसमें एक दूसरे के अधीन न हो और समान गुणोंवाले दो कर्मों के रूप में दोनों बराबरी की जगह पर हों। वैज्ञानिक भावना वर्ण के खिलाफ और स्त्रियों के हक में, संपत्ति के खिलाफ और सहिष्णुता के हक में काम करेगी और धन पैदा करने के ऐसे तरीके निकालेगी जिससे भूख और गरीबी दूर होगी। एकता की सृजनात्मक भावना वह रागात्मक शक्ति पैदा करेगी जिसके बिना मनुष्य की बड़ी-से-बड़ी कोशिशें लोभ, ईर्ष्या शक्ति और घृणा में बदल जाती हैं।

यह कहना मुश्किल है कि हिंदू धर्म यह नया दिमाग पा सकता है और वैज्ञानिक और रागात्मक भावनाओं में मेल बैठ सकता है या नहीं। लेकिन हिंदू

धर्म दरअसल है क्या? इसका कोई एक उत्तर नहीं, बल्कि कई उत्तर हैं। इतना निश्चित है कि हिंदू धर्म कोई खास सिद्धांत या संगठन नहीं है न विश्वास और व्यवहार का कोई नियम उसके लिए अनिवार्य ही है। स्मृतियों और कथाओं, दर्शन और रीतियों की एक पूरी दुनिया है जिसका कुछ हिस्सा बहुत ही बुरा है और कुछ ऐसा है जो मनुष्य के काम आ सकता है। इन सबसे मिलकर हिंदू दिमाग बनता है जिसकी विशेषता कुछ विद्वानों ने सहिष्णुता और विविधता में एकता बताई है। हमने इस सिद्धांत की कमियाँ देखीं और यह देखा कि दिमागी निष्क्रियता दूर करने के लिए कहाँ उसमें सुधार करने की जरूरत है। इस सिद्धांत को समझने में आम तौर पर यह गलती की जाती है कि उदार हिंदू धर्म हमेशा अच्छे विचारों और प्रभावों को अपना लेता है चाहे वे जहाँ से भी आए हों, जबकि कट्टरता ऐसा नहीं करती। मेरे खयाल में यह विचार अज्ञानपूर्ण है। भारतीय इतिहास के पन्नों में मुझे ऐसा कोई काल नहीं मिला जिसमें आजाद हिंदू ने विदेशों में विचारों या वस्तुओं की खोज की हो। हिंदुस्तान और चीन के हजारों साल के संबंध में मैं सिर्फ पाँच वस्तुओं के नाम जान पाया हूँ जिनमें सिंदूर भी है, जो चीन से भारत लाई गई। विचारों के क्षेत्र में कुछ भी नहीं आया।

आजाद हिंदुस्तान का आम तौर पर बाहरी दुनिया से एकतरफा रिश्ता होता था जिसमें कोई विचार बाहर से नहीं आते थे और वस्तुएँ भी कम ही आती थीं, सिवाय चाँदी आदि के। जब कोई विदेशी समुदाय आ कर यहाँ बस जाता और समय बीतने पर हिंदू धर्म का ही एक अंग या वर्ण बनने की कोशिश करता तब जरूर कुछ विचार और कुछ चीजें अंदर आतीं हैं। इसके विपरीत गुलाम हिंदुस्तान और उस समय का हिंदू धर्म विजेता की भाषा, उसकी आदतों और उसके रहन-सहन की बड़ी तेजी से नकल करता है। आजादी में दिमाग की आत्मनिर्भरता के साथ गुलामी में पूरा दिमागी दीवालियापन मिलता है। हिंदू धर्म की इस कमजोरी को कभी नहीं समझा गया और यह खेद की बात है कि उदारवादी हिंदू अज्ञानवश, प्रचार के लिए इसके विपरीत बातें फैला रहे हैं। आजादी की हालत में हिंदू दिमाग खुला जरूर रहता है, लेकिन केवल देश के अंदर होनेवाली घटनाओं के प्रति। बाहरी विचारों और प्रभावों के प्रति तब भी बंद रहता है। यह उसकी एक बड़ी कमजोरी है और भारत के विदेशी शासन का शिकार होने का एक कारण है। हिंदू दिमाग को अब न सिर्फ अपने देश के अंदर की बातों बल्कि बाहर की बातों के प्रति भी अपना दिमाग खुला रखना होगा और विविधता में एकता के अपने सिद्धांत को सारी दुनिया के विचार और व्यवहार पर लागू करना होगा।

आज 98 हिंदू धर्म में उदारता और कटरता की लड़ाई ने हिंदू-मुस्लिम झगड़े का ऊपरी रूप ले लिया है लेकिन हर ऐसा हिंदू जो अपने धर्म और देश के इतिहास से परिचित है, उन झगड़ों की ओर भी उतना ही ध्यान देगा जो पाँच हजार साल से भी अधिक समय से चल रहे हैं और अभी तक हल नहीं हुए। कोई हिंदू मुसलमानों के प्रति सहिष्णु नहीं हो सकता जब तक कि वह उसके साथ ही वर्ण और संपत्ति के विरुद्ध और स्त्रियों के हक में काम न करे। उदार और कटर हिंदू धर्म की लड़ाई अपनी सबसे उलझी हुई स्थिति में पहुँच गई है और संभव है कि उसका अंत भी नजदीक ही हो। कटरपंथी हिंदू अगर सफल हुए तो चाहे उनका उद्देश्य कुछ भी हो, भारतीय राज्य के टुकड़े कर देंगे न सिर्फ हिंदू-मुस्लिम दृष्टि से बल्कि वर्णों और प्रांतों की दृष्टि से भी। केवल उदार हिंदू ही राज्य को कायम कर सकते हैं। अतरू पाँच हजार वर्षों से अधिक की लड़ाई अब इस स्थिति में आ गई है कि एक राजनैतिक समुदाय और राज्य के रूप में हिंदुस्तान के लोगों की हस्ती ही इस बात पर निर्भर है कि हिंदू धर्म में उदारता की कटरता पर जीत हो।

धार्मिक और मानवीय सवाल आज मुख्यतः एक राजनैतिक सवाल है। हिंदू के सामने आज यही एक रास्ता है कि अपने दिमाग में क्रांति लाए या फिर गिर कर दब जाए। उसे मुसलमान और ईसाई बनना होगा और उन्हीं की तरह महसूस करना होगा। मैं हिंदू-मुस्लिम एकता की बात नहीं कर रहा क्योंकि वह एक राजनैतिक, संगठनात्मक या अधिक-से-अधिक सांस्कृतिक सवाल है। मैं मुसलमान और ईसाई के साथ हिन्दू की रागात्मक एकता की बात कर रहा हूं, धार्मिक विश्वास और व्यवहार में नहीं बल्कि इस भावना में कि "मैं वह हूं" ऐसी रागात्मक एकता हासिल करना कठिन मालूम पड़ सकता है, या अक्सर एक तरफा हो सकता है और उसे हत्या और रक्तपात की पीड़ा सहनी पड़ सकती है। मैं यहां अमेरिकन गृहयुद्ध की याद दिलाना चाहूंगा जिसमें चार लाख भाई ने भाई को मारा और छः लाख व्यक्ति मरे लेकिन जीत की घड़ी में अब्राहम लिंकन और अमेरिका के लोगों ने उत्तरी और दक्षिणी भइयों के बीच ऐसी ही रागात्मक एकता दिखाई। हिन्दुस्तान का भविष्य चाहे जैसा भी हो, हिन्दू को अपने आप को बदल कर मुसलमान के साथ ऐसी रागात्मक एकता हासिल करनी होगी। सारे जीवों और वस्तुओं की रागात्मक एकता हासिल करनी होगी। सारे जीवों और वस्तुओं की रागात्मक एकता महसूस करे। इस रास्ते पर बड़ी रूकावटें और हार हारें हो सकती हैं लेकिन हिन्दू दिमाग को किस रास्ते पर बड़ी रूकावटें और हार

हारें हो सकती हैं लेकिन हिन्दू दिमाग को किस रास्ते पर चलना चाहिए, एक साफ है। कहा जा सकता है हिन्दू धर्म में उदारता और कट्टरता की इस लड़ाई को खत्म करने का सबसे अच्छा तरीका यह है कि धर्म से ही लड़ा जाय। यह हो सकता है। लेकिन रास्ता टेढा है और कौन जाने कि चालाक हिन्दू धर्म धर्म विरोधियों को भी अपना एक अंग बनाकर निगल जाय। इसके अलावा कट्टर पंथियों का जो भी अच्छे समर्थक मिलते हैं, वह कम पढ़े-लिखे लोगों में और शहर में रहने वालों में गांव के अनपढ़ लोगों में तत्काल चाहे कितना भी जोश आ जाय पर वे उनके स्थायी आधार नहीं बन सकते। सदियों की बुद्धि के कारण पढ़े-लिखे लोगों की तरह गांव वाले भी सहिष्णु होते हैं। कम्युनिज्म या फासिज्म जैसे लोकतंत्रविरोधी सिद्धान्तों से ताकत पाने वाले भी खोज में, जो वर्ण और नेतृत्व के मिलते जुलते विचारों पर आधारित हैं, हिन्दू धर्म का कट्टरपंथी अंश भी धर्मविरोधी का बाना पहन सकता है। अब समय है कि हिन्दू धर्म का कट्टरपंथी अंश भी धर्मविरोधी का बाना पहन सकता है। अब समय है कि हिन्दू सदियों से इकट्ठा हो रही गन्दगी को अपने दिमाग से निकाल कर उसे साफ करे। जिन्दगी की असलियतों और अपनी परम सत्य की चेतना, सगुण सत्य और निर्गुण सत्य के बीच उसे एक सच्चा और फलदायक रिश्ता कायम करना होगा। केवल इसी आधार पर वह वर्ण, स्त्री, सम्पत्ति और सहिष्णुता के सवालों पर हिन्दू धर्म के कट्टर्पंथी को हमेशा के लिए जीत सकेगा जो इतने दिनों तक उसके विश्वासों को गन्दा करते रहे हैं और उसके देश के इतिहास में बिखराव लाते रहे हैं। पीछे हटते समय हिन्दू धर्म में कट्टरता अक्सर उदारता के अन्दर छिप कर बैठ जाती है। ऐसा फिर न होने पाये। सवाल साफ है। समजहुते से पुरानी गलतियां फिर दुहरायी जाएंगी। इस भयानक युद्ध को अब खत्म करना ही होगा। भारत के दिमाग की एक नई कोशिश तब शुरु होगी जिसमें बौद्धिक का रागात्मक से मेल होगा, जो विविधता में एकता को निष्क्रिय नहीं बल्कि सशक्त सिद्धान्त बनायेगी और जो स्वच्छ लौकिक खुशियों को स्वीकार करके भी जीवों और वस्तुओं की एकता को नजर से ओझल न होने देगी।

इतिहास चक्र

डॉ. लोहिया के चालीस साल के राजनीतिक जीवन में कभी उन्हें देश में सही माने में नहीं समझा गया। जब देश ने उन्हें समझा और उनके प्रति लोगों में चाह बढ़ी, तब लोगों ने उनकी ओर आशा की निगाहों से देखना शुरू किया;

पर अचानक ही वे चले गये। हाँ जाते-जाते अपना महत्त्व लोगों के दिलों में जमा गये।

भूमिका

यदि अपने अब तक के आर्थिक और राजनीतिक सिद्धान्तों के प्रयत्नों के बौद्धिक नतीजों से सबक लूँ तों ऐतिहासिक सिद्धन्तों के बारे में अपने इस प्रबन्ध को प्रकाशित कराने से मुझे बचना चाहिए थे। लेकिन आशा तो अमर है।

इतिहास, लगता है कि यूनानी दुखान्त नाटकों के अटल तर्क की तरह ही चलता है। पाँच हफ्तों की विदेश-यात्रा के बाद, 1953 के आखिर में, एक हवाई-कम्पनी की एक बस में गोरी चमड़ी वाले मर्दों और औरतों के दल में मैं अकेला अश्वेत श्रोता था, जो भारत के कीड़े-मकोडों और उनके काटने से जीवन भर सताने वाली बिमारियों की बड़े विस्तार से चर्चा कर रहा था। मैं काफी देर तक अपनी जबान पर काबू किए रहा, क्योंकि मैंने धीरज रखना सीख लिया है यद्यपि पूरी तरह नहीं। एक मुखर और चपल महिला को मैंने काले नाग की बात बताई जिसके काटने का कोई इलाज ही नहीं। बस में कुछ लोगों ने समझा कि मैं बहुत कड़ुआ हो रहा हूँ। लेकिन मैं शरीर की किसी कड़ुवाहट के प्रति सजग न था लेकिन वास्तव में मेरे अन्दर इतिहास की कड़ुवी दुराहट की वेदना अवश्य प्राप्त थी। मैंने उन लोगों से कहा कि सचमुच भारत दुनिया का सबसे गरीब और गंदा मुल्क है, लेकिन हो सकता है कि सौ साल या इससे कम समय में, यूरोप और अमेरिका, भारत से इस संदर्भ में स्थान परिवर्तन कर लें। यह तो इतिहास-चक्र है। यह बिना किसी भावना के चलता है मेरे लोग और मेरा देश दो बार पहले ही इतिहास के शिखर पर खड़े हो चुके हैं और मैं नहीं चाहूँगा कि इसकी तीसरी आवृत्ति हो। क्योंकि, यदि शिखर पर चढ़ने का तीसरी बार अवसर आयेगा तो निश्चय ही हम फिर औंधे-मुँह नीचे गिर कर धूल फाँकेंगे। यूनानियों और रोमनों को छोड़कर जो किसी तरह भी वर्तमान गोरी सभ्यता का अंग नहीं है, अमरीका और यूरोप वाले उतार-चढ़ाव के इस व्यापार में बिल्कुल नए ही हैं। उनकी अपनी कोई अतीत-कुल-स्मृतियाँ नहीं जो उन्हें इतिहास-चक्र की याद दिलाएँ। यही सबसे दुख की बात है। यदि इस चक्र पर सदा स्वयं टूटने के बजाय, मानव जाति की संभावित योजना से इसे ही तोड़ा जाय तो अब भी दुनिया में बुद्धिमानों की वह हँसी गूँज सकती हैं जो मैंने महात्मा गाँधी से सुनी और अलबर्ट आइन्स्टीन में जिनकी प्रतिध्वनि से मुझे प्रफुल्लता मिली थी।

जिबरान मजदलानी, उनकी माँ, उनका शोफर, तीनों ही अरब और हम एक बार, मोटर बेरुत से मश्क जा रहे थे जहां के खेत व पहाड़ियाँ बाइबिल की कथाओं द्वारा पवित्र हो चुके थे। एक बर्र मोटर में घुस आयी। जिबरान की माँ बहुत परेशान हो उठी और मोटर रुकवाई। तब तक बर्र शान्त होकर मेरे किनारे आकर बैठ गई थी। कड़े कागज के एक टुकड़ा उठाकर उसी से, धीरे से मैं बर्र जैसे नखरे दिखाने लगी। जिबरान की माँ अधिक उत्तेजित हो उठीं और मुझसे बोलीं के मैं बर्र को मार डालूँ। मैंने उनसे कहा कि बेचारी खुद ही थोड़े दिनों में मर जाएगी। उनका ख्याल था कि मरने से पहले यह किसी न किसी को डंक मारेगी अवश्य और उन्होंने मुझसे पूछा कि साँप होता तो मैं क्या करता। तब उन्हें यह बताकर कि जानवर या कीड़े जब तब छेड़ें या सताये न जायें प्रायः हमला नहीं करते, मैंने उनसे पूछा कि अकारण डर या घृणा से हमला करने वाले के साथ वे क्या करेंगी ? उन्होंने बताया कि वह उसे भी मारने का प्रयत्न करेंगी। मैंने उनसे कहा कि ऐसी हालत में सारी मानव-जाति को ही हमला करने से रोकने के लिए मारना पड़ेगा। इस समय जिबरान ने बीच में पकड़कर अपनी माँ को भारत और गाँधी के बारे में बताया। तब तक बर्र खिड़की से बाहर उड़ गई। वास्तव में बर्रों को बराबर खिड़की से बाहर निकालते रहना होगा और अगर इसमें कोई कमी नहीं हुई तो उनके डंक और उनको मारने वाले बढ़ते जायेंगे। लेकिन अधिकांश जातियों को मार कर समाप्त करना असंभव है, वे समाप्त हो सकती हैं यदि उनकी पैदाइश रोक दी जाय। कोई बम, हाइड्रोजन बम भी मानव-जाति को इस तरह समाप्त नहीं कर सकता कि उसकी पैदाइश रुक जाय। जीवितख्र प्राणियों में व्याप्त बुराई को अचानक समाप्त नहीं किया जा सकता, अधिक से अधिक उनकी पैदाइश रोकी जा सकती है। अतः बर्रों को बराबर ही खिड़की के बाहर निकालते रहना होगा और उनकी पैदाइश की जगहों को खोज कर साफ करते रहना होगा। क्या कभी मनुष्य को अपने भाग्य की बुराइयों के पैदाइश-स्थल को खोज कर साफ करने में इतिहास पढ़ने से सहायता मिलेगी?

उद्देश्य और इतिहास

बीस साल से भी ज्यादा पहले, बर्लिन विश्वविद्यालय के रेस्तरां की एक मेज पर इतिहास के कुछ विद्यार्थी बैठे थे। उनमें से कुछ हेगेलवादी थे, कुछ मार्क्सवादी। मैंने उनसे यह प्रश्न किया कि अपनी परिपक्व सभ्यता के बावजूद भी भारत दूसरे देश का गुलाम कैसे हो गया? उनमें कोई हठी या उद्दण्ड न था

जैसा कि इतिहास पढ़ने वालों के लिए होगा उचित ही था और मार्क्सवादी ने अपनी समझ से उत्तर दिया। उसने बताया कि भारत की मंडियाँ गाँव के स्तर से बढ़ कर राष्ट्र के पैमाने तक पहुँच नहीं सकीं, भूमिहीन मजदूर देश में बहुत न बढ़ सके, और बड़े पैमाने पर बेदखलियाँ नहीं हुई, काफी मात्रा में धंधे बढ़ाने योग्य व्यापारिक पूँजी भी न थी और भारत को मैक्सिको का भाग्य और अन्य स्थानों की लूट का अवसर न मिला। यह काफी तथ्यपूर्ण तथा विस्तृत उत्तर था और जहाँ तक सच्चाई का सम्बन्ध है कि काफी हद तक सही उत्तर था। ब्रिटिशों द्वारा भारत पर कब्जा जमाने के पहले हमारी मंडियाँ आमतौर पर गाँव के स्तर की थीं, हमारे भूमिहीन मजदूरों की संख्या भी अधिक न थी और जहाँ तक हमारे उद्योग-धंधों के लिए व्यापारी पूँजी का सवाल है, यह विवादग्रस्त विषय है। फिर भी, मैंने अपने उस इतिहास के मार्क्सवादी सह-विद्यार्थी से पूछा कि यह तमाम तथ्य जो उसने गिनाए ये इंग्लैण्ड या पश्चिम यूरोप के अन्य देशों में सुलभ थे और भारत में क्यों नहीं थे। इसका उसके पास कोई जवाब न था।

तब हेगेलवादी से इस प्रश्न का उत्तर खोजने को कहा गया, और उसने जो कुछ कहने की कोशिश की वह इतिहास की आत्मा के बारे में, और कहा कि किसी कारण से इतिहास की आत्मा उस समय भारत के पक्ष में न थी कि वह विदेशी-आक्रमण के बचाव कर सकता और लोग भी थके हुए थे। लेकिन वह भी असंतोषजनक उत्तर था। इतिहास की दो प्रमुख विचारधाराओं से, जो इतिहास की गति के सम्बन्ध में अन्तिम बातें या अन्तिम उत्तर देने का दावा रखती हैं, इस प्रकार के उत्तर अजीब थे। अवश्य ही मार्क्सवादी ने जहाँ तक लक्षण या चिन्हों का प्रश्न है, अच्छे उत्तर की कोशिश की थी, लेकिन इन लक्षणों के कारणों के सम्बन्ध में वह भी उतने ही अँधेरे में था जितना कि इतिहास की दूसरी विचारधारा को मानने वाला होता। यदि इस सवाल पर और अधिक जो जोर दिया जाता, तो मार्क्सवादी और हेगेलवादी दोनों ही अपने उत्तरों में शायद अधिक चतुराई, रुक्षता व कठोरता दिखाते। मार्क्सवादी शायद कहता कि मानव-इतिहास ने कुछ खास रास्तों से चलकर ही मार्ग ढूँढ़ा है और यह तथ्य कि किन्हीं खास मौकों पर भारत को अन्य दूसरे देशों जैसा सुयोग या सुअवसर नहीं मिला, वह मानवता के लिए भी बहुत महत्त्व का सिद्ध नहीं हो सका। महत्त्वपूर्ण तथ्य की बात इतनी ही है कि प्रगति के तरीकों में मानवता ने क्रम से सीढ़ियाँ पार की हैं। उस विशेष अवसर पर पश्चिमी यूरोप, भारत से आगे बढ़ा और मैंने जो पूछा था वह उतने महत्व का प्रश्न न था। इसी तरह, हेगेलवादी संभवत: कहता कि

भारत के लोगों की विशेष प्रतिज्ञा तत्त्वज्ञान, अराजकता और विचार के क्षेत्र में ही है। अराजकता, जो कुछ अवसरों पर मानवीय आत्मा और संगठन के बहुत बड़े नतीजों की प्राप्ति कराती है, और वहीं दूसरे अवसरों पर, विशेषकर जब लोग विश्व इतिहास में अपनी भूमिका अदा कर चुके होते हैं और अपनी सृजनात्मक शक्तियों का व्यय कर चुके होते हैं तो उससे प्रगति अवरुद्ध हो जाती है।

इन उत्तरों ने किसी तरह ही हमें इतिहास की गति के सम्बन्ध में कोई सुराग नहीं दिया। प्रश्न अभी भी बना रहता है, कि ऐसा क्यों है कि कुछ विशेष लक्षण या बातें जो कुछ विशेष अवसरों पर प्रभावशाली सिद्ध होती हैं, वही दूसरे अवसरों पर प्रभावहीन क्यों हो जाती हैं ? क्योंकि जो लोग इस सम्बन्ध में हमें नियम देने का दावा करते हैं या कुछ रोशनी डालना चाहते हैं कि अलग-अलग समय में मानव का विकास कैसे हुआ, उन्हें यह भी बताने को सामर्थ्यवान होना चाहिए कि लोगों और वर्गों का उत्थान और पतन क्यों होता है ? यदि इस प्रश्न का कोई उत्तर नहीं है, तो इतिहास के नियम की बात करना फिजूल है। लक्षणों या चिन्हों की बातें करना कारण बताना नहीं होता।

भारतीय शिल्प

इतिहास के ग्रन्थों का कभी न कभी नाश होना अटल है। यह जान कर ही शायद भारतीय जनता ने अनंत काल तक प्रचलन में रहने वाली कथा कहानियों के माध्यम से इतिहास बनाया है। इतिहास को क्रोध आया। उसने बदला लिया और सबसे ज्यादा समय तक अभंग रहने वाले पाषाणों पर उसने अपनी आत्मा खोदकर रखी। भारतीय धर्म ने भी अपनी कथा पाषाणों पर ही चित्रित की है।

भारतीयों का धर्म जैसे-जैसे उत्कर्ष तक पहुंचने लगा वैसे-वैसे उसका रूप अधिकाधिक सत्वहीन और चिंतनहीन बनता गया। पाषाण जैसी सबसे भारी चीज पर जब भारत का धर्म ज्यादा पैमाने पर खोदा जा रहा था, उसी समय चिंतन में खोखलापन बढ़ रहा था। दुनिया के किसी भी अन्य देश ने अपनी आत्मा के इतिहास को और अपने इतिहास की आत्मा को भारत के समान पत्थर पर खोदकर लुभावनी शक्ल नहीं दी होगी। एक तरफ इतिहास और धर्म विषयक चिंतन में स्मिता और वहीं दूसरी तरफ धार्मिक एवं ऐतिहासिक घटनाओं के काल्पनिक चित्रों में श्वास रोकने वाली लगभग चिरंतन सुन्दरता।

भगवान बुद्ध व महावीर न जाने वास्तव में कैसे दिखाई देते थे। मगर उनकी मृत्यु के करीबन 3 सौ साल बीत जाने के बाद जिन शिल्पकारों ने उनकी मूर्तियाँ

खोदीं, उन्होंने उन मूर्तियों में महापुरुषों की शिक्षा का मर्म इस तरह साकार किया है कि वे गोया सजीव प्रतीत होती हैं। कई तरह के रूपों में बुद्ध और महावीर को मूर्तियों में चित्रित किया गया है। कहीं चिंतन मग्न तो कहीं करुणा निधि, कहीं अभय मुद्रा में तो कहीं विकारों पर विजय प्राप्त किये हुए। जिस तरह हाथों और पैरों पर ठोंकी हुई कीलों की एक ही शक्ल में ईसा मसीह का स्वरूप दिखाई देता है वैसे बुद्ध और महावीर की मूर्तियों का नहीं। भारतीय शिल्पकारों ने उनका एक ही रूप चित्रित करने का बन्धन नहीं स्वीकारा। अपनी इच्छा के अनुसार अपने आराध्य देवता का चित्र रेखांकित करने की आजादी यूरोपीय चित्रकारों को होगी। लेकिन शिल्पकारों को नहीं होगी भारतीय शिल्पकार ही इस सम्बन्ध में पूर्णतया स्वतंत्र मालूम होते हैं।

बुद्ध और महावीर की मूर्तियाँ अनेक रूपों में होने पर भी उन सभी की आस्था व शिल्पशैली एक जैसी है। सभी मूर्तियाँ किसी एक ही शिल्पकार ने नहीं खोदी हैं। कितने भी महान शिल्पकार के लिए यह असंभव था। पीढ़ी-दर-पीढ़ी के अथक परिश्रमों का वह फल है तो भी बुद्ध और महावीर की मूर्तियाँ एक जैसी दिखती हैं, ऐसा शायद ही कोई कह सकता है।

बुद्ध की प्रतिमा में बुद्ध निश्चित दिखाई देते हैं तो महावीर की मुद्रा एक तरह से तंग दिखाई देती है। दोनों की मूर्तियाँ देखने पर लगता है कि मानव को उपलब्ध होने वाली श्रेष्ठ विजय दोनों को प्राप्त हुई है। मगर विजीत बुद्ध मुद्रा पर निश्चितता है तो विजयी महावीर का चेहरा जो तंग है। इन धर्म प्रवर्तकों की सीख समझाने का जो काम बड़े-बड़े ग्रन्थ और धर्म प्रबन्ध कर नहीं पाये, वह काम इन शिल्पकारों ने अपने धर्म पुरुषों की प्रतिमाएं खोदकर अत्यधिक संक्षिप्त लेकिन साफ-साफ तय किया है।

सारनाथ उसी तरह मथुरा, नालंदा, अजंता, वेरूल के महान बुद्ध की मूर्ति के चेहरे पर सब जगह प्रसन्न विजेता का भाव मालूम होता है। श्रवण बेलगोला में महावीर परम्परा के बाहुबली की एक बहुत ही प्रचंड मूर्ति है। जो कि दुनिया की सबसे प्रचंड मूर्ति है विजयी बाहुबली की मुद्रा पर अन्यत्र के समान यहां भी आत्मनिग्रह प्रतीत होता है। उस मुद्रा की तरह ही लगता है कि यह मुद्रा गोया हमें कहती है कि आदमी कभी भी स्वयं पर अति विजय नहीं पा सकता। मन के बैल को पकड़ने में सफलता मिल जाने के बाद भी उसे अनिर्बंध नहीं छोड़ना चाहिए। जैन धर्म और उसके अनुयायिओं की, विशेष रूप से जैन मुनियों की कठोर व्रत साधना उस धर्म के कटर पंथ की एवं निरंतर दक्षता वृत्ति की साख

है। बुद्ध का ऐसा नहीं है। बुद्ध मूर्ति देखने पर ऐसा लगता है कि विजय प्राप्ति के बाद भी विजय के बारे में ज्यादा कुछ नहीं लगेगा ऐसी मनोदशा प्राप्त करना संभव है। यहाँ यह सवाल ही नहीं उपस्थित होता कि दोनों में से कौन सी प्रवृत्ति ठीक है। जो कि दोनों धर्म पंथों का आगे चलकर अध:पतन ही हुआ है। कौन अधिक अच्छा था यह सवाल भी अप्रस्तुत है। चूंकि कहा जा सकता है कि मानवीय दृष्टि से बुद्ध ज्यादा योग्य था तो ऐसा भी कहना संभव है कि तार्किक दृष्टि से महावीर ज्यादा ठीक थे। मैं यहाँ केवल इतना ही कहना चाहता हूँ कि शिल्पकारों ने उन दोनों की विचार प्रणाली को उनकी शरीराकृतियों के और मुद्राओं के माध्यम से उत्तम रीति से पाषाणांकित की है।

मुझे इस प्रसंग में अमरीका के राष्ट्रीय नेताओं की चार मूर्तियों की याद आती है। वे प्रचंड हैं। एक दफा अमरीका में हवाई जहाज से जाते समय उन पुतलों पर से मेरा हवाई जहाज उड़ा। मैंने मेरे हवाई जहाज चालक को फिर से उन मूर्तियों पर से हवाई जहाज लेने को कहा। इच्छा थी कि हो सका तो उन अखंड मूर्तियों की कला का सार जान लूँ। यह कहना संभव है कि वास्तविक दृष्टि से वे मूर्तियाँ भारतीय मूर्तियों की अपेक्षा ज्यादा अच्छी हैं। वे मूर्तियाँ ग्रीक और रोमन शिल्प परम्परा को सम्मानपूर्वक आगे चला रही हैं। लेकिन मैं नहीं कह सकता कि उन मूर्तियों से कुछ संदेश मिलता है या नहीं। हालाँकि उन मूर्तियों की पृष्ठभूमि की कथाएं ज्यादा वेधक पद्धति से चित्रांकित करने में उस शिल्प ने सफलता हासिल की है और वे कथाएं ही एक महान संदेश हैं। मूर्तियाँ केवल चेहरों की हैं। मान लीजिए कि शरीर का उर्वटित हिस्सा यदि बनाया जाता तो ज्यादा से ज्यादा लिंकन और वाशिंगटन के आगे की ओर उठाए हुए पैरों में अविष्कृत जादू केवल प्रेक्षकों को महसूस होता। ऐसा भी कहना संभव है कि मुझे ही मूर्तियों का मतलब पूरी तरह से मालूम नहीं हुआ। जो कि जल्दी में देखने वालों को महान कृतियाँ अपना रहस्य कभी भी बता नहीं सकतीं। लेकिन मुझे वे अमरीकी मूर्तियाँ प्यारी लगीं। खूबसूरती रेखांकित करने में व्यक्त हुई प्रतिभा और कारीगरी के कारण वे पुतले भारतीय कलाकृतियों से ज्यादा पसंद आये। भारतीय पुतलों में ऐसी सुन्दरता और ऐसी कारीगरी प्रतीत नहीं होती।

यद्यपि भारतीय मूर्तिकरण की एक अलग विशेषता है। मूर्ति में मानव की केवल शरीराकृति चित्रित करने पर भारतीय शिल्पाकृति चित्रित करने पर भारतीय शिल्प ज्यादा जोर नहीं देता। भारतीय शिल्प में तो उस व्यक्ति के जीवन और आशय को ज्यादा महत्व दिया गया है। उस व्यक्ति का एकाध भाव अथवा सारे

के सारे के भाव शिल्पांकित करने में भारतीय कलाकारों को समाधान नहीं मिलता तो जिस अमूर्त जीवन शक्ति के आधार से उस व्यक्ति को, उसकी पाषाण मूर्ति को या हम सभी को अस्तित्व उपलब्ध होता है वह जिंदापन, वह जीवन शक्ति भारतीय शिल्पों में संक्षिप्त रूप में चित्रित होने का अहसास होता है जिसको देखकर आदमी पागल (मोहित) होता है। शायद ऐसा लगेगा कि सभी भारतीय कलाकार बौद्ध व जैन पंथ के प्रभाव में चले गये और उन्हें हिंदू धर्म के बारे में आस्था नहीं रही। लेकिन ऐसा नहीं हुआ।

शिवशंकर पर अन्य किसी भी देवता की अपेक्षा भारतीय शिल्पकारों को ज्यादा प्रेम है। शिव के शांत, स्तब्ध व्यक्तित्व ने तत्ववेत्ताओं को अधिक सर्वांगीण विचार करने की प्रेरणा दी; उसी तरह शिव के व्यक्तित्व ने शिल्पकारों को शिल्पकला का सम्पन्न रूप ज्यादा पैमाने पर दुनिया के सामने रखा। सातवीं सदी के और उसके बाद काल के शिल्पों में अथवा बारहवीं सदी के और उसके बाद के काल में खजुराहो के शिल्प में शंकर-पार्वती के शरीर को लपेटकर और वक्षःस्थल के नीचे हाथ घेरकर बैठा हुआ है और पार्वती उसके बायीं गोद में बैठी हैं। निहायत संतुष्ट अवस्था में वे दोनों बैठे दिखाई देते हैं। काल निश्चल खड़ा है। कालगति पर नियंत्रण रखने की चाह कहीं भी दिखाई नहीं देती। क्षय अनन्त है। भविष्यकाल अपने पीछे दौड़े ऐसी उत्कंठा वर्तमान काल में नहीं दिखायी देती। भूतकाल को भी चिंता नहीं है। तत्काल स्वयंपूर्ण होती है और अपने अस्तित्व का औचित्य स्वयं ही बताती है। तत्काल कृति एक निस्तब्ध कृति है। अचर का चर कर्म। क्या आदमी अपने व्यवहार में तात्कालिकता का यह तत्व अमल में ला सकता है? कहना मुश्किल है। शिल्पकार द्वारा खोदा गया शिव का सनातन व्यक्तित्व मात्र आदमी को उस दिशा की ओर गति दिखाता है। अगले क्षण के बारे में आदमी की उत्सुकता शायद पूरी तरह से कभी भी खत्म नहीं होगी। लेकिन वर्तमान काल में स्वयं को काफी उलझाकर, उससे ज्यादा से ज्यादा फल प्राप्त करना उससे संभव हो सकता है।

शिव के असीम व्यक्तित्व के कारण भारतीय शिल्पकारों को हिंदुओं का धर्म सम्बन्धी चिन्तन श्रेष्ठ और संपन्न रूप में और संक्षिप्त रीति से व्यक्त करना संभव हुआ। धारापुरी के आठवीं सदी के और नौवीं व सोलहवीं सदी के चितुर की गुफाओं में शिव की तीन विभिन्न रूप की मोहक मूर्तियाँ हैं। एक ध्यानमग्न दूसरी रौद्र और तीसरी लारयुक्त। शिल्पकारों ने शिव का एक भी रूप चित्रित करने से नहीं छोड़ा। तन्हाई में महान और प्रसिद्ध तांडवनृत्य शिव करता है। उस शिल्प में शिव की निश्चलता में चलता, और चलता में निश्चलता प्रत्यक्ष कारक है। सिंह और भेड़ को

एक जगह रखने जैसा बुद्धि का अगम्य चमत्कार उस मूर्ति में शिल्पित किया है। आधे हिस्से में स्त्री और आधे हिस्से में पुरुष ,अर्धांग शंकर वह अर्ध नारी नटेश्वर का रूप सर्वोच्च और सजीव जैसे सभी भेद मिटाने वाला सृजन लगता है।

भारत विभाजन के गुनहगार

भारत की आजादी के साथ जुड़ी देश-विभाजन की कथा बड़ी व्यथा-भरी है। आजादी के सुनहरे भविष्य के लालच में देश की जनता ने देश-विभाजन का जहरीला घूँट दवा की तरह पी लिया, लेकिन यह प्रश्न आज तक अनुत्तिरित ही बना हुआ है कि क्या भारत-विभाजन आवश्यक था ही? इस सम्बन्ध में मौलाना अबुल कलाम आजाद ने अवश्य लिखा है और उन्होंने विभाजन की जिम्मेदारी तत्कालीन अन्य नेताओं पर लादी है। डॉ. राममनोहर लोहिया ने विभाजन के निर्णय के समय होने वाली सभी घटनाओं को प्रत्यक्ष देखा था और इस पुस्तक में उन्होंने देश-विभाजनों के कारणों और उस समय के नेताओं के अचानक पर बड़ी निर्भीकता से विश्लेषण प्रस्तुत किया है।

भूमिका

मौलाना आजाद कृत 'इंडिया विन्स फ्रीडम' के परीक्षण की जो बात मेरे मन में उठी, उसे जब मैंने लिखना शुरू किया तो वह देश के विभाजन का एक नया वृतांत बन गया। यह वृत्तांत हो सकता है, बाह्य रूप में, संगतवार व कालक्रमवार न हो, जैसा कि दूसरे लोग इसे चाहते, लेकिन कदाचित यह अधिक सजीव व वस्तुनिष्ठ बन पड़ा है। छपाई के दौरान इसके प्रूफ देखते समय इसमें स्पष्ट हुए दो लक्ष्यों के प्रति मैं सतर्क हुआ। एक गलतियों और झूठे तथ्यों को जड़ से धोना और कुछ विशेष घटनाओं और सत्य के कुछ पहलुओं को उजागर करना और दूसरा, उन मूल कारणों को रेखांकित करना जिसके कारण विभाजन हुआ। इन कारणों में, मैंने आठ मुख्य-कारण गिनाए हैं। एक, ब्रितानी कपट दो, कांग्रेस नेतत्व का उतारवय, तीन, हिन्दू-मुस्लिम दंगों की प्रत्यक्ष पारिस्थति, चार जनता में दृढ़ता और सामर्थ्य का अभाव, पाँच, गाँधीजी की अहिंसा, छः मुस्लिम लीग की फूटनीति, सात आए हुए अवसरों से लाभ उठा सकने की असमर्थता और आठ हिन्दू अहंकार।

श्री राजगोपालाचारी अथवा कम्युनिस्टों की विभाजन समर्थक नीति और विभाजन के विरोध में कट्टर हिन्दूवादी या दक्षिणपंथी राष्ट्रवादी नीति को विशेष महत्त्व देने की आवश्यकता नहीं। ये सभी मौलिक महत्त्व के नहीं थे। ये सभी

गम्भीर शक्तियों के निरर्थक और महत्त्वहीन अभिव्यक्ति के प्रतीक थे। उदाहरणार्थ, विभाजन के लिए कट्टर हिन्दूवाद का विरोध असल में अर्थहीन था, क्योंकि देश को विभाजित करने वाली प्रमुख शक्तियों में निश्चित रूप से कट्टर हिन्दूवाद भी एक शक्ति थी। यह उसी तरह थी जैसे– हत्यारा, हत्या करने के बाद अपने गुनाह मानने से भागे।

इस संबंध में कोई भूल या गलती न हो। अखण्ड के लिए सबसे अधिक व उच्च स्वर में नारा लगाने वाले, वर्तमान जनसंघ और उसके पूर्व पक्षपाती जो हिन्दूवाद की भावना के अहिन्दू तत्त्व के थे, उन्होंने ब्रिटिश और मुस्लिम लीग की देश के विभाजन में सहायता की यदि उनकी नियत को नहीं बल्कि उनके कामों के नतीजों को देखा जाए तो यह स्पष्ट हो जाएगा। एक राष्ट्र के अन्तर्गत मुसलमानों को हिन्दुओं के नजदीक लाने के संबंध में उन्होंने कुछ नहीं किया। उन्हें एक दूसरे से पृथक् रखने के लिए लगभग सब कुछ किया। ऐसी पृथक्ता ही विभाजन का मूल–कारण है। पृथक्ता की नीति को अंगीकार करना, साथ ही अखण्ड भारत की भी कल्पना करना अपने आप में घोस आत्मवंचना है, यदि हम यह भी मान लें कि ऐसा करने वाले ईमानदार लोग हैं। उनके कृत्यों को युद्ध के संदर्भ में अर्थ और अभिप्राय माना जाएगा जबकि वे उन्हें दबाने की शक्ति रखते हैं जिन्हें पृथक् करते हैं। ऐसा युद्ध असंभव है, कम से कम हमारी शताब्दी के लिए और यदि कभी यह संभव भी हुआ तो इसका कारण घोषणा न होगी। युद्ध के बिना, अखंड भारत और हिन्दू–मस्लिम पृथक्ता की दो कल्पनाओं का एकीकरण, विभाजन की नीति को समर्थन और पाकिस्तान को संकटकालीन सहायता देने जैसा ही है। भारत के मुसलमानों के विरोधी पाकिस्तान के सहायक हैं। मैं एक असली अखंड भारतीय हूँ। मुझे विभाजन मान्य नहीं है। विभाजन की सीमारेखा के दोनों ओर ऐसे लाखों लोग होंगे, लेकिन उन्हें केवल हिन्दू या केवल मुसलमान रहने से अपने को मुक्त करना होगा, तभी अखंड भारत का आकांक्षा के प्रति वे सच्चे रह सकेंगे।

दक्षिण राष्ट्रवादिता की दो धाराएँ हैं, एक धारा ने विभाजन के विचार को समर्थन दिया, जबकि दूसरी ने इसका विरोध किया। जब ये घटनाएँ घटीं, तब उनकी नाराज व खुश करने की शक्ति कम न थी, लेकिन वे घटनाएँ फलहीन थीं। महत्त्वहीन। दक्षिण राष्ट्रवादिता केवल शाब्दिक या शब्दहीन विरोध कर सकती थी, इसमें सक्रिय विरोध करने की ताकत न थी। अतः इसका विरोध समर्पण अथवा राष्ट्रीयता की मूलधारा से दूर होने में मिट गया। इसी तरह, दक्षिण राष्ट्रवादी विचार, जिसने विभाजन में मदद की, उसने थोड़ी भिन्न भूमिका भी

अदा की, इस सत्य के बावजूद कि इसके भाषणों से असली राष्ट्रवादी बुरी तरह ऊब चुके थे। इस भाषणबाजी में प्रभाव की शक्ति न थी। दोष उसमें इसी का न था, भारतीय जनता व भारतीय राष्ट्रवादिता ने विभान का समर्थन और विरोध दोनों किया, यह उनके मूल-वृक्ष की निष्पर्ण शाखाएँ थीं। मुझे कभी-कभी आश्चर्य होता है कि क्या देशद्रोही लोग भी कभी इतिहास बनाने में कोई मौलिक भूमिका अदा करते हैं। ऐसे लोग तिरस्करणीय होते हैं, इसमें कोई संशय नहीं, लेकिन वे क्या महत्त्वपूर्ण लोग हैं, मुझमें इससे शक है। ऐसे देशद्रोहियों के काम अर्थहीन होंगे, यदि उन्हें पूरे समाज के गुप्त विश्वासघात का सहयोग न मिले।

इसी तरह काम्युनिस्ट-विश्वासघात ने कोई मौलिक भूमिका अदा नहीं की। इससे कोई नतीजा नहीं निकला, नतीजे का कारण अन्यत्र है। विभाजन के कम्युनिस्ट समर्थन ने पाकिस्तान को नहीं बनाया। अधिक से अधिक, इसकी भूमिका अण्डा सेने जैसी रही। अब तो कोई यह याद भी नहीं करता सिवा कम्युनिज्म विरोधी बासी प्रचार-तर्क के रूप में। मैं तो कम्युनिस्ट-विश्वासघात के इस कपटी पहलू को दक्षिण मानता हूँ जिसका लोगों पर कोई प्रभाव नहीं है, लेकिन दूसरे देशद्रोही ऐसे भाग्यशाली नहीं हैं। अच्छा तो यह होगा कि कम्युनिस्टों की अन्दरूनी जाँच करके पता लगाया जाए कि जब उन्होंने विभाजन का समर्थन किया तब उसके मन में क्या था।

सम्भवतः भारतीय काम्युनिस्टों ने विभाजन का समर्थन इस आशा से किया था कि नवजात राज्य पाकिस्तान पर उनका प्रभाव रहेगा, भारतीय मुसलमानों में असर रहेगा और हिन्दू मन की दुर्बलता के कारण उनसे मन फटने का कोई भारी खतरा भी न रहेगा, लेकिन उनकी योजना गलत सिद्ध हुई, सिवा थोड़े क्षेत्र को छोड़कर, जहाँ कि उन्होंने भारतीय मुसलमानों में कुछ छिटपुट प्रभाव-स्थल बनाए और हिन्दुओं में अपने लिए क्रोध नहीं उभरने दिया। इस तरह उन्होंने अपने साथ अधिक धूर्तता नहीं की और साथ ही देश के लिए भी कोई लाभदायक काम नहीं किया।

अपने स्वभाव से कम्युनिस्टी दाँव-पेंच का स्वरूप ऐसा है कि तभी जनता में शक्ति ला सकता है जब उनकी सफलता हो, अन्यतः लाजमी तौर पर यदि सफलता न मिले तो जनता को कमजोर करने में ही वे सहायक होते हैं। राष्ट्रीयता में आत्मविश्वास रूस के लिए निरर्थक है। इसका प्रचार-महत्त्व तो जारकालीन रूस में ही समाप्त हो गया था। साम्यवाद तो पृथक्वाद है, जब यह शक्तिहीन रहता है, अपने शत्रु को कमजोर करने के लिए, सशक्त राष्ट्रीयता का सहारा लेता

है। जब यह राष्ट्रीयता का प्रतिनिधित्व करता है, तब वह पृथकवाद नहीं रहता। साम्यवाद कोरिया और वियतनाम में, एकतावादी है और जर्मनी में पृथक्वादी। अधिकार लोग प्रत्यक्ष उदाहरण देखते हैं, अनुमान पर राय नहीं बनाते। जब साम्यवाद के एकतावादी शक्तिदायक उदाहरण दिखाने की आवश्कता होती है, तब सोवियत रूस और वियतनाम के उदाहरण रखे जाते हैं, और जब स्वतन्त्रता की भावना का उदाहरण रखना होता है तब भारत और जर्मनी का उदाहरण रखा जाता है। इस बात का पेंच कहीं और है। साम्यवाद के लिए कामगर राज्य के सिद्धान्त के अलावा कोई अन्य सिद्धान्त लाजिमी तौर पर किसी भी राष्ट्र को कमजोर बनाता है, विशेष परिस्थितियों को छोड़ कर। इसी सिद्धान्त ने भारतीय राष्ट्र को सदैव कमजोर बनाया है। लेकिन आशामय भविष्य की आशा में इनके अनुचर इस तथ्य के प्रति अंधे बने रहे हैं, साथ ही भारतीय जनता भी अंधी बनी रही है, जिसका कारण साम्यवादी कपट नहीं, बल्कि राष्ट्रवादी या लोकसत्तावादी शक्तियों की मूलभूत कमजोरी रही है।

मैं नहीं समझता कि जो कारण मैंने गिनाए हैं इनके अलावा भी देश-विभाजन के अन्य कोई मौलिक कारण रहे हैं। हिन्दू-मुस्लिम प्रश्न को लेकर देश की जिस परिस्थिति का निर्माण हुआ है, उससे दो महत्त्व के तथ्य सामने आए हैं। हिन्दू-मुस्लिम रिश्तों के पिछले आठ सौ वर्षों में, हिन्दू और मुसलमान दोनों लगातार पृथक् भाव और समीपता के लुका-छिपी के खेल के शिकार रहे हैं जिससे एक राष्ट्र के प्रति उनकी भावनात्मक एकाग्रता खण्डित रही है, साथ ही भारतीय जन का यह स्वभाव भी परिस्थिति के साथ घुलने-मिलने और सहनशीलता तथा समर्पण की कला को इस हद तक सीख गया है कि दुनिया में कहीं भी परतंत्रता को विश्व-भाईचारे या राजनीतिक कपट का इस प्रकार पर्याय नहीं माना गया। मूलरूप से इन्हीं दो तथ्यों द्वारा हिन्दू-मुस्लिम समस्या को प्रेरित किया गया है। इनके बिना, ब्रिटिश कुटिलनीति अथवा काँग्रेस नेतृत्व के उतारवय का कारण इतिहास की दृष्टि से महत्त्वहीन होता और उसका जो कडुवा फल मिला वह कदापि न मिलता।

स्वतंत्र भारत में भी हिन्दू-मुसलमानों में पृथक्-भावना बनी रही है। मुझे शक है कि विभाजन-पूर्व के मुकाबले आज यह पृथक्-भाव अधिक है। पृथक्-भवना ने ही विभाजन को जन्म दिया और इसलिए अपने आप यह भावना पूरी तरह नहीं मिट सकी। परिणाम में ही कारण भी घुलमिल गया।

15

डॉ. लोहिया के विचारों के उत्तराधिकारी : मुलायम सिंह यादव

राममनोहर लोहिया को आज भी भारत एक अजेय योद्धा और महान विचारक के रूप में देखता है। देश की राजनीति में स्वतंत्रता आंदोलन के दौरान और स्वतंत्रता के बाद ऐसे कई नेता हुए जिन्होंने अपने दम पर शासन का रुख बदल दिया जिनमें एक थे, राममनोहर लोहिया। मुलायम सिंह को डॉ. लोहिया के विचारों के उत्तराधिकारी के रूप में देखा जाता है। सही मायने में मुलायम सिंह यादव स्वतंत्रता के बाद आर्थिक, सामाजिक, सांस्कृतिक और राजनीतिक न्याय के क्षेत्र में संघर्ष करने वाले डॉ. लोहिया उत्तराधिकारी हैं। डॉ. लोहिया के विचारों पर 'समाजवादी पार्टी' का गठन करके मुलायम सिंह यादव ने उनके विचारों को कार्यरूप देने का प्रयास किया है।

समाजवादी पार्टी के अध्यक्ष मुलायम सिंह यादव का जन्म 22 नवंबर 1939 को उत्तर प्रदेश के सैफई गांव में एक किसान परिवार में हुआ। मुलायम सिंह की मां का नाम मूर्ति देवी और पिता का नाम सुघर सिंह था। मुलायम सिंह अपने पाँच भाई-बहनों में रतन सिंह से छोटे व अभयराम सिंह, शिवपाल सिंह यादव, रामगोपाल सिंह यादव और कमला देवी से बड़े हैं। राजनीति में आने से पूर्व मुलायम सिंह ने आगरा विश्वविद्यालय से स्नातकोत्तर (एम.ए.) और जैन इन्टर कालेज, करहल (मैनपुरी) से बी. टी. कि डिग्री प्राप्त की थी। इसके बाद उन्होंने कुछ दिनों तक इन्टर कॉलेज में अध्यापन कार्य भी किया।

मुलायम तीन बार उत्तरप्रदेश के मुख्यमंत्री तथा चन्द्रशेखर और गुजराल सरकार में रक्षा मंत्री रह चुके हैं। मुलायम सिंह यादव ने अपने राजनीतिक कॅरियर की शुरुआत 15 वर्ष की आयु में की जब उन्होंने 1954 में 15 साल की आयु

महान समाजवादी नेता डॉ. राममनोहर लोहिया के नहर रेट आंदोलन में भाग लिया और जेल गए।

डॉ. लोहिया ने फर्रुखाबाद में बढ़े हुए नहर रेट के विरुद्ध आंदोलन किया था और जनता से बढ़े हुए टैक्स न चुकाने की अपील की थी। इस आंदोलन में हजारों सत्याग्रही गिरफ्तार हुए। इनमें मुलायम सिंह यादव भी शामिल थे। इसके बाद वे 28 वर्ष की आयु में 1967 में संयुक्त सोशलिस्ट पार्टी के टिकट पर पहली बार जसवंत नगर क्षेत्र से विधानसभा सदस्य चुने गये। इसके बाद तो वे 1974, 77, 1985, 89, 1991, 93, 96 और 2004 और 2007 में उत्तर प्रदेश विधानसभा सदस्य चुने गए। इस बीच वे 1982 से 1985 तक उत्तर प्रदेश विधान परिषद् के सदस्य और नेता विरोधी दल रहे। पहली बार 1977-78 में राम नरेश यादव और बनारसी दास के मुख्यमंत्रित्व काल में सहकारिता एवं पशुपालन मंत्री बनाए गए। इसके बाद से ही वे करीबी लोगों के बीच मंत्री जी के नाम से जाने जाने लगे।

मुलायम सिंह ने दो विवाह किये हैं जिसमें उनका पहला विवाह मालती देवी के साथ हुआ था। उनके पुत्र अखिलेश यादव का जन्म इन्हीं के गर्भ से 1 जुलाई, 1973 को हुआ। लेकिन अखिलेश यादव के बाल्यकाल में ही मालती देवी का स्वर्गवास हो गया। इसके बाद मुलायम सिंह यादव का दूसरा विवाह साधना गुप्ता के साथ सम्पन्न हुआ, जिनसे इन्हें प्रतीक यादव के रूप में दूसरे पुत्र रत्न की प्राप्ति हुई।

'समाजवादी पार्टी' के नेता मुलायम सिंह यादव पिछले तीन दशक से राजनीति में सक्रिय हैं। अपने राजनीतिक गुरु नत्थूसिंह को मैनपुरी में आयोजित एक कुश्ती प्रतियोगिता में प्रभावित करने के पश्चात मुलायम सिंह ने नत्थूसिंह के परम्परागत विधान सभा क्षेत्र जसवन्त नगर से ही अपना राजनीतिक सफर आरम्भ किया था। मुलायम सिंह यादव जसवंत नगर और फिर इटावा की सहकारी बैंक के निदेशक चुने गए थे। विधायक का चुनाव भी 'सोशलिस्ट पार्टी' और फिर 'प्रजा सोशलिस्ट पार्टी' से लड़ा था। इसमें उन्होंने विजय भी प्राप्त की। उन्होंने स्कूल के अध्यापन कार्य से इस्तीफा दे दिया था। पहली बार मंत्री बनने के लिए मुलायम सिंह यादव को 1977 तक इंतजार करना पड़ा, जब कांग्रेस विरोधी लहर में उत्तर प्रदेश में भी जनता सरकार बनी थी। 1980 में भी कांग्रेस की सरकार में वे राज्य मंत्री रहे और फिर चौधरी चरण सिंह के लोकदल के

अध्यक्ष बने और विधान सभा चुनाव हार गए। चौधरी साहब ने विधान परिषद में मनोनीत करवाया, जहाँ वे प्रतिपक्ष के नेता भी रहे।

1967 में मुलायम सिंह पहली बार उत्तर प्रदेश, विधान सभा के लिए चुने गए थे। शुरुआत से ही मुलायम सिंह यादव दलितों और पिछड़े वर्गों से जुड़े मुद्दे उठाते रहे और आज भी यह वर्ग उनका सबसे बड़ा आधार है, जहाँ उन्हें बहुत लोकप्रियता प्राप्त है। 1992 में बाबरी मस्जिद टूटने के बाद उत्तर प्रदेश की राजनीति सांप्रदायिक आधार पर बँट गई और मुलायम सिंह को राज्य के मुस्लिमों का समर्थन हासिल हुआ। अल्पसंख्यकों के प्रति उनके रुझान को देखते हुए मुलायम सिंह यादव के आलोचकों ने कहीं-कहीं उनको "मौलाना मुलायम" भी कहा है।

वर्ष 1993 में मुलायम सिंह यादव ने 'बहुजन समाज पार्टी' के साथ मिलकर उत्तर प्रदेश का विधानसभा चुनाव लड़ा था। हालांकि यह मोर्चा जीता नहीं, लेकिन 'भारतीय जनता पार्टी' भी सरकार बनाने से चूक गई। मुलायम सिंह यादव ने कांग्रेस और जनता दल दोनों का साथ लिया और फिर मुख्यमंत्री बन गए। जून 1995 तक वे मुख्यमंत्री रहे और उसके बाद कांग्रेस ने समर्थन वापस ले लिया।

मुलायम सिंह यादव तीसरी बार 2003 में उत्तर प्रदेश के मुख्यमंत्री बने और विधायक बनने के लिए उन्होंने 2004 की जनवरी में गुन्नौर सीट से चुनाव लड़ा था, जहाँ उन्होंने रिकॉर्ड बहुमत से विजय प्राप्त की थी। कुल डाले गए मतों में से 92 प्रतिशत मत उन्हें प्राप्त हुए थे, जो आज तक विधानसभा चुनाव का एक शानदार रिकॉर्ड है।

1996 में मुलायम सिंह यादव ग्यारहवीं लोकसभा के लिए मैनपुरी लोकसभा क्षेत्र से चुने गए थे और उस समय जो संयुक्त मोर्चा सरकार बनी थी, उसमें मुलायम सिंह भी शामिल थे और देश के रक्षामंत्री बने थे। यह सरकार बहुत लंबे समय तक चली नहीं। मुलायम सिंह यादव को प्रधानमंत्री बनाने की भी बात चली थी। प्रधानमंत्री पद की दौड़ में वे सबसे आगे खड़े थे, किंतु उनके सजातियों ने उनका साथ नहीं दिया। लालू प्रसाद यादव और शरद यादव ने उनके इस इरादे पर पानी फेर दिया। इसके बाद चुनाव हुए तो मुलायम सिंह संभल से लोकसभा में वापस लौटे। असल में वे कन्नौज से भी चुनाव जीते थे, किंतु वहाँ से उन्होंने अपने बेटे अखिलेश यादव को सांसद बनाया।

केंद्रीय राजनीति में मुलायम सिंह का प्रवेश 1996 में हुआ, जब काँग्रेस पार्टी को हरा कर संयुक्त मोर्चा ने सरकार बनाई। एच. डी. देवेगौड़ा के नेतृत्व वाली इस सरकार में वह रक्षामंत्री बनाए गए थे, किंतु यह सरकार भी ज्यादा दिन चल नहीं पाई और तीन साल में भारत को दो प्रधानमंत्री देने के बाद सत्ता से बाहर हो गई। 'भारतीय जनता पार्टी' के साथ उनकी विमुखता से लगता था, वह काँग्रेस के नजदीक होंगे, लेकिन 1999 में उनके समर्थन का आश्वासन ना मिलने पर काँग्रेस सरकार बनाने में असफल रही और दोनों पार्टियों के संबंधों में कड़वाहट पैदा हो गई। 2002 के उत्तर प्रदेश विधान सभा चुनाव में समाजवादी पार्टी ने 391 सीटों पर अपने उम्मीदवार खड़े किए, जबकि 1996 के चुनाव में उसने केवल 281 सीटों पर ही चुनाव लड़ा था।

मुलायम सिंह यादव की राष्ट्रवाद, लोकतंत्र, समाजवाद और धर्मनिरपेक्षता के सिद्धान्तों में अटूट आस्था रही है। भारतीय भाषाओं, भारतीय संस्कृति और शोषित पीड़ित वर्गों के हितों के लिए उनका अनवरत संघर्ष जारी रहा है। उन्होंने ब्रिटेन, रूस, फांस, जर्मनी, स्विटजरलैण्ड, पोलैंड और नेपाल आदि देशों की भी यात्राएँ की हैं।

पूर्व मुख्यमंत्री एवं समाजवादी पार्टी के राष्ट्रीय अध्यक्ष मुलायम सिंह यादव को 28 मई, 2012 को लंदन में 'अंतर्राष्ट्रीय जूरी पुरस्कार' से सम्मानित किया गया। इंटरनेशनल काउंसिल ऑफ जूरिस्ट की जारी विज्ञप्ति में हाईकोर्ट ऑफ लंदन के सेवानिवृत्त न्यायाधीश सर गाविन लाइटमैन ने बताया कि श्री यादव का इस पुरस्कार के लिये चयन बार और पीठ की प्रगति में बेझिझक योगदान देना है। उन्होंने कहा कि श्री यादव का विधि एवं न्याय क्षेत्र से जुड़े लोगों में भाईचारा पैदा करने में सहयोग दुनियाभर में लाजवाब है।

ज्ञातव्य है कि मुलायम सिंह यादव ने विधि क्षेत्र में खासा योगदान दिया है। समाज में भाईचारे की भावना पैदाकर मुलायम सिंह यादव का लोगों को न्याय दिलाने में विशेष योगदान है। उन्होंने कई विधि विश्वविद्यालयों में भी महत्त्वपूर्ण योगदान किया है।

जिस दौर में उन्होंने राजनीति शुरू की थी वह पिछड़े समाज के, बमुश्किल से हिंदी बोल पाने वाले, अंग्रेजी से बिदकने वाले, छोटे कद के एक पहलवान के लिए कतई मुफीद नहीं था। चौड़ी छाती, उन्नत ललाट, अद्‌भुत वाकक्षमता मार्का नायकत्व की परिभाषा में वे कहीं भी फिट नहीं होते थे। इस

लिहाज से उनकी राजनीतिक सफलता असाधारण की श्रेणी में आ खड़ी होती है। चौधरी चरण सिंह कहते थे–यह छोटे कद का बड़ा नेता है। कालांतर में उसी छोटे कद के बड़े नेता ने चौधरी चरण सिंह की पूरी राजनीतिक विरासत पर कब्जा कर लिया और उनके बेटे अजीत सिंह को सियासत के हाशिये पर पहुंचा दिया। ऐसी छोटी–छोटी बातें मुलायम मार्का राजनीति के बहुरंगी अक्स हैं। इसमें आला दर्जे की राजनीतिक चतुराई, साथियों को कभी न भूलने का अद्‌भुत कौशल, हद दर्जे का परिवारवाद, समर्पित कैडर खड़ा करने की क्षमता और राजनीति में सफलता के लिए जरूरी मोटी चमड़ी आदि सब कुछ मौजूद हैं। कहा जाता है कि मुलायम उत्तर प्रदेश की किसी भी जनसभा में कम से कम पचास लोगों को नाम लेकर मंच पर बुला सकते हैं। समाजवाद के फ्रांसीसी पुरोधा कॉम डी सिमॉन की अभिजात्य वर्गीय पृष्ठभूमि के विपरीत उनका भारतीय संस्करण केंद्रीय भारत के कभी निपट गांव रहे सैफई के अखाड़े में तैयार हुआ है। वहां उन्होंने पहलवानी के साथ ही राजनीति के पैंतरे भी सीखे।

मुलायम सिंह की सियासत का पहला अध्याय सन 1977 में शुरू होता है। यह कांग्रेस विरोध का दौर था। उत्तर प्रदेश में तब संघियों और सोशलिस्टों की मिली–जुली सरकार थी। मुलायम सिंह यादव उस सरकार में सहकारिता मंत्री थे। इसी के आस–पास वे जनेश्वर मिश्रा के संपर्क में आए। यह सरकार ज्यादा दिनों तक चली नहीं। इसके कुछ दिन बाद ही उनकी राजनीतिक उठापटक का पहला नमूना देखने को मिला। मुलायम सिंह यादव ने 1980 में तब के उत्तर प्रदेश के सबसे बड़े समाजवादी नेता लोकबंधु राजनारायण का साथ छोड़कर चौधरी चरण सिंह का हाथ थाम लिया। पुराने समाजवादी और मुलायम सिंह के साथी रहे के. विक्रम राव कहते हैं, 'चरण सिंह न तो विचारधारा से जुड़े थे न ही वे समाजवाद के खांचे में फिट होते थे। वे मूलत: जमींदार और जाति विशेष के नेता थे। यह बात समाजवाद के खिलाफ थी। लेकिन मुलायम सिंह ने हमारे विरोध के बावजूद चरण सिंह का हाथ थाम लिया।'

विचारधारा से उनका यह भटकाव आगे और भी बड़ा होता गया। मुलायम सिंह यादव उस समय तर्क दिया करते थे कि लोहिया के बाद संगठन को बचाए रखने के लिए संसाधनों की जरूरत थी इसलिए उन्होंने ऐसा किया। मगर उनके आलोचक यह मानते हैं कि नेताजी का यह तर्क उनके अवसरवादी व्यक्तित्व का ही हिस्सा है। कालांतर में उन्होंने अनिल अंबानी से लेकर जया बच्चन तक को

समाजवादी बना-बताकर इस छवि को और भी पुख्ता किया। उनके पुराने साथी और फिलहाल केंद्र सरकार में इस्पात मंत्री बेनी प्रसाद वर्मा कहते हैं, 'मैंने सपा क्यों छोड़ी। मुलायम सिंह की इन्हीं खामियों की वजह से। वे लोगों पर आंख बंद करके यकीन करते हैं। आज मेरे रिश्ते उनसे फिर से सुधरने लगे हैं, अखिलेश को मैं अपना राजनीतिक पुत्र मानता हूं, लेकिन मैं सपा के साथ जाने की सोच भी नहीं सकता क्योंकि उनका रवैया ऐसा है।'

अस्सी के दशक में ही मुलायम सिंह ने समाजवाद की मूल परिभाषा में तोड़-मरोड़ करके नए समीकरण स्थापित करना शुरू कर दिया था। अस्सी के दशक का उत्तरार्ध राजनीतिक सरगर्मियों का दौर था। बोफोर्स का हल्ला पूरे देश में था। वीपी सिंह देश के नए नायक थे और राजीव गांधी का मिस्टर क्लीन का तमगा दागदार हो चुका था। मुलायम सिंह ने भी जनता दल का साथ पकड़ लिया। यह कांग्रेस के असंतुष्टों और समाजवादियों का मेल था जिसे वाम और दक्षिणपंथी दोनों समर्थन दे रहे थे। इस दौर में हुई दो घटनाओं ने मुलायम सिंह के राजनीतिक 'कौशल' को खूब निखारा–राम मंदिर आंदोलन और मंडल आयोग की रपट का लागू होना। मुलायम सिंह यादव उत्तर प्रदेश के मुख्यमंत्री बने और वीपी सिंह प्रधानमंत्री। ग्यारह महीने बाद ही भाजपा के समर्थन वापस लेने की वजह से केंद्र सरकार गिर गई, लेकिन मुलायम सिंह ने पैंतरा बदल दिया। वे चंद्रशेखर की समाजवादी जनता पार्टी के साथ हो गए और कांग्रेस के समर्थन से मुख्यमंत्री बने रहे।

सन 1989 में जब उत्तर प्रदेश सरकार का गठन होने वाला था तब मुख्यमंत्री पद की दौड़ में दो नेता थे। मुलायम सिंह और अजित सिंह। मुलायम सिंह जनाधार वाले नेता थे, जबकि अजित सिंह अमेरिका से लौटे थे। वीपी सिंह हर हाल में अजित सिंह को उत्तर प्रदेश का मुख्यमंत्री बनाना चाहते थे। मुलायम सिंह को यह मंजूर नहीं था। मुख्यमंत्री का नाम तय करने के लिए गुजरात के समाजवादी नेता और पूर्व मुख्यमंत्री चिमनभाई पटेल को लखनऊ भेजा गया। वे उस समय उत्तर प्रदेश के जनता दल प्रभारी थे। वीपी सिंह का दबाव उनके ऊपर था कि अजित को फाइनल करें। यहां मुलायम सिंह ने जबरदस्त राजनीतिक चातुर्य का प्रदर्शन किया। चिमनभाई पटेल ने लखनऊ से लौटते ही मुलायम सिंह के नाम पर ठप्पा लगा दिया।

यहां से मुलायम सिंह ने विचारधारा का फेरबदल तेज कर दिया। लोहिया स्पष्टवादी थे, जबकि मुलायम सिंह के विचार कुछ मामलों में आज तक कोई

जान नहीं सका है। लोहिया हमेशा एक व्यक्ति एक पत्नी की बात करते थे। लेकिन मुलायम ने वोट बैंक के चलते इस पर कभी कुछ कहा ही नहीं। धर्म निरपेक्षता की परिभाषा के साथ उन्होंने जमकर प्रयोग किए। पिछड़ा राजनीति की लोहियावादी परिभाषा को समेटकर उन्होंने यादवों तक सीमित कर दिया। इस तरह लोहिया की विरासत और मंडल कमीशन के चमत्कार ने उन्हें पिछड़ों के नेता के रूप में स्थापित कर दिया, मंदिर आंदोलन ने उन्हें मुसलमानों का रहनुमा बना दिया। यह मेल चमत्कारिक सिद्ध हुआ। कांग्रेस ने उन्हें ज्यादा दिन टिकाए नहीं रखा। सन 1991 में केंद्र की चंद्रशेखर और उत्तर प्रदेश की मुलायम सरकार गिर गई। लेकिन वे ज्यादा समय तक चंद्रशेखर के साथ भी नहीं रहे। सन 1992 के अक्टूबर महीने में उन्होंने अपनी समाजवादी पार्टी का गठन कर लिया। बावजूद इसके कि विचारधारा के स्तर पर दोनों एक ही थे। राव कहते हैं, 'गुलायम सिंह की अतिशय महत्वाकांक्षा के अलावा और कोई वजह मेरी समझ में नहीं आती है सजपा से अलग होने की।'

अब मुलायम सिंह आजाद थे। उनके पास एक पार्टी थी, अपना कैडर था, कोर वोटबैंक था और वे सबके नेताजी थे। इस दौरान वे बसपा के सहयोग से एक बार फिर से प्रदेश के मुख्यमंत्री बने पर दोनों के रिश्ते उसी दौरान इतने खराब हो गए कि आज तक नहीं सुधर पाए हैं। सन 1996 मुलायम सिंह के राजनीतिक जीवन का महत्वपूर्ण साल है। यह वह साल है जब मुलायम सिंह प्रधानमंत्री पद की देहरी पर पहुंच कर फिसल गए। ज्यादातर सपाई उस वाकये को बेहद अफसोस के साथ याद करते हैं। वामपंथियों के साथ मिलकर संयुक्त मोर्चा की सरकार बनाने में उन्होंने महत्वपूर्ण भूमिका अदा की थी। बात जब प्रधानमंत्री पद की आई तो मुलायम सिंह रेस में सबसे आगे खड़े थे। पर उनके सजातियों ने उनका साथ नहीं दिया।

12 अक्टूबर, 1967 में डॉ. राममनोहर लोहिया के देहावसान के बाद 1967 से लेकर 1992 तक समाजवादी आन्दोलन-संगठन का विघटन अफसोसजनक व दुर्भाग्य पूर्ण रहा। 4-5 अक्टूबर,1992 को बेगम हजरत महल पार्क लखनऊ में जब मुलायम सिंह यादव ने समाजवादी पार्टी के स्थापना सम्मेलन में देश भर के तपे-तपाये समाजवादियों के बीच संकल्प लिया कि अब मैं डॉ. लोहिया द्वारा निर्धारित सिद्धांतों के आधार पर समाजवादी पार्टी का पुनर्गठन करूँगा, तब से लेकर आज तक धरतीपुत्र की उपाधि से नवाजे गये मुलायम सिंह यादव ने तमाम राजनीतिक दुश्वारिया झेली हैं। डॉ. लोहिया के कार्यक्रमों अन्याय के विरुद्ध

सिविल नाफरमानी, सत्याग्रह, मारेंगे नहीं पर मानेगे नहीं, अहिंसा, लघु उद्योग, कुटीर उद्योग आदि मुद्दों को कर्म के क्षेत्र में व्यापक जनाधार करके स्थापित करने वाले सिर्फ मुलायम सिंह यादव ही हैं।

अपनी-अपनी राजनीतिक विवशता-महत्वाकांक्षाओं की पूर्ति ना होते देख कई समाजवादी नेताओं ने समाजवादी पार्टी और मुलायम सिंह यादव का साथ छोड़ा। चन्द वैचारिक नेताओं ने बिना जमीनी हकीकत समझे समाजवादी पार्टी को त्याग करके डॉ. लोहिया के विचारों के प्रचार-प्रसार व अनुपालन के एक बड़े अवसर को त्यागा। मौका पाकर तमाम अवसरवादी, मौका परस्त, शौकिया राजनीति करने वालों ने भी एक काकस बनाकर समाजवादी पार्टी को आघात लगाया। मुलायम सिंह यादव और समाजवादी पार्टी, समाजवादी आन्दोलन को कमजोर करने की कुचेष्टा सफल नहीं हो पाई और ऐसे तत्वों को समाजवादी पार्टी से बाहर का रास्ता दिखा दिया गया। राममनोहर लोहिया एक महान चिन्तक थे, अन्याय के खिलाफ आवाज उठाने का संकल्प उनके लिए सबसे अधिक महत्त्वपूर्ण था। डॉ. लोहिया के देहावसान के बाद डॉ. लोहिया को एक महापुरुष मानने वाले मुलायम सिंह यादव ने आगे बढ़ कर मृत समाजवादी आन्दोलन में आगे बढ़ कर नयी जान फूंक दी। प्रसिद्ध समाजवादी लेखक स्व. लक्ष्मी कान्त वर्मा ने अपनी पुस्तक समाजवादी आन्दोलन-लोहिया के बाद में लिखा है कि दस-बारह वर्ष आशा-निराशा भरे अनुभवों से गुजरने के बाद जब मुलायम सिंह ने 1992 में डॉ. लोहिया का नाम लेकर और उनके समस्त रचनात्मक कार्यक्रमों को स्वीकार करते हुये समाजवादी आन्दोलन को आगे बढ़ाने का बीड़ा उठाया तो वह ना तो गाँधी थे और ना ही लोहिया थे। वह मात्र अपने युग के एक जागरूक व्यक्ति के रूप में पहचान बनाने की कोशिश कर रहे थे।

समाजवादी पार्टी के अध्यक्ष मुलायम सिंह यादव सदैव युवाओं से आह्वान करते हैं कि वे प्रख्यात समाजवादी राममनोहर लोहिया की विचारधारा को आत्मसात करें। मुलायम सदैव डॉ. लोहिया के विचारों को स्मरण करते रहते हैं। वे मौके व मौके कहा करते हैं कि "याद रखिये डाक्टर लोहिया ने कहा था कि जिन्दा कौमें पांच साल इंतजार नहीं करतीं। यदि भ्रष्ट और जनविरोधी सरकार है तो जनता चुनावों का इंतजार नहीं करती और चुनावों से पहले ही ऐसी सरकार को उखाड़ फेंकती है।" लोहिया की विचारधारा की चर्चा वे सदैव करते रहते हैं। उनके पदचिह्नों पर चलते हैं। आज भी लोहिया के विचारों को बल देने वालों में उनका नाम सबसे आगे है।